Heiko Kleve

Konstruktivismus und Soziale Arbeit

Heiko Kleve

Konstruktivismus und Soziale Arbeit

Einführung in Grundlagen der systemisch-konstruktivistischen Theorie und Praxis

3., überarbeitete und erweiterte Auflage

VS VERLAG FÜR SOZIALWISSENSCHAFTEN

Bibliografische Information der Deutschen Nationalbibliothek
Die Deutsche Nationalbibliothek verzeichnet diese Publikation in der Deutschen Nationalbibliografie; detaillierte bibliografische Daten sind im Internet über http://dnb.d-nb.de abrufbar.

1. Auflage 1996
2. Auflage 2003
Die ersten beiden Auflagen sind im Verlag Dr. Heinz Kersting, Aachen erschienen.
3., überarbeitete und erweiterte Auflage 2009

Lektorat: Stefanie Laux

VS Verlag für Sozialwissenschaften ist Teil der Fachverlagsgruppe Springer Science+Business Media.
www.vs-verlag.de

Umschlaggestaltung: KünkelLopka Medienentwicklung, Heidelberg
Druck und buchbinderische Verarbeitung: Krips b.v., Meppel
Gedruckt auf säurefreiem und chlorfrei gebleichtem Papier
Printed in the Netherlands

ISBN 978-3-531-16046-7

Inhalt

Vorbemerkung zur 3. überarbeiteten und erweiterten Auflage

Sowohl die Rezensenten als auch die Leser reagierten auf die ersten beiden Auflagen des vorliegenden Buches weitgehend positiv. Allein die Tatsache, dass ein Buch zweimal aufgelegt wird und nun gar in einer dritten überarbeiten und erweiterten Auflage beim VS Verlag erscheint, zeigt, dass das Fachpublikum das Thema interessant findet und ein einführendes Werk in die konstruktivistisch orientierte Soziale Arbeit nachfragt. Das freut freilich den Autor – zumal er sich von den meisten Kritikerstimmen in seinem Anliegen unterstützt sieht.

So äußerte etwa kurz nach Erscheinen der ersten Auflage der Soziologe und Sozialarbeitstheoretiker Theodor Bardmann (in: *Social-Group-Work-Report,* 2/1996, S. 12), dass der Konstruktivismus so, wie er in diesem Buch präsentiert wird, „zu einem passablen Ansatz [wird], der dem hohen Anspruch genügt, ‚postmoderne Reflexionstheorie' zu sein". Und der Sozialarbeitswissenschaftler Heino Hollstein-Brinkmann (in: *gilde soziale arbeit rundbrief,* 1/1998, S. 76) hielt wenige Jahre später fest, dass das Buch „vor allem für jene Leserinnen und Leser [interessant] sein [wird], die durch einschlägige Artikel angeregt, eine zusammenhängende Betrachtung des konstruktivistischen Denkens in Verbindung mit Theorieproblemen Sozialer Arbeit suchen". Die „Materie mit relativ hoher Abstraktionslage" sei „gekonnt aufbereitet" worden (ebd.). Ein Jahr danach schrieb der systemische Therapeut und Supervisor Bernd Schumacher (in: *Familiendynamik,* 1/1999, S. 122) in ähnlicher Diktion, dass *Konstruktivismus und Soziale Arbeit* „für Neueinsteiger in konstruktivistisches Denken [...], oder für diejenigen, die es wieder einmal nach einer Auffrischung ihres theoretischen Wissens verlangt, [...] als hervorragende Basislektüre empfohlen werden [kann]. Für diesen Leserkreis gewinnt Kleves Buch [...] fast schon Lehrbuchcharakter".

Die Intention, dass das Buch nicht nur „fast" Lehrbuchcharakter hat, sondern tatsächlich als Lehrbuch bewertet werden kann, war u.a. Ausgangspunkt der Überarbeitungen und Erweiterungen dieser Auflage. Dazu waren etwa stilistische Veränderungen erforderlich. So wurde der Text der neuen Rechtschreibung angepasst. Auf eine „Gender-Differenzierung der Sprache" (Seliger 2008, S. 9) wurde dabei wegen der besseren Lesbarkeit weitgehend verzichtet, so dass die zumeist benutzte männliche Sprachform als geschlechtsneutral verstanden werden muss. Inhaltlich versuchte ich, so manche theoretische Abstraktion durch Neu- bzw. Umformulierungen leserfreundlicher zu gestalten. Außerdem habe ich die eingefügten Beispiele deutlich vom übrigen Text abgehoben; sie sollen das theoretisch Ausgeführte exemplarisch veranschaulichen.

Überdies geht es mir mit dieser Auflage um inhaltliche Anreicherungen und Differenzierungen hinsichtlich des konstruktivistischen Ansatzes im Kontext der Sozialen Arbeit. Dazu habe ich einen Anhang hinzugefügt, in dem *erstens* eine knappe Überblick verschaffende Darstellung der Grundlagen und der Geschichte des systemisch-konstruktivistischen Denkens geboten wird. *Zweitens* offeriere ich eine Sammlung von Definitionen von Bernd Woltmann-Zingsheim und Hans-Christoph Vogel zu zentralen Grundbegriffen der systemisch-konstruktivistischen Theorie.

Schließlich waren weitere inhaltliche Überarbeitungen notwendig, wie mir insbesondere die kritische Rezension von Gaby Lenz (in: *gilde soziale arbeit* rundbrief, 2/2004, S. 63ff.) zeigte, die nach der Publikation der zweiten Auflage erschienen ist. Lenz merkt u.a. die Verkürzung der Funktion Sozialer Arbeit auf Hilfe bzw. Nicht-Hilfe an; dabei werde nämlich die nach wie vor deutlich sichtbare und in bestimmten Kontexten auch notwendige Kontrollfunktion der Profession systematisch ausgeblendet. Zu dieser Kritik ist anzumerken, dass auch eine konstruktivistisch reflektierte Soziale Arbeit Aspekte der Kontrolle theoretisch beschreiben und erklären sowie hinsichtlich von Handlungsoptionen fundieren kann; das hat beispielsweise Björn Kraus (2002) gezeigt. Auch in Anlehnung an Arbeiten von Marie-Luise Conen (2007) lässt sich herausarbeiten, wie Hilfe und Kontrolle verbunden werden können. Daher habe ich mich insbesondere im vierten Kapitel bemüht, herauszuarbeiten, wie sich helfende und kontrollierende Aspekte der Sozialen Arbeit kombinieren lassen.

Dass dieses Buch 1996 überhaupt entstehen konnte, verdanke ich dem inzwischen leider und viel zu früh verstorbenen Freund und Förderer meiner Arbeit Prof. Dr. Heinz J. Kersting (1937-2005). Heinz Kersting hat wie kaum ein anderer Sozialarbeitswissenschaftler in Deutschland konstruktivistisches Denken und Handeln praktiziert. Dazu hat er selbst unermüdlich publiziert und im eigenen Kersting Verlag Aachen, wo dieses Buch zum ersten Mal erschien, Werke produziert. Dass diese Neuauflage nun vom VS Verlag herausgebracht wird, würde sicherlich auch Heinz Kersting sehr freuen – zeigt es doch, dass das systemisch-konstruktivistische Denken inzwischen dort angekommen ist, wo es hingehört: in den Kernbereich einer sozialwissenschaftlich fundierten Sozialen Arbeit. In den 1980er Jahren, als Heinz Kersting anfing, sich mit diesem Ansatz zu beschäftigen, war der systemtheoretische Konstruktivismus in der Sozialen Arbeit eher ein Randphänomen. Nun kann er (fast) schon dem Mainstream zugerechnet werden.

Berlin, im Spätsommer 2008
Heiko Kleve

Geleitwort

Ich freue mich, mit dem vorliegenden Buch von Heiko Kleve ein Werk empfehlen zu können, das, wenngleich theoretischer Natur, für die Praxis der Sozialarbeit von großer Bedeutung sein wird. Aufgewachsen im mecklenburgischen Brüel, hat der Autor aufgrund unterschiedlicher Einflüsse durch Familie und Schule schon früh erfahren, wie widersprüchlich Realitätskonstruktionen aussehen können. Die Inhalte des Staatsbürgerkundeunterrichts in der Schule wurden im Familienkreis in ganz anderer Weise diskutiert; eine Situation, über die sich ein junger Mensch nur wundern kann. Später dann, im Studium der Sozialarbeit und Sozialpädagogik, bot sich ihm die Chance, seine Erfahrungen auf systemtheoretischer Basis reflektieren zu können; in der Klientennarbeit und in der begleitenden Supervision wurde sein Interesse an dem systemischen Ansatz bestärkt.

Heiko Kleve habe ich als jemanden erlebt, der sich mit großer Begeisterung das interdisziplinär angelegte Erkenntnisprogramm des Konstruktivismus angeeignet hat und sich in der systemischen Theorielandschaft auf sehr leichtfüßige und eigenständige Weise bewegt. So lädt er uns gewissermaßen ein, ihn auf seiner Forschungsreise zu begleiten und neue Blickwinkel kennenzulernen.

Insbesondere Sozialarbeitern und Supervisoren eröffnet sich dabei Interessantes. Der Autor hat den aktuellen Diskussionsstand des Konstruktivismus für die Realität dieser Berufsfelder buchstäblich rekonstruiert. In dieser „Anverwandlung" liegt seine besondere Leistung: Das Buch markiert einen weiteren Schritt in der Entwicklung zu einer eigenständigen Sozialarbeitswissenschaft. Dass für diese Wissenschaft der systemtheoretisch fundierte Konstruktivismus „in seinen verschiedenen Spielarten, die der Biologie, der Soziologie, der Kommunikationstheorie oder der Kybernetik entstammen", die geeignete erkenntnistheoretische „Hintergrundfolie" darstellt, ist die These des Buches.

Für die Berufspraxis von Sozialarbeitern und Supervisoren kann das Buch eine wissenschaftlich begründete Rückversicherung ihres Handelns darstellen. Anschaulich wird beschrieben, was Intervention in systemtheoretischer Sicht heißen kann und in welchen Bezugsrahmen sich Beratung stellen lässt. Unter konstruktivistischer Orientierung verbindet sie das Ersinnen kreativer Interventionsmöglichkeiten mit einer selbstkritischen Haltung den eigenen Beobachtungen gegenüber. Mit anderen Worten: Beratung in diesem Sinne ist ein Kunststück.

Als Hochschullehrerin für Sozialarbeit und als Supervisorin habe ich das Buch dieses Autors mit großem Gewinn gelesen, und ich wünsche allen anderen Lesern, dass es Ihnen bei der Lektüre ebenso ergehen möge.

Berlin, im Februar 1996

Prof. Britta Haye

Prolog

Das Gespenst der Bodenlosigkeit […]
Wir beginnen nun zu erkennen, daß wir nicht festen Boden, sondern eher Treibsand unter den Füßen haben.

FRANCISCO J. VARELA, EVAN THOMSON, ELEANOR ROSCH (1991, S. 295)

Dass die Wirklichkeit, so wie wir sie erkennen, ein Produkt unserer Sinne, Gefühle, Gedanken und Kommunikationen ist, hat sich inzwischen bis in die Lebenswelten hinein herumgesprochen. Grund für die Verbreitung dieser Sichtweise ist zum einen der vor allem in den 80er und 90er Jahren des letzten Jahrhunderts geführte Diskurs des Radikalen Konstruktivismus (vgl. etwa Watzlawick 1985; Schmidt 1987; 1992; Rusch/Schmidt 1992, 1994, 1994a, 2000; Fischer/Schmidt 2000), einer geistes-, sozial- und auch naturwissenschaftlichen, also wahrlich tansdisziplinären Forschungsrichtung. In diesem Diskurs stellten nicht nur Philosophen, sondern vor allem Wissenschaftler aus Biologie und Psychologie, Soziologie und Linguistik, Physik und Mathematik, Psychiatrie und Kybernetik ihre Ergebnisse vor, die sich in einer zentralen, für manche Zeitgenossen provozierenden These glichen: *dass die Wirklichkeit eine kognitive und kommunikative Konstruktion ist.*

Zum anderen ist die Popularität dieser These sicherlich den sozial-strukturellen Veränderungen, die wir seit der Mitte des letzten Jahrhunderts erleben zu verdanken. Durch die modernen Kommunikationsmedien und Transportmittel ist die Welt so zusammen gewachsen, wahrlich zu einer Weltgesellschaft geworden, dass die differenten Lebensvollzüge, die unterschiedlichen kulturellen Normen und Werte, die Eigenarten der vielen Völker und Menschen der Erde, aufeinanderprallen. Im Strudel dieser Globalisierung der Lebenswelten wird deutlich, dass die Sichtweisen von der Wirklichkeit vielfältig sein können, dass es einen Möglichkeitsreichtum an Weltwahrnehmung und -kommunikation gibt. Demnach ist die Vorstellung, dass wir es in der Welt mit einer Wirklichkeit zu tun haben, nicht haltbar; vielmehr lassen sich unermesslich viele Wirklichkeits*beschreibungen* beobachten – und die Frage, welche dieser Beschreibungen richtig(er) und welche falsch(er) ist, duldet keine absoluten, sondern höchstens relative, kontextabhängige Antworten, die ebenfalls nichts anderes sind als mögliche unter anderen Beschreibungen. Jedenfalls verlangen diese weltgesellschaftlichen, globalisierten sozialen Verhältnisse Menschen, die sich in dieser Vielfalt zurechtfinden, die die Differenzen im sozialen Kontakt konstruktiv und produktiv zu gestalten vermögen (s. für die Soziale Arbeit Kleve/Koch/Müller 2003).

Dieses Buch geht von beiden beschriebenen Entwicklungen aus: sowohl vom wissenschaftlichen Konstruktivismus-Diskurs als auch von den sozialstrukturellen Veränderungen unserer Gesellschaft und thematisiert die Aufgaben einer konstruktivistisch aufgeklärten, einer postmodernen Sozialen Arbeit. Daher eignet es sich, wie mir zahlreiche Leser der ersten Auflagen immer wieder sagten, als allgemeine und knappe Einführung in eine Version des Konstruktivismus (s. zu ausführlicheren Einführungen z.B. Schmidt 1994, 1998; Jensen 1999), wie sie in den 1980er und 1990er Jahren insbesondere aus dem Zusammenspiel der Beiträge von Paul Watzlawick, Heinz von Foerster, Gregory Bateson und Niklas Luhmann entstanden ist. Nach der Ersterscheinung des Buches hat sich gezeigt, dass insbesondere diese Autoren für eine systemische und konstruktivistische Sozialarbeitstheorie grundlegend und maßgeblich sind (s. exemplarisch etwa die Literaturlisten bei Miller 2001, S. 244ff oder auch bei Bango 2001, S. 223ff.). Da diese Publikation neben anderen Büchern (s. etwa Hollstein-Brinkmann 1993; Pfeifer-Schaupp 1995) am Beginn der Debatte um eine systemisch-konstruktivistische Sozialarbeitstheorie und -praxis steht (s. diese Debatte einleitend etwa Bardmann/Kersting/Vogel 1992), referiert sie hinsichtlich Konstruktivismus und Systemtheorie vornehmlich auf Primärliteratur der genannten vier Wissenschaftler. Diese Wissenschaftler kommen durch kürzere oder längere Zitate auch immer wieder selbst zu Wort. Damit präsentiert das Buch gewissermaßen zentrale Aussagen der Riesen des Konstruktivismus, deren Schultern uns Zwergen als Plattform der Weltbeobachtung dienen können.

Aber das Buch will zweifellos nicht lediglich eine Einführung in eine, wie ich finde, äußerst faszinierende Erkenntnistheorie mit ihren praktischen Effekten sein, es führt darüber hinaus auch in grundlegende Fragen der Sozialen Arbeit und der Supervision ein, die es ausgehend von konstruktivistischen Annahmen einer Klärung näher zu bringen versucht (s. zu ähnlichen Vorhaben für die Soziale Arbeit Kraus 2002 und für die Supervision Kersting 2002). Daher bietet die Lektüre ebenso einen kleinen Kurs in die Grundprobleme Sozialer Arbeit, Beratung und Supervision. Und schließlich wird in Streiflichtern eine Debatte angerissen, die auch in der Mitte der 90er Jahre des letzten Jahrhunderts einen Höhepunkt erreichte, nämlich die Auseinandersetzung um eine Sozialarbeitswissenschaft. Aus konstruktivistischer Perspektive werden Fragen gestellt, die eng mit sozialarbeitswissenschaftlichen Themen verknüpft sind (s. grundlegender und vertiefender zu diesem Thema Kleve 1999; 2003).

Seit der Erstveröffentlichung von *Konstruktivismus und Soziale Arbeit* im Jahre 1996 sind zwar zahlreiche weitere Beiträge zu systemisch-konstruktivistischen Ansätzen in der Sozialen Arbeit erschienen, aber als Grundlagen dieser Ansätze dienen in der Regel vor allem Aussagen der *pragmatischen Kommunikationstheorie und -forschung* (Paul Watzlawick), der *Kybernetik 2. Ordnung* (Heinz von Foerster), der *Informations- und Differenztheorie* (Gregory Bateson) sowie der *sozialwissenschaftlichen Theorie selbstreferentieller Systeme* (Niklas Luhmann). Das Buch bietet eine Einführung in diese Aussagen und lotet aus, wie eine Soziale Arbeit gedacht und gestaltet werden kann, die sich in ihrer Selbstreflexion von diesen konstruktivistischen Positionen leiten lässt. Die genannten Ansätze können auch für die Soziale Arbeit als die Basis eines systemisch-konstruktivistischen Denkens bewertet werden.

Einleitung

An die Realisten. – [...] ihr nennt euch Realisten und deutet an, so wie euch die Welt erscheine, so sei sie wirklich beschaffen: [...] Da jener Berg! Da jene Wolke! Was ist denn daran ‚wirklich'? Zieht einmal das Phantasma und die ganze menschliche Zutat ab, ihr Nüchternen! Ja wenn ihr das könntet! Wenn ihr eure Herkunft, Vergangenheit, Vorschule vergessen könntet – eure gesamte Menschheit und Tierheit! Es gibt für uns keine ‚Wirklichkeit' [...].

FRIEDRICH NIETZSCHE (ORIG. 1886; 1990, S. 75).

Ausgangspunkte

Besonders auf dem Gebiet der systemischen Theorie und Praxis noch nicht bewanderte Leser mögen sich fragen, was eine philosophische Erkenntnistheorie oder besser gesagt: ein interdisziplinär angelegtes Erkenntnisprogramm wie der Konstruktivismus mit der Sozialen Arbeit gemein hat. Sozialarbeiter handeln doch ganz konkret und praktisch, so dass philosophische Fragen professionelle Helfer nicht interessieren werden. Und obwohl dies in vielen Fällen sicher zutrifft, postuliere ich in diesem Buch das Gegenteil.

Erkenntnistheoretische Reflexionen, zumal wenn sie konstruktivistischen Zuschnitts sind, haben das Potential, Praktiker auf viele bisher kaum bewusste Grundannahmen hinzuweisen, welche die unmittelbare Arbeit keineswegs nur am Rande tangieren. So beschäftigen wir uns in den folgenden Kapiteln mit der an modernen systemtheoretischen Konzepten ausgerichteten konstruktivistischen Epistemologie nicht nur deshalb, weil „die Erkenntnis- und Wissenschaftstheorie das praktischste ist [...], was die Philosophie zu bieten hat" und uns helfen kann, „unsere Erkenntnisprozesse zu verstehen und zu entfalten", wie Kurt Eberhard (1987, S. 11) formuliert. Wir wollen außerdem etwas über die Spezifik alltäglicher Probleme der Sozialen Arbeit erfahren, die in ihrer Komplexität und Undurchschaubarkeit häufig unsere Erkenntnisfähigkeit überfordern. Wenn wir versuchen, derartigen Überforderungen nachzuspüren, ist es uns verwehrt, gleich wieder zur Tagesordnung überzugehen. Eher sollten wir einen Moment innehalten und unser Tun und Denken reflektieren, also bewusst einmal beobachten, *wie* wir in der Praxis die sozialen Probleme der Klienten zu erkennen pflegen. Und insbesondere bei einem derartigen Unterfangen, das nicht zuletzt in der Supervision stattfinden kann, ist konstruktivistisches Denken sehr hilfreich.

Im Gegensatz zur traditionellen erkenntnistheoretischen Fragestellung nach den Inhalten oder Gegenständen von Wahrnehmung und Bewusstsein konzentrieren sich die kognitionstheoretischen, psychologischen oder soziologischen Untersuchungen von Konstruktivisten auf den Erkenntnisvorgang mit seinen Wirkungen und Resultaten (vgl. Bardmann u.a. 1992, S. 11 f.). Das konstruktivistische Erkenntnisprogramm ersetzt also die Was-Fragen durch Wie-Fragen (vgl. Luhmann 1990b, S. 14ff.). Daher geht es in diesem Buch hauptsächlich darum, *wie* Sozialarbeiter, soziale Organisationen und das gesellschaftliche System Soziale Arbeit ihre Erkenntnisse von den Klienten und deren Problemen erzeugen. Wenn sich daraus ausgesprochen praxisrelevante und in Bezug auf die Erfahrung der Leser anschlussfähige Aussagen hinsichtlich der gesellschaftlichen Funktionen Sozialer Arbeit ergeben, ist dies insbesondere der interdisziplinären Einsatzfähigkeit konstruktivistischer Theoriewerkzeuge zu danken.

Die Interdisziplinarität des Konstruktivismus offenbart sich vor allem in der breiten Anwendbarkeit seiner Modelle, die neurophysiologische Forschungsrichtungen genauso fundieren wie sie psychologische oder soziologische Theorien befruchten. Daher bietet sich eine konstruktivistische Beschreibung des generalistischen Aufgabenbereiches Sozialer Arbeit, der die Ebene einzelner Personen ebenso einschließt wie überindividuelle und gesellschaftliche Problemstellungen, geradezu an. Vor allem wird bei einer konstruktivistischen Herangehensweise bezüglich der Beobachtung personaler und sozialer Prozesse ein theoretischer Reduktionismus überflüssig, welcher potentiell etwa psychoanalytischen Theorien, die Soziales aus Individuellem erklären oder dem Marxismus, der umgekehrt Individuelles aus Sozialem folgert, anhaftet.

Die moderne Systemtheorie, die dem hier referierten Konstruktivismus zugrunde liegt, beachtet bereits in ihren Ausgangsunterscheidungen von lebenden (biologischen), psychischen und sozialen Systemen (vgl. Luhmann 1984 oder Simon 1993) die differierenden Komplexitätsgrade und Gesamteigenschaften der drei verschiedenen Systemarten. Und obwohl die Systemklassen des Biologischen, Psychischen und Sozialen sich wechselseitig voraussetzen sowie hinsichtlich ihrer *allgemeinen* Organisationsweise nach demselben Modell (Autopoiesis) beschrieben werden können, realisieren die spezifischen Elemente jeder Klasse ihre *konkrete* Organisation auf eigenständige Weise. Aus diesem Grund ist jede Form der reduktionistischen Analyse, die versucht, Funktionen einer Systemebene auf eine andere zurückzuführen, eher zum Scheitern verurteilt. Die Operationsweise der Psyche von Menschen, die deren individuelle Wirklichkeiten erzeugt, ist eben verschieden von der kommunikativen Realität eines sozialen Systems, so dass beispielsweise die Dynamik sozialer Prozesse häufig nicht passend durch die Analyse der an diesen beteiligten Personen zu verstehen ist.

Diese Einsicht erklärt, so werden wir im Laufe des Buches noch sehen, wie es in der Gesellschaft zur Entwicklung einer solchen (postmodernen) Unübersichtlichkeit kommen kann, die sich durch die Etablierung vieler verschiedener Weltbilder, Lebenswelten, Normen, Werte – kurz: Wirklichkeitskonstruktionen – ausdrückt.

Bevor ich die sozialarbeiterische Relevanz, die dem konstruktivistischen Denken in einem derartigen gesellschaftlichen Kontext zukommt, eingehender kenntlich mache und eine Übersicht der Themen aller folgenden Kapitel gebe, erfolgt zunächst eine knappe historische und wissenschaftstheoretische Einordnung des Konstruktivismus als Erkenntnistheorie der Selbstreferenz.

Selbstreferenz als Kern konstruktivistischen Denkens

Fritjof Capra (1991) reflektiert in seinem mittlerweile zum Klassiker avancierten Werk *Wendezeit. Bausteine für ein neues Weltbild* grundlegende soziale, psychische, ökologische und wirtschaftliche Probleme als verschiedene Facetten ein und derselben Krise: als Krise der Wahrnehmung. Solange wir entsprechend den althergebrachten dualistischen Weltanschauungen Subjekt und Objekt, Erkennende und Erkanntes oder System und Umwelt als isolierte Einheiten unvermittelt gegenüberstellen, sind wir nicht in der Lage, den genannten Problemen adäquat zu begegnen. „Erst wenn wir die Welt anders wahrnehmen, werden wir anders handeln können" (ebd., S. VIII). Als Schritt in diese Richtung beobachtet Capra (ebd., S. VIII f.), dass sich ausgehend von den Grenzgebieten der Wissenschaft „eine neue Sicht der Wirklichkeit entwickelt, welche die Grundlagen unserer zukünftigen Technologien, Wirtschaftssysteme und gesellschaftlichen Institutionen bilden wird". Demnach bahnt sich ein tiefgreifender Wandel unserer Weltbilder und Wertvorstellungen an, ein sogenannter Paradigmenwechsel (zum Begriff Paradigma siehe insbesondere Kuhn 1976).

In diesem Sinne gilt die konstruktivistische Erkenntnis-, Kognitions- oder Sozialtheorie, die auch als „Radikaler Konstruktivismus" Aufsehen erregte, als ein neues Paradigma im interdisziplinären wissenschaftlichen Diskurs (vgl. Schmidt 1987; 1992).

Konstruktivisten desillusionieren insbesondere jene Forschenden oder praktisch Handelnden, die davon ausgehen, dass sie sich auf die objektiv, d. h. unabhängig von ihnen existierende Realität beziehen. Diesbezüglich hebt konstruktivistisches Denken ein Phänomen hervor, welches als *Selbstbezüglichkeit* oder *Selbstreferenz* bezeichnet wird: *Weil wir uns als lebende und psychische Systeme ausschließlich auf unsere eigenen Zustände (z. B. Sinneswahrnehmungen,*

Beobachtungen oder Beschreibungen) beziehen können, ist alles, was wir wahrnehmen und für objektiv gegeben halten, eine durch uns konstituierte Wirklichkeit. Deshalb bezeichnet der Begriff „Objektivität" etwas, was zumindest für uns bzw. für unsere Wahrnehmungen nicht zugänglich ist: eine von den beobachtenden Systemen (z.B. der subjektiven Psyche) unabhängige und getrennte Wirklichkeit. Mit dieser Feststellung enthüllt der Konstruktivismus, wie Paul Watzlawick (1985a, S. 314) formuliert, dass es „keine Welt der dem Subjekt gegenüberstehenden Objekte [gibt]". Vielmehr verdeutlicht konstruktivistisches Denken, „daß die Subjekt-Objekt-Trennung, auf deren Annahme sich die Myriaden von ‚Wirklichkeiten' aufbauen, nicht besteht; dass die Spaltung der Welt in Gegensatzpaare vom erlebenden Subjekt konstruiert wird" (ebd.). Freilich muss dazu gesagt werden, dass dies auch für die Erfindung des Konstruktivismus selbst gilt. Insofern ist all das, was in diesem Buch gesagt wird, ebenfalls selbstreferentiell: *Es trifft ebenfalls auf sich selber zu!* Mit anderen Worten, der Satz: „Es gibt keine objektive Wirklichkeit!" ist subjektiv bzw. eine soziale Konvention. Der Konstruktivismus kann also nicht davon ausgehen, dass das, was er formuliert, richtig oder wahr ist. Im Sinne des Konstruktivismus bleiben Fragen nach objektiver Richtigkeit und Wahrheit unbeantwortbare Fragen.

Im Gefolge des konstruktivistischen Ansatzes können lange verschüttete und von der abendländischen Wissenschaft nicht ernstgenommene mystische Anschauungen wieder relevant werden (vgl. z.B. Capra 1992). Wesentliche Aussagen des Zen-Buddhismus etwa, die beispielsweise in den Schriften von Alan W. Watts (z.B. 1985; 1990) für westliche Leser aufbereitet sind, lassen sich meines Erachtens als eminent konstruktivistisch verstehen. Auch im buddhistischen Sinne ist die Trennung von erkennendem Subjekt und erkanntem Objekt, welche unsere Wahrnehmung bei jedem Erkennen vollzieht, eine (psychische) Konstruktion: „Denn ich bin, was ich weiß; was ich weiß bin ich. Die Wahrnehmung eines Hauses auf der anderen Straßenseite oder eines Sternes im weiten Raum ist nicht weniger ‚ICH' als ein Jucken meiner Fußsohle oder eine Idee in meinem Kopf" (Watts 1990, S. 106).

Aber ebenfalls so einflussreiche europäische Philosophen wie Immanuel Kant (1724-1804), Friedrich Nietzsche (1844-1900) oder Ludwig Wittgenstein (1889-1951) entwickelten mit dem modernen Konstruktivismus verwandte Überzeugungen. Kant zum Beispiel konstruiert in seinem Werk *Kritik der reinen Vernunft* (1781/87) eine Theorie, mit der er veranschaulicht, dass die Annahme der Erkennbarkeit der Welt wie sie „an sich" (unabhängig von den Beobachtern) existiert, nicht haltbar ist. So formuliert Kant (orig. 1783; 1993, S. 100) auch in seinen *Prolegomena zu einer jeden künftigen Metaphysik*, dass „die Frage, ob die Körper (als Erscheinungen des äußeren Sinnes) außer meinen Gedanken in der Natur als Körper existieren, ohne alles Bedenken verneint werden

[kann]; aber darin verhält es sich gar nicht anders mit der Frage, ob ich selbst als Erscheinung des inneren Sinnes (Seele nach der empirischen Psychologie) außer meiner Vorstellungskraft in der Zeit existiere, denn diese muß ebensowohl verneint werden". Mit anderen Worten: Wir können „überhaupt nicht absolut erkennen, d. h. Seiendes, wie es in sich selbst steht" (Müller/Halder 1958, S. 85) ist erkenntnismäßig unzugänglich. Was wir wahrnehmen ist vielmehr „Seiendes, wie es [uns] angeht (affiziert) und auf Grund dieser ‚Affektion' (Berührung) [uns] entgegensteht" (ebd.).

Trotz der philosophischen Ansicht Kants ist es „jedoch nicht trivial", wenn wir mit Gregory Bateson (1982, S. 42) anmerken, „daß nur sehr wenige Menschen, zumindest in der abendländischen Kultur, an der Objektivität solcher Sinnesdaten wie Schmerz oder ihrer visuellen Bilder von der Außenwelt zweifeln". Gleichwohl sensibilisieren uns seit der ersten Hälfte dieses Jahrhunderts nicht mehr ausschließlich mystische Denker oder Erkenntnistheoretiker vom Schlage Kants für die Selbstbezüglichkeit der Erkenntnis. Auch moderne Physiker verweisen auf selbstreferentielle Phänomene während ihrer Experimente, welche die Objektivität von physikalischen Beobachtungen grundsätzlich in Frage stellen. So kann etwa in „der Atomphysik [...] die scharfe [...] Unterscheidung zwischen Geist und Materie, zwischen Beobachter und dem Beobachteten, nicht länger aufrechterhalten werden. Wir können niemals von der Natur sprechen, ohne gleichzeitig von uns zu sprechen" (Capra 1991, S. 91). Für Niklas Luhmann (1990a, S. 505 f.) muss die Quantentheorie der Atomphysik daher „als Theorie des Beobachtens interpretiert werden", denn „ihre Gleichungen [ermöglichen] es nur, auf Grund von Beobachtungen andere Beobachtungen vorauszusagen". Deshalb beschreiben auch die physikalischen Gesetze keine von den beobachtenden Physikern unabhängige Wirklichkeit: „Sie beschreiben den Beobachter als physikalisches Phänomen" (ebd., S. 506). Wenn Physiker also etwas über die atomaren Phänomene aussagen, referieren sie genaugenommen nicht die Natur der Quanten, sondern sich selbst als Beobachter.

Allerdings operieren nicht ausschließlich mit Bewusstsein begabte menschliche Beobachter bezüglich der Erzeugung ihrer psychischen Wirklichkeiten selbstreferentiell. Auch wenn sich lebende Zellen oder soziale Systeme in ihrer Umwelt orientieren, müssen diese eine systeminterne Differenz konstruieren, die durchaus mit der Unterscheidung Subjekt/Objekt des Bewusstseins verglichen werden kann (vgl. Luhmann 1990b, S. 232), aber besser mit der System/Umwelt-Differenz zu bezeichnen ist (vgl. ebd., S. 34 f.). Und genau an diesem Punkt unterscheidet sich der moderne systemtheoretische Konstruktivismus von älteren konstruktivistischen Erkenntnistheorien. Im Gegensatz etwa zur kantischen Epistemologie zeigt systemtheoretisches Denken, dass mit Selbstreferenz nicht nur die Operationen des Bewusstseins beschrieben werden können, sondern vielmehr alle Operationen von lebenden, psychischen und sozialen Systemen, „die sich selbst auf anderes und dadurch auf sich selbst“ beziehen (Luhmann 1986a, S. 269). Derartig paradox operierende Systeme können den notwendigen Kontakt zu ihrer Umwelt also nur über Selbstkontakte realisieren (vgl. Luhmann 1984, S. 57 ff.). In diesem Sinne verstehe ich Selbstreferenz als universales Organisationsprinzip, das der Selbstorganisation aller komplexen Systeme (vor allem: Zelle, Organ, Organismus, psychisches System und soziales System) zugrunde liegt; es ist im Sinne von Bateson (1982, S. 15 ff.) *ein Muster, das verbindet.*

Konstruktivismus als Antwort auf postmoderne Probleme Sozialer Arbeit

Unausweichlich konfrontiert uns offensichtlich erst die postmoderne Vielfältigkeit von Werten, Normen, Lebenseinstellungen oder -welten mit der selbstreferentiellen Konstitution der persönlichen und sozialen Wirklichkeiten.

Mit „postmodern“ soll in diesem Zusammenhang im Anschluss an Wolfgang Welsch (1992) nicht explizit eine Zeitbestimmung gemeint sein, welche im Anschluss an die Moderne folgt. Es ist wohl Luhmann (1990b, S. 233) zuzustimmen, dass angesichts der strukturellen Kontinuitäten der modernen Gesellschaft, die sich unter anderem durch die Geldabhängigkeit der Wirtschaft, der Forschungsintensität der Wissenschaft, der unentbehrlichen Positivität des Rechts, der Ausdifferenzierung der Intimbeziehungen oder der staatsbezogenen Politik offenbaren, „von einem Übergang in eine postmoderne Gesellschaft nicht die Rede sein kann“. Dementsprechend „tut man gut daran“, wie Welsch (1992, S. 35) formuliert, „wenn man ‚Postmoderne‘ hört, zunächst von der vordergründigen Semantik dieses Ausdrucks [als Epochenbestimmung; H.K.] selbst abzusehen. [...] Man sollte versuchen, sich auf die Gehalte zu konzentrieren, die – mehr oder minder glücklich – mit diesem Etikett versehen wurden, ohne daß sie auf es angewiesen wären.“

Wenn also von *der* „Postmoderne“ die Rede ist, dann bitte ich – analog zu Welsch (1992, S. 35) – die Leser, „nicht die Proklamation einer neuen Epoche“ herauszuhören, „sondern vor allem die Anführungszeichen“ zu beachten. Demgegenüber soll mit dem Adjektiv „postmodern“ eine Denkart (Lyotard spricht von einem „Gemüts- oder [...] Geisteszustand“; zit. nach ebd.) charakterisiert werden, welche nicht versucht, verschiedenartige Weltzugänge (Meinungen, Einstellungen, Weltbilder) bzw. Wirklichkeitskonstruktionen zu glätten oder einzuebnen und über den Kamm einer zweiwertigen Logik zu scheren, für die etwas nur so oder nicht sein kann. Daher unterscheidet sich das postmoderne Paradigma von dem Glauben, dass Personen, wenn sie von *der* Welt sprechen, auch dieselbe Welt meinen. Die Beobachtung von Beobachtern offenbart, dass in Abhängigkeit von der (ontologischen) Grundunterscheidung Sein/Nichtsein viele differierende Weltsichten entstehen (vgl. z. B. Luhmann 1990b, S. 228 ff.). Deshalb lässt sich laut postmoderner Anschauung kein objektiv gültiger Einheitsbericht anfertigen, der z. B. allgemeinverbindliche Lebenseinstellungen, Normen, Werte oder Problemlösungsmuster vorgeben könnte. Nach Jean-François Lyotard (vgl. ebd., S. 230) produziert jeder Bericht eine Differenz, so dass jede kommunizierte Weltbeobachtung mindestens auch immer abgelehnt werden kann, weil etwa die richtige Erkenntnis des einen für die anderen nicht genauso richtig sein muss. Diesbezüglich wird auch eine „rationale Kommunikation", auf die Diskursethiker wie Karl-Otto Apel oder Jürgen Habermas setzen (vgl. in Bezug auf die Soziale Arbeit Pfeifer-Schaupp 1995, S. 103 ff.), kaum die normativ postulierte Rationalität einer gemeinsamen Einsicht erreichen, deren Wahrheit sich alle Kommunizierenden beugen sollen.

Überdies lässt postmodernes Denken die Illusion offenbar werden, die Gesellschaft in ihrer Totalität objektiv, wirklich oder einheitlich erfassen bzw. beschreiben zu können, oder dies bereits erreicht zu haben (vgl. z. B. Welsch 1992, S. 39 ff.). Dagegen wird vor allem heute, wo die gesellschaftliche Komplexität dermaßen zugenommen hat, deutlich, dass jedes psychische oder soziale System nicht umhin kann, Komplexität zu reduzieren; was nichts anderes heißt, als anhand systemspezifischer Kriterien eine operationsfähige, sozusagen überschaubare Weltperspektive bzw. Wirklichkeit zu konstruieren. Aus diesem Grund sind wir in der Gegenwart konfrontiert mit einer unübersehbaren Vielheit von häufig sehr gegensätzlichen Normen, Meinungen oder Weltbildern, die nebeneinander stehen und alle ein für sich passendes Bild von der Wirklichkeit vermitteln. „Dieser Verlust einer objektiven Wahrheit ist das Kernproblem des postmodernen Bewußtseins", schreibt Kenneth J. Gergen (1990, S. 191).

Der Konstruktivismus reagiert auf dieses Problem, indem er referiert, dass alles so sein kann, wie wir es sehen, aber dennoch sind auch andere Standpunkte, Meinungen, Modelle oder Weltbilder möglich. Die Inhalte unserer psychischen und sozialen Wirklichkeiten, die als Beobachtungen oder Beschreibungen bzw. als Kommunikationen prozessieren, erscheinen als kontingent, d. h. als „etwas, was weder notwendig ist noch unmöglich ist; was also so, wie es ist (war, sein wird), sein kann, aber auch anders möglich ist", wie Luhmann (1984, S. 152) formuliert. „Der Begriff [‚Kontingenz'; H.K.] bezeichnet mithin Gegebenes (Erfahrenes, Erwartetes, Gedachtes, Phantasiertes) im Hinblick auf mögliches Anderssein; er bezeichnet Gegenstände im Horizont möglicher Abwandlungen" (ebd.).

In einer gesellschaftlichen Umwelt, in der die Kontingenz der lebensweltlichen Wirklichkeiten immer offensichtlicher auch Sozialarbeiter mit der Selbstreferenz aller ihrer Tätigkeiten konfrontiert, benötigen wir Theorien zur Reflexion der Praxis, die genau diese Phänomene ernst nehmen. Auch Sozialarbeiter sind nicht nur im Interesse ihrer Klienten aufgefordert, verstärkt sich selbst zu beobachten und eigene Theorien oder Praktiken kritisch zu hinterfragen, die zu dem Glauben verführen, die Gesellschaft bzw. die Psyche des Menschen objektiv erfassen zu können.

Die zentrale These dieses Buches lautet nun, *dass der systemtheoretisch fundierte Konstruktivismus in seinen verschiedenen Spielarten, die der Biologie, der Soziologie, der Kommunikationstheorie oder der Kybernetik entstammen, eine derartige postmoderne Reflexionstheorie bietet.*

Ausgehend von der Frage, inwiefern sich Sozialarbeiter auf der gesellschaftlichen, der organisatorischen und der personellen Ebene ihrer praktischen Aufgaben mit selbstreferentiellen Problemen auseinandersetzen müssen, führe ich mit diesem Buch, dessen Gliederung ich im folgenden knapp skizziere, in die Grundlagen des systemtheoretischen Konstruktivismus ein.

Gliederung und Themenschwerpunkte

Zunächst werden wir im *Kapitel 1* einige Funktionsprobleme Sozialer Arbeit betrachten, die durch den Trend der Individualisierung und der funktionalen Ausdifferenzierung der Gesellschaft immer deutlicher zu Tage treten. Weiterhin wird es um die Frage gehen, wie sich soziale Probleme offenbaren, für deren Lösung Sozialarbeiter zuständig sind. Da sich nicht selten konkrete Problemfälle bzw. bestimmte Devianz-Karrieren durch die Soziale Arbeit erst konstituieren, wollen wir im letzten Abschnitt des ersten Kapitels das Beispiel der sich selbsterfüllenden Prophezeiungen untersuchen.

Im *Kapitel 2* geht es hauptsächlich um die aus der Neurophysiologie stammenden Konzepte der Kognition, die mittlerweile in zahlreiche Stränge des modernen Konstruktivismus Eingang gefunden haben. Dabei werden wir nach der Einführung in das Modell der Autopoiesis, in welchem dem Phänomen der Selbstreferenz ein fundamentaler Stellenwert zukommt, insbesondere die inzwischen interdisziplinär angelegte Theorie der beschreibenden und verstehenden Beobachter kennenlernen. Einige daraus resultierende pragmatische, erkenntnistheoretische und ethische Konsequenzen betrachten wir im letzten Abschnitt des zweiten Kapitels.

Das *Kapitel 3* wird einen Einblick in das systemtheoretische Verständnis der sozialen Konstruktion von Wirklichkeit bieten. In dieser Hinsicht betrachten wir die funktional ausdifferenzierte Gesellschaft als Gesamtzusammenhang selbstreferentieller sozialer Systeme, in welchen Realität durch Kommunikation konstruiert wird. Da es vor allen Dingen die Sprache ist, mit der wir an der gesellschaftlichen Kommunikation teilnehmen, untersuchen wir die wirklichkeitsschaffenden sprachlichen Diskurse. Diesbezüglich möchte ich die Leser für die mythologischen Züge von Sprachskripten sensibilisieren, die nicht nur in der Sozialen Arbeit oftmals unreflektiert verwendet werden und etwa bezüglich menschlichen Verhaltens verdinglichende Beschreibungen herausfordern.

Und schließlich wollen wir im *Kapitel 4* explizit die Möglichkeiten sozialarbeiterischen Handelns unter konstruktivistischen Prämissen betrachten. In diesem Zusammenhang werde ich einen „Vier-Schritte-Rhythmus“ für die helfende Beratung vorstellen, der sich für eine konstruktivistisch gewendete Soziale Arbeit als sehr brauchbar erwiesen hat. Überdies verdeutliche ich das konstruktivistische Verständnis sowie die Wichtigkeit der professionellen Reflexionsmethode Supervision. Außerdem werde ich eine Form der Evaluation bzw. Selbstevaluation vorstellen, mit deren Hilfe sich Sozialarbeiter in einem begrenzten Maße selbst supervidieren können.

Abschließend gebe ich einen Ausblick auf verschiedenartige Fragestellungen, die durch eine konstruktivistische Beobachtung psychosozialer Praxis insbesondere hinsichtlich der Entwicklung einer Theorie Sozialer Arbeit zunehmend relevant werden. So thematisiere ich die Notwendigkeit, dass professionelle Helfer neben der permanenten praktisch-supervisorischen Hinterfragung ihrer Handlungen gleichfalls über theoretische Instrumente verfügen sollten, welche die Komplexität der Praxis ernst nehmen und das helfende Tun (z. B. psychosoziales Diagnostizieren bzw. Problematisieren oder Intervenieren) reflektieren und begründen können. Dabei schlage ich zur Konstruktion einer derartigen Theorie den interdisziplinär angelegten systemtheoretischen Konstruktivismus vor.

Diesbezüglich schließt das Ende des Buches einen selbstreferentiellen Zirkel, denn die Ausführungen aller Abschnitte, die diesen Zirkel entfalten, sind durch meine Intention getragen, *die konstruktivistische Erkenntnistheorie für eine theoretische Rekonstruktion der Praxis Sozialer Arbeit fruchtbar zu machen.* Aus diesem Grund geht es mir während der Darlegung konstruktivistischer Modelle und Prämissen explizit um das Testen derartiger Konzeptionen an sozialarbeiterischen Fragestellungen, die gesellschaftliche, organisatorische und personelle Probleme betreffen. Auch die eingefügten Beispiele sollen diese Orientierung verdeutlichen. Außerdem beginnt das erste Kapitel mit praktischen Problemstellungen, mit denen in der heutigen gesellschaftlichen Realität eine zunehmend größere Zahl von Sozialarbeitern konfrontiert ist.

1 Funktionsprobleme Sozialer Arbeit

Die sogenannte Umwelt ist in Wirklichkeit ein Spiegel, in dem jeder Mensch lediglich sich selbst erlebt.

THORWALD DETHLEFSEN (1979, S. 81).

Normalisieren ohne Norm

Die Unsicherheit über die Aufgaben Sozialer Arbeit wird den Studierenden der Sozialarbeit/Sozialpädagogik schon kurz nach Studienbeginn augenscheinlich. Von der Kritik am Sozialstaat, der Mandatsvertretung für Klienten, dem Trend zur Therapeutisierung, der Selbsthilfeorientierung bis hin zur staatlichen Kontrollinstitution, die normierte Rechtscodierungen durchsetzt, reicht die „diffuse Allzuständigkeit“ (Thiersch, zit. nach Hollstein-Brinkmann 1993, S. 166) Sozialer Arbeit. Die Diffusion erreicht ihren Höhepunkt, wenn Heino Hollstein-Brinkmann (1993, S. 174/187) mit Bezug auf Thomas Olk die gesellschaftliche Funktion Sozialer Arbeit als „Normalisierungsarbeit“ reflektiert. Sozialarbeiter befassen sich demnach mit „der vorsorglichen Vermeidung und kurativen Beseitigung von Normverletzungen und somit der Gewährleistung durchschnittlich erwartbarer Identitätsstrukturen“ (Olk, zit. nach Hollstein-Brinkmann 1993, S. 190). Diese Funktionsbestimmung Sozialer Arbeit verweist in traditioneller Orientierung auf die Differenz von Norm und Abweichung (vgl. Baecker 1994, S. 93f.). Hilfsbedürftigkeit wird mit Devianz (Abweichung) markiert, und letztlich ist das Ziel der Hilfe die Wiederherstellung der Norm. Die Gesellschaft wird dabei auf der Seite der Norm und die Klienten Sozialer Arbeit werden auf der Seite der Abweichung verrechnet.

Da heute allerdings „jeder grundsätzlich zum Klienten werden kann“, ist „der Kreis der Adressaten der Sozialarbeit und ihr Aufgabenfeld tendenziell unbegrenzt“ (Landwehr/Baron, zit. nach v. Werder 1991, S. 2). Nicht allein materielle Hilfen und sozialpädagogische Maßnahmen sind gefragt, sondern zunehmend auch Hilfen bei Sinnkrisen und Individuationsproblemen von Personen aus allen Schichten der Gesellschaft (vgl. ebd., 3). Und deshalb stellt sich die Frage, ob es gesellschaftlich sinnvoll ist, grundsätzlich alle Personen, die Hilfe in Anspruch nehmen, als abweichend zu stigmatisieren.

Darüber hinaus wird eine an der Differenz von Norm und Devianz orientierte Hilfe vor allem dort problematisch, wo sie sich nicht an konkreten Rechtscodierungen und spezifischen Kontrollfunktionen orientieren kann. Für den expandierenden Bereich der psychosozialen Beratung lassen sich beispielsweise kaum noch verbindliche Normen ermitteln, welche den Sozialarbeitern die nötigen Reflexionsmöglichkeiten dafür bieten, wie weit ihre Hilfe gehen kann oder soll (vgl. Hollstein-Brinkmann 1993, S. 166). Die Menschen bilden zunehmend differenziertere Einstellungen und Werte hinsichtlich ihrer sozialen, psychischen, materiellen oder ökologischen Ansprüche heraus. Diese Tendenz führt dazu, dass Sozialarbeiter und ihre Klienten nicht mehr von einer „stillschweigende[n] Übereinkunft über Lebensstile und Zielvorstellungen" ausgehen können (ebd., S. 174). Vielmehr müssen die individuellen Modelle, Weltbilder, Orientierungen, Einstellungen oder Problemdefinitionen – kurz: die Wirklichkeitskonstruktionen – der jeweiligen Klienten „als vorgängiges Element des Hilfeprozesses" (ebd.) erst erschlossen werden.

Insbesondere die Pluralisierung der Lebenswelten sowie die funktionale Ausdifferenzierung der Gesellschaft führen zur Zunahme von sozialer Komplexität (im Sinne einer Vielheit von Sprachen, Modellen, Systemlogiken, Verfahrensweisen, Denk- und Lebensformen, Handlungs- und Wissenskonzepten; vgl. Bardmann u.a. 1991, S. 79f.), die sich z.B. in der Gestaltung immer unterschiedlicherer individueller Wirklichkeiten mit den dazugehörigen Normen und Orientierungen offenbart.

Pluralisierung der Lebenswelten

Wenn Soziale Arbeit als Normalisierungsarbeit reflektiert wird, müssen wir uns fragen, „worauf sich eine solche Normalität angesichts der Pluralisierung der Lebenswelten und Wertmuster noch ausrichten kann" (Hollstein-Brinkmann 1993, S. 174). Die Vermutung, dass auch in der Sozialen Arbeit *Der Mythos der Normalität*, den Don D. Jackson (1967) hinsichtlich psychiatrischer Probleme herausstellt, seine mythologischen Züge offenbart, liegt nahe.

Die Norm als Reflexionsmedium Sozialer Arbeit verschwimmt zusehends. Was heute als individuelle oder soziale Orientierung normal ist, kann schon morgen wieder obsolet sein. Theodor M. Bardmann u.a. (1992, S. 77) weisen auf die soziale und zeitliche Relativität einheitlicher Normen hin, denn „es gehört zur normalen Alltagserfahrung, daß kulturelle Einheits- und Dauerorientierungen, wie sie in vormodernen Gesellschaften noch ganz ‚normal' waren, zerbrochen sind und keine Institution mehr im Stande ist, eine für alle Menschen gleichsinnige und verbindliche Wirklichkeitskonstruktion zu vermitteln". In einem derartigen gesellschaftlichen Kontext kann jeder Mensch miterleben, dass seine „eigene Lebensweise [...] als eine mögliche unter vielen möglichen

Lebensweisen [erscheint], d. h. die Kontingenz der eigenen Konstrukte (lebensweltlicher, wirtschaftlicher, religiöser, politischer, allgemein: sozialer Art) wird deutlich erkennbar“ (ebd.).

Fraglich bleibt also, wie Sozialarbeiter in diesem Zusammenhang dem Normalisierungspostulat (s.o.) ihrer Tätigkeit entsprechen sollen. Auch Claus Offe (vgl. Hollstein-Brinkmann 1993, S. 189 f.) liefert hierfür meines Erachtens keine passende Antwort, wenn er vorschlägt, dass immer zugleich die Fälle Sozialer Arbeit zu normalisieren sind und die Norm zu individualisieren ist. Wie kann ein individueller Fall normalisiert werden, wenn gleichzeitig die Norm individualisiert wird?

Dass der Prozess der zunehmenden Individualisierung traditionelle Werte und Orientierungen insbesondere hinsichtlich normierter Lebensweisen und -stile zur Disposition stellt, ist spätestens seit Ulrich Becks *Risikogesellschaft* (1986) bekannt. Beck veranschaulicht, dass die Dynamik der Modernisierung heute die Konturen der Industriegesellschaft auflöst und eine andere gesellschaftliche Gestalt entstehen lässt. Die sozioökonomischen Prozesse dieser sich herausbildenden postindustriellen Gesellschaft führen zur Aufhebung der Lebens- und Arbeitsformen der entwickelten Industriegesellschaft. Die traditionellen sozialen Klassen und Schichten, die Kleinfamilien mit den in sie eingelassenen Normalbiographien von Männern und Frauen, die Normierungen der Berufsarbeit usw. sind nicht mehr eindeutig zu bestimmen (vgl. Beck 1986, S. 251). Die Menschen erleben ihre gesellschaftlichen, kulturellen, religiösen oder familiären Sinnsysteme als mögliche unter sehr vielen anderen möglichen Mustern der Realitätsdefinition mit den damit verbundenen Normen, Sitten und Gebräuchen. *Die Möglichkeit des Andersseins*, um mit einem Buchtitel Paul Watzlawicks (1977) zu sprechen, der subjektiven und sozialen Wirklichkeiten, wird augenscheinlich.

Gleichfalls artikulieren sich heute die hochentwickelten Ansprüche auf Individualität immer deutlicher, so dass psychosoziale Praktiker gar nicht anders können – wollen sie die Freude an ihrer Tätigkeit nicht verlieren –, als eine Denkweise zu entwickeln, „die Anderen ihr Anderssein zugesteht, die begreiflich macht, daß jede Form von Weltsicht, ob auf dem Niveau einer Gesamtkultur, einer jeweiligen kleinen Lebenswelt oder auf der Ebene der Einzelperson, ihren eigenen Wert, ihre eigene Wichtigkeit und Richtigkeit hat“ (Bardmann u.a. 1992, S. 78).

Obwohl die kapitalistische Ökonomie trotz mehr oder weniger funktionierenden sozialstaatlichen Kompensationen weiterhin Arme und Reiche differenziert, ist das Denken und Handeln von Menschengruppen keineswegs mehr lediglich mit Klassen- und Schichtungsmodellen zu begreifen. Der einzelne, ob arm oder reich, kann aus einer Vielfalt möglicher Sinnmuster seine ganz individuelle Wirklichkeit Patchwork ähnlich konstruieren. Das zeitliche Nacheinander sowie das räumlich abgegrenzte Nebeneinander der Lebensstile der letzten Jahrzehnte oder vielleicht Jahrhunderte kulminiert in der „postmodernen Moderne" (Welsch 1987) zu einer zeitlichen und räumlichen Parallelität der differenziertesten Wirklichkeitskonstrukte innerhalb einer Gesellschaft. Am offensichtlichsten offerieren die jugendlichen Subkulturen, die Kunst oder die Architektur diesen Trend zum scheinbaren Alles-ist-möglich.

Funktionale Ausdifferenzierung
Die Soziale Arbeit operiert entsprechend der soziologischen Systemtheorie in einer funktional ausdifferenzierten Gesellschaft. Nach Helmut Willke (1993, S. 19) heißt funktionale Differenzierung, „daß das Ganze nicht mehr aus einer Vielzahl gleicher oder ähnlicher Einheiten wie Familien, Clans oder Gruppen (segmentäre Differenzierung) besteht, sondern aus einer Vielzahl unterschiedlicher, spezialisierter Teile, die voneinander abhängen (biologisches Beispiel: der menschliche Organismus)". Funktionale Differenzierung verweist darauf, dass sich die Gesellschaft in unterschiedliche Teilsysteme gliedert, die jeweils eigenständige gesamtgesellschaftliche Funktionen ausführen (z. B. Wirtschaft, Wissenschaft, Religion, Politik, Intimität usw.). Die Gesellschaft wird als das Sozialsystem aufgefasst, welches die verschiedenartigen Funktionen der Teilsysteme innerhalb eines umfassenden Kommunikationszusammenhangs einschließt (vgl. z. B. Luhmann 1984, S. 555 ff.; 1986a, 267; Willke 1993, S. 69).

Niklas Luhmann (1986a, S. 75 f.) definiert die gesellschaftlichen Teilsysteme, welche gesamtgesellschaftliche Aufgaben übernehmen, als Funktionssysteme. Jedes Funktionssystem operiert auf der Grundlage eines speziellen binären Codes; in der Wirtschaft geht es um Kaufen oder Nichtkaufen (Geld), in der Wissenschaft um Wahrheit oder Unwahrheit (Erkenntnis), in der Religion um Glaube oder Unglaube, in der Politik um Macht oder Ohnmacht, in Intimbeziehungen um Liebe oder Nichtliebe. Diese funktionale Ausdifferenzierung der Gesellschaft führt zur unmittelbaren Abhängigkeit aller Teilsysteme voneinander (Interdependenz), da kein Funktionssystem die Aufgaben des jeweils anderen übernehmen kann. Luhmann (1986a, S. 97) analysiert dieses Phänomen im Zusammenhang mit den ökologischen Gefährdungen und weist auf die Konsequenzen hin, die sich daraus für das heutige Sozialsystem ergeben: „Die Funktionssysteme können nicht wechselseitig füreinander einspringen, können einander weder ersetzen noch auch nur entlasten. Alle Äquivalenzen sind unter dem Gesichtspunkt der jeweiligen Funktion, also systemintern geordnet. Die Politik kann nicht an die Stelle der Wissenschaft, die Wissenschaft nicht an die Stelle des Rechts treten – und so fort in allen Zwischensystembeziehungen. Die alten multifunktionalen Institutionen und Moralen werden dadurch aufgelöst, und statt dessen kommt es zu jener Zuordnung spezifischer Codes zu spezifischen Systemen, die die moderne Gesellschaft von all ihren Vorgängern unterscheidet“. Damit entsteht eine hochgradige Spezialisierung, welche die Interdependenzen der Teilsysteme untereinander forciert.

Durch die funktionale Ausdifferenzierung ist keine gesamtgesellschaftliche Systemrationalität, keine oberste oder zentrale Vernunft mehr erkennbar, da alle Funktionssysteme nur mit ihren eigenen systeminternen Möglichkeiten auf Veränderungen in ihrer Umwelt reagieren (vgl. Luhmann 1986a, S. 247). Dabei werden die Funktionssysteme hinsichtlich der Steuerung ihrer Aufgaben von der gesellschaftlichen Umwelt zusehends autonom, denn sie können nicht von funktionsfremden Zumutungen determiniert werden, so dass „keine übergeordnete Vernunft“ (ebd., S. 222) die Funktionssysteme als Steuerungsinstanz regulieren könnte. Die funktionale Differenzierung führt letztlich dazu, dass „jedes Teilsystem [...] auf jeweils spezifische Weise“ (ebd., S. 204) das Gesamtsystem Gesellschaft reflektiert.

Dass diese Phänomene nicht nur Freiheiten, sondern auch erhebliche Risiken generieren, liegt auf der Hand: „wirtschaftliche Aktivitäten finden ihre Grenzen nicht mehr in der Moral, auch unmoralische Geschäfte werden getätigt, soweit sie Gewinne abwerfen; die Religion predigt Weltverständnisse, die den empirischen Familien- und Liebesverhältnissen entgegenlaufen; und geliebt wird bekanntlich auch eine Person, die die Familie nicht ernähren kann; geforscht wird, was wissenschaftlich interessant ist, ohne Rücksicht darauf, ob die Politik Forschungsergebnisse verkraften kann; die Kunst produziert ihre Werke auch wenn sie damit die Erziehung in Verlegenheiten bringt“ (Bardmann u.a. 1992, S. 79).

Wenn also die heutige Gesellschaft niemals in ihrer Ganzheit einheitlich zu fassen ist, sondern sich immer nur entsprechend der Funktionssysteme systemspezifisch präsentiert, scheint eine universale gesamtgesellschaftliche oder objektive Norm, mit welcher die Aufgaben Sozialer Arbeit reflektierbar wären, nicht mehr auffindbar. Deshalb kann ich Hollstein-Brinkmann (1993, S. 187) in seiner Behauptung, dass Soziale Arbeit als Normalisierungsarbeit „einer funktional differenzierten Gesellschaft entspricht“, nicht zustimmen.

Sowohl die Pluralisierung der Lebenswelten als auch die funktionale Ausdifferenzierung der Gesellschaft lassen die Differenz von Konformität und Abweichung als passende Orientierung für die Soziale Arbeit sehr zweifelhaft erscheinen. Wenn überdies der Trend telekommunikativer Vernetzung (Internet) die Welt zu einem globalen Dorf zusammenschrumpfen lässt, werden unsere abendländischen kulturellen, religiösen und zwischenmenschlichen Verhaltensmuster noch kontingenter. Die soziale Realität einer multikulturellen Weltgesellschaft veranschaulicht die Relativität von Wirklichkeitskonstrukten besonders deutlich, so dass aufgeschlossene (postmoderne) Beobachter ihr Weltbild als abhängig vom kulturellen Bezugssystem, vom Kontext, in welchen sie leben, erkennen können.

Schließlich lässt sich zusammenfassen, dass eine gesamtgesellschaftlich geltende Norm zumindest aus soziologischer Perspektive als Illusion erscheint. Sozialarbeiter, die im Sinne einer gesellschaftlichen Norm normalisieren wollen, werden in ihrer Tätigkeit – schlimmstenfalls ohne es zu wissen und zu reflektieren – ihre eigenen Modelle, Normen, Wertvorstellungen oder Traditionen wiederfinden, die nicht als objektivierte Richtlinien für eine Lebensform gelten können, von der aus andere als abweichend beurteilt werden (vgl. dazu auch Hollstein-Brinkmann 1993, S. 76). Damit wird Soziale Arbeit, wenn sie sich als Normalisierung versteht, zum Problem und verweist selbstreferentiell auf diejenigen zurück, die normalisieren wollen.

Soziale Probleme als Definitionen

Dirk Baecker (1994, S. 95) weist einen möglichen Ausweg aus der Sackgasse der Normalisierungsarbeit, wenn er Soziale Arbeit bzw. Soziale Hilfe, wie er die Sozialarbeit/Sozialpädagogik aus hier nicht näher zu betrachtenden Gründen nennt (s. dazu ebd., S. 97 f.), als gesellschaftliches Funktionssystem reflektiert. Nach Baecker operiert dieses Funktionssystem auf der Grundlage des binären Codes Helfen versus Nicht-Helfen. Diese Leitdifferenz Sozialer Arbeit zielt im Gegensatz zur Normalisierungsarbeit nicht mehr auf die normative Einheit der Gesellschaft, sondern auf die Einheit eines Funktionssystems (vgl. ebd., S. 96).

Im Gegensatz zu der an sozialer Kontrolle, Norm und Devianz orientierten Normalisierungsarbeit „hat die Gesellschaft jedoch schon längst eine Reaktionsmöglichkeit auf das Problem zunehmend anspruchsvoller, [...] und zunehmend massenhaft auftretender Hilfsbedürftigkeit gefunden“, wie Baecker (1994, S. 95) meint. Insbesondere die Träger der freien Wohlfahrtspflege, Selbsthilfeeinrichtungen, alternative Projekte u. ä., also soziale Dienstleistungsunternehmen, reagieren „mittels des Codes von Helfen versus Nichthelfen [auf] Inklusionsprobleme der Bevölkerung in die Gesellschaft [...], die von anderen Funktionssystemen nicht mehr aufgegriffen werden und von der Politik alleine, also wohlfahrtsstaatlich, nicht mehr betreut werden können“ (ebd.).

Inklusion wird von Luhmann als die Einbeziehung von Personen in die spezifischen Funktionssysteme definiert (vgl. Lexikon zur Soziologie 1988, S. 342; Luhmann 1995, S. 237 ff.). Dementsprechend bezeichnet Inklusion, „wie Individuen zur Mitwirkung an Gesellschaft in Anspruch genommen werden, also an Kommunikation beteiligt sind, also ‚Person‘ sein können“ (Luhmann 1990b, S. 207). Unter Inklusionsproblemen können wir folglich jene sozialen Sachverhalte verstehen, die dazu führen, dass Personen aus den Funktionssystemen ausgeschlossen werden: wer kein Geld hat, kann an dem wirtschaftlichen Kreislauf nicht teilnehmen, wer einsam ist, leidet möglicherweise an sozialer und intimer Bindungslosigkeit, wer Sinnlosigkeit reklamiert, fühlt sich eventuell religiös ausgeschlossen, wer politische Machtlosigkeit problematisiert, sucht vielleicht Mitgestaltungsmöglichkeiten usw.

Hilfe betrachtet Baecker (1994, S. 102 f.) als stellvertretende Inklusion durch das System Soziale Arbeit. Mit „sozialer Gerechtigkeit" im Sinne der „Regeneration von Inklusionschancen in die Gesellschaft" schlägt Baecker (ebd., S. 103 f.) eine Reflexionsmöglichkeit für Hilfe und Nichthilfe vor: wo die Inklusion fehlt, soll mit der Hilfe wieder Inklusion, also Nicht-Hilfe in Aussicht gestellt werden. Dabei hat vor allem jene Hilfe ihr Ziel erreicht, welche darüber zur Nichtmehrhilfe führt, dass sich der Klient bzw. die Klientin „den Erfolg der Hilfe selbst zurechnen [kann], und zwar gerade in bezug auf die ausschlaggebende Erfolgsbedingung" (Baecker 1994, S. 101).

Die Entscheidung, wo geholfen bzw. nicht geholfen werden soll, obliegt den konkreten Organisationen auf ihrer programmatischen Ebene (vgl. ebd., S. 105). Damit sind die Organisationen Sozialer Arbeit darauf angewiesen, mit genügend Resonanz (s. dazu Luhmann 1986a, S. 40 ff.) aufzuwarten, um sich durch immer wieder neue soziale Sachverhalte bzw. Inklusionsprobleme in Schwingung versetzen zu lassen. Diesbezüglich stehen die Organisationen vor der Aufgabe, Kriterien bereitzustellen, die „in ausreichendem Maße Defizite zu identifizieren erlauben" (Baecker 1994, S. 102). Das Identifizieren von Defiziten kann nur gelingen, wenn spezifische soziale Sachverhalte, wie z. B. verschiedenartige Inklusionsprobleme als soziale Probleme bewertet werden. Erst wenn also ein sozialer Sachverhalt problematisiert wurde, kann er einer sozialarbeiterischen Lösung zugeführt werden. Und speziell „das professionelle Lösen sozialer Probleme" können wir beispielsweise mit Peter Lüssi (1992, S. 79) als die „umfassende Generalfunktion der Sozialarbeit" auffassen.

Auf der organisatorischen Ebene erscheinen die spezifischen sozialen Probleme, die der sozialarbeiterischen Lösung zugänglich werden sollen, als die programmatische Eingrenzung der Zielgruppe, welcher die Hilfe angeboten wird. Auf der unmittelbaren Ebene des Einzelfalls vermittelt die Betrachtung des sozialen Problems die Reflexion über die erforderliche Hilfe, also über die soziale Problemlösung. Für Lüssi ist ein soziales Problem gegeben, wenn einem sozialen Sachverhalt die Merkmale Not, subjektive Belastung und Lösungsschwierigkeit innewohnen (vgl. ebd., S. 84). Resonanz können soziale Sachverhalte jedoch erst auslösen, wenn sie durch Prozesse kollektiver Definition als soziale Probleme benannt werden; dazu Herbert Blumer (zit. nach Nowak 1988, S. 27): „Meine These ist, daß soziale Probleme hauptsächlich Resultate eines

Prozesses kollektiver Definition sind; sie existieren nicht unabhängig davon als eine Konstellation objektiver sozialer Bedingungen spezifischer Art [...]. Soziale Probleme sind nicht das Resultat eines innerlichen Dysfunktionierens der Gesellschaft, sondern das Resultat eines Prozesses der Definition, in welchem eine bestimmte Bedingung herausgegriffen und als soziales Problem identifiziert wird. Ein soziales Problem existiert für eine Gesellschaft nicht, wenn es von dieser nicht als existierend anerkannt wird."

Blumers These können wir mit Watzlawicks (1978, S. 142 ff.) Unterscheidung zwischen den zwei relevanten Wirklichkeiten spezifizieren: Jene Wirklichkeitsaspekte, über die ein grundsätzlicher Konsens relativ unproblematisch erreicht werden kann, werden wir nach Watzlawick mit Wirklichkeit *erster* Ordnung bezeichnen; mit Wirklichkeit *zweiter* Ordnung werden wir die Wirklichkeitsaspekte kategorisieren, die von der subjektiven, sozialen, kulturellen oder ethischen Bedeutungs-, Sinn- oder Wertgebung bestimmt werden.

▸ **Beispiel**

Unterschiedliche Interessengruppen können sich etwa über die Anzahl der offiziell als arbeitslos gemeldeten Menschen anhand der jeweils aktuellen Arbeitslosenstatistik vermutlich relativ schnell und unproblematisch einigen (*Wirklichkeit erster Ordnung*). In welchem Maße allerdings die Arbeitslosigkeit sozialpolitische, gewerkschaftliche, sozialarbeiterische oder sogar sozialrevolutionäre sowie terroristische Aktivitäten auslöst, hängt hauptsächlich von der Bedeutung ab, welche die Politik, die Gewerkschaften, soziale Organisationen oder andere Gruppen diesem Phänomen zuschreiben (*Wirklichkeit zweiter Ordnung*).

Dementsprechend sind soziale Organisationen damit konfrontiert, eine soziale Wirklichkeit zweiter Ordnung zu konstruieren. Im Interesse ihrer permanenten Kontinuierung sind sie gefordert, auf möglichst viele Phänomene der sozialen Wirklichkeit erster Ordnung so zu reagieren, dass diesen der Wert oder die Bedeutung eines sozialen Problems zugeschrieben wird. Deshalb stehen die Organisationen in der funktional ausdifferenzierten Gesellschaft vor der Aufgabe, soziale Probleme zu definieren, um erst dann deren Lösung angehen zu können.

Bei diesen Definitionsprozessen sind die Organisationen auf die Subventions-, Finanzierungs- und Spendebereitschaft ihrer gesellschaftlichen Umwelt angewiesen. Sie müssen die Problemdefinitionen und die entsprechenden Lösungsmöglichkeiten nicht nur erfolgreich den ihrer Meinung nach hilfsbedürftigen Angehörigen der Zielgruppen, auf die sie sich spezialisiert haben, sondern ebenfalls zahlungsbereiten Geldgebern anbieten.

Der entscheidende Unterschied der Ausdifferenzierung eines Funktionssystems Sozialer Arbeit gegenüber der Normalisierungsarbeit, bei der die Gesellschaft die Kriterien von Normen vorgeben soll, nach denen reflektiert wird, wem die Hilfe und Kontrolle gebührt, liegt darin, dass nunmehr Organisationen selbst entscheiden, welche sozialen Sachverhalte sie als soziale Probleme definieren wollen. Nunmehr operieren die Organisationen ausdrücklich selbstreferentiell und sind „jederzeit frei in der Beurteilung der Richtigkeit oder Falschheit von Programmen im Hinblick auf einen Code, der zwei Möglichkeiten [Helfen oder Nicht-Helfen; H.K.], und nicht nur eine, vorsieht" (Baecker 1994, S. 105 f.). Diese Selbstreferenz ermöglicht dem System Soziale Arbeit, immer differenziertere Kriterien für die Beobachtung der systemischen Umwelt bereitzustellen, um die soziale Wirklichkeit erster Ordnung nach Bedingungen zur Definition von Problemen abzusuchen. Die große Gefahr dieser Funktionsweise liegt allerdings darin, dass „man mit Organisationen rechnen [muß], die sich die Rosinen aus dem Kuchen der Hilfsbedürftigkeit herauspicken" (Baecker 1994, S. 106) und nur noch solche sozialen Sachverhalte problematisieren, die hinsichtlich der finanziellen Bedingungen am attraktivsten sind.

Somit sind die Organisationen im Hinblick auf die programmatische Gestaltung ihrer Arbeit relativ autonom, denn auf dieser Ebene können sie sich „das Ziel setzen, dadurch zu helfen, daß sie die Zahlungsfähigkeit, die Liebesfähigkeit, die Machtansprüche, die Glaubensstärke, das Selbstvertrauen fördern. Oder sie können versuchen dadurch zu helfen, daß sie den Umgang mit Schulden, mit einem übersteigerten Verlangen nach Liebe, mit Ohnmacht, mit Glaubenslosigkeit, mit Überforderung einüben" (ebd.).

Aber erst dort, wo es um die konkreten Problemdefinitionen geht, wo kein Fall dem anderen gleicht, obwohl vielleicht jeder derselben programmatischen Zielgruppendefinition angehört, auf einer Ebene, wo sich Sozialarbeiter mit der Pluralisierung der Lebenswelten, mit den kontingenten Wirklichkeiten ihrer Klienten auseinanderzusetzen haben, offenbart sich die Selbstreferenz besonders unmittelbar. Auch für die einzelnen Sozialarbeiter, die es mit den „individuell-konkreten Problemfällen" (Lüssi 1992, S. 80) zu tun haben, gilt, dass erst das Definieren eines sozialen Problemfalls diesen dementsprechend titulierten Sachverhalt der Lösung zur Verfügung stellt. Manfred Wiesner und Ulrike Willutzki (1992, S. 351) konkretisieren diese Position im Zusammenhang mit sozial-konstruktivistischen Wegen in der Psychotherapie, wenn sie „Problemdefinitionen als kommunikative und bedeutungsverleihende Vorgänge" begreifen. Somit existieren „Probleme [...] als kommunikative Netzwerke, [die] nur im kommunikativen Austausch" bestehen, so dass „das Fehlen einer Kommunikation über das Thema Problem das Nicht-Existieren eines Problems" bedeutet (ebd., S. 351 f.). Eine wesentliche Konsequenz dieser Betrachtungsweise besteht nach den Autoren (ebd., S. 351) darin, „daß die Problemdefinitionen bzw. -beschreibungen auf ihre Erschaffer zurückgeworfen werden, anstatt sie als objektive Erkenntnis zu verstehen. Verlieren Problembeschreibungen den Status ontologisch objektiver Beschreibungen, werden sie [...] zu sprachlichen Behauptungen [...] also zu sozialen sprachlichen Leistungen."

Sozialarbeiter beachten häufig nicht, dass sie in der konkreten Hilfe gemeinsam mit ihren Klienten die Wirklichkeit zweiter Ordnung, also die Problemdefinitionen und damit letztlich das zu bearbeitende konkrete Problem kommunikativ konstruieren müssen. Die auf Problemlösung zielende Interaktion von Sozialarbeiter und Klient kann aufgrund einer unzureichenden Beachtung dieses Phänomens dann selbst ein Problem schaffen, das die Lösung des ursprünglich definierten Problems verzögert oder sogar verunmöglicht, gleichzeitig allerdings den Sozialarbeitern ihr Klientel sichern.

Problemdefinitionen als Probleme

Ich unterstelle im Folgenden, dass sozialpädagogische Interventionen auf die Erweiterung der Möglichkeitsspielräume der Klienten zielen sollen, um letztlich durch Hilfe zur Nichtmehrhilfe zu gelangen. Das Motto heißt also: Hilfe zur Selbsthilfe! Dass aber gerade dieses Bestreben, welches für psychosoziale Einrichtungen handlungsleitend sein sollte, in nicht seltenen Fällen fehlschlägt, bedarf gründlicher Reflexionen (s. ausführlich dazu jetzt Ackermann 2007). Aus meiner eigenen Erfahrung im Bereich der sozialpädagogischen Familienhilfe sowie in einer gemeindepsychiatrischen Einrichtung konnte ich genügend Fälle erleben, bei denen gerade die praktische Sozialarbeit die Hilfe zur Selbsthilfe verhinderte.

In der Diskussion um den *Labeling-Approach*-Ansatz, der ursprünglich von Erving Goffman in den 1960er Jahren entwickelt wurde, haben Howard S. Becker und Edwin M. Schur darauf hingewiesen, dass durch die helfende Intervention bestimmte Problem- bzw. Devianzkarrieren erst geschaffen werden, „die der Sozialarbeit zwar ihr Klientel sichern, sie jedoch gleichzeitig permanent ihr Ziel verfehlen lassen" (Baecker 1994, S. 94; s. dazu auch: Fachlexikon der sozialen Arbeit 1993, S. 606 oder Lexikon zur Soziologie 1988, S. 446).

Insbesondere Watzlawick, Weakland und Fisch (1974) verdeutlichen konkrete Interaktionsphänomene, bei denen die anscheinend gut durchdachten Lösungen zu den eigentlichen Problemen werden. Ich möchte mich im folgenden auf das Phänomen der *sich selbsterfüllenden Prophezeiung* beschränken, dessen Bedeutung für die zwischenmenschliche Interaktion Watzlawick (1985b, S. 91) aufzeigt: „Eine sich selbst erfüllende Prophezeiung ist eine Annahme oder Voraussage, die rein aus der Tatsache heraus, daß sie gemacht wurde, das angenommene, erwartete oder vorhergesagte Ereignis zur Wirklichkeit werden läßt und so ihre eigene ‚Richtigkeit' bestätigt."

Sich selbsterfüllende Prophezeiungen im zwischenmenschlichen Bereich lassen sich mit einem von Watzlawick u.a. (1969, S. 57 ff.) beschriebenen Axiom der pragmatischen Kommunikationstheorie beschreiben, nämlich mit dem Phänomen der *Interpunktion von Ereignisfolgen*. Die Folge von menschlichen Kommunikationen als eines ununterbrochenen Austausches von Mitteilungen kann als kreisförmiger Interaktionsprozess beobachtet werden. Da aber die Kommunikationspartner aufgrund ihrer Wahrnehmung der Interaktion eine Struktur zugrunde legen, interpunktieren sie die Ereignisfolgen.

▸ **Beispiel**

Als Beispiel führt Watzlawick (1969, S. 58 f.; 1985b, S. 93 f.) einen Ehekonflikt an, bei dem sowohl der Ehemann als auch die Ehefrau entsprechend ihrer Interpunktionen völlig entgegengesetzte Sichtweisen der ehelichen Wirklichkeit entwickeln. Der Ehemann kommt zu einer Erklärung des Ehekonflikts, indem er interpunktiert, er meide seine Frau, weil sie nörgle; die Frau allerdings glaubt, sie nörgle, weil der Mann sich zurückzieht und sie meidet. Beide Personen nehmen an, dass die jeweils andere an dem Konflikt „ursächlich schuld ist, während das eigene Verhalten nur als eine Reaktion auf das des Partners gesehen wird" (Watzlawick 1985b, S. 94). Die Eheleute haben mit ihren entsprechenden Sichtweisen sich selbsterfüllende Prophezeiungen geschaffen; und zwar deshalb, weil sie gegenseitig voneinander genau jene Verhaltensweisen erwarten, die sie durch ihre Reaktionen auf diese Erwartungen erst hervorrufen. In anderen Worten: „Die beiden Verhaltensweisen, die subjektiv als Reaktion auf das Verhalten des Partners gesehen werden, lösen eben dieses Verhalten des anderen aus und rechtfertigen ‚daher' das eigene Verhalten" (ebd., S. 94 f.).

Eine Prophezeiung erfüllt sich allerdings erst dann selbst, wenn sie geglaubt wird. Ein Ereignis muss in der Gegenwart als sozusagen in der Zukunft bereits eingetreten gelten. Erst dann kann eine Voraussage, ein Glaube, eine Problemdefinition sowie eine psychosoziale oder eine medizinische Diagnose zur sich selbst erfüllenden Prophezeiung werden und so konkret auf die Gegenwart einwirken (vgl. ebd., S. 95 f.).

Ich möchte im Folgenden ein Beispiel einer sich selbst erfüllenden Prophezeiung aus der gemeindepsychiatrischen Arbeit anführen, welches ich selbst während meiner Tätigkeit in einer psychosozialen Kontakt- und Beratungsstelle (KBS) für „chronisch psychisch kranke" Menschen miterleben konnte.

▸ **Beispiel**

Es handelt sich um den Fall der ca. fünfzigjährigen Frau S., die schon mehrmals in der Psychiatrie mit der psychiatrischen Diagnose einer paranoiden Psychose behandelt wurde. Seit ca. einem Jahr nahm Frau S. regelmäßig an den Veranstaltungen der KBS teil (z. B. an Frühstücks- und Abendbrotangeboten, Bastel- und Musiknachmittagen u.ä.). Nach Ansicht der Diplom-Psychologen der Einrichtung konnte sich Frau S. nach anfänglichen Schwierigkeiten sehr gut in die Tagesgruppen eingliedern. Auch zeigte sie keine Symptome mehr, die auf den erneuten Ausbruch der Psychose hinwiesen. Sozialarbeiterinnen des Sozialpsychiatrischen Dienstes (SpD) ihres Stadtbezirkes besuchten Frau S. im Abstand von ca. einem Monat regelmäßig. Frau S. empfand diese Besuche als sehr lästig und fühlte sich sehr kontrolliert. Aus diesem Grund beschloss sie, den Sozialarbeiterinnen den Zutritt zu ihrer Wohnung zu verweigern bzw. die Wohnungstür nicht mehr zu öffnen. So scheiterten denn auch mehrere Besuche der Mitarbeiter des SpD daran, dass Frau S. ihre Tür nicht öffnete. Die Sozialarbeiterinnen bemerkten allerdings, dass sich Frau S. in der Wohnung aufhielt und gingen davon aus, dass die Frau einen psychotischen Schub durchmache und deshalb die Tür nicht öffnen könne oder wolle. Nunmehr bereiteten die Sozialarbeiterinnen alle rechtlichen Voraussetzungen vor, um schließlich eine Feuerwehr zu bestellen, die die Wohnungstür gewaltsam öffnete und Frau S. in eine psychiatrische Einrichtung beförderte.

Ich nehme an, es ist leicht vorstellbar, dass Frau S. von dieser Aktion völlig überrascht wurde und sich durch die plötzlich einbrechenden Feuerwehrleute sehr erschrocken gegen die Eindringlinge wehrte. Mit der psychiatrischen Diagnose im Kopf galt das um sich Schlagen der Frau S. sowohl für die Feuerwehrleute als auch für die anwesenden Sozialarbeiterinnen als Bestätigung des psychotischen Schubs. Hätte Frau S. sich nicht gewehrt, wäre dies vermutlich in der Interpretation der beteiligten Helfer ein Eingeständnis ihrer Krankheit, und die Diagnose wäre ebenfalls bestätigt.

Nach einigen Tagen konnte Frau S. durch Hilfe der Diplom-Psychologen der KBS glücklicherweise die Psychiatrie wieder verlassen. Dieser unschöne Vorfall, der das Phänomen der sich selbst erfüllenden Prophezeiung illustriert, hatte zumindest ein positives Resultat, nämlich dass die KBS und der SpD eine verstärkte fallbezogene Zusammenarbeit vereinbarten.

Auch Watzlawick (1985a, S. 65) weist darauf hin, dass psychiatrische Diagnosen als sich selbst erfüllende Prophezeiungen wirken können und damit nicht einen krankhaften Zustand definieren, sondern diesen erst erschaffen, denn „ist eine solche Diagnose erst einmal gestellt, so ist damit eine Wirklichkeit erfunden, in der auch sogenanntes normales Verhalten in der einen oder anderen Form als krankhaft gesehen wird". Watzlawick macht überdies auf einen sich daran anschließenden Mechanismus aufmerksam, der in dem von mir geschilderten Fall zum Glück von Frau S. unterbrochen wurde. Von dem Zeitpunkt an, ab dem das Verhalten eines Patienten unter der Lupe der „psychischen Krankheit" gesehen wird, „ist der Lauf der Dinge dann weder für den Patienten, noch für die anderen Beteiligten an dieser Wirklichkeitskonstruktion lenkbar: die Diagnose erschafft den Zustand; der Zustand macht das Bestehen der Institutionen nötig, in denen er ‚behandelt' werden kann; das Milieu der Institution (der Anstalt) erzeugt eben jene Hilflosigkeit und Depersonalisation des ‚Patienten' die rückbezüglich die ‚Richtigkeit' der Diagnose bestätigt; das Ganze wird zu einer sich selbst erfüllenden Prophezeiung, die schließlich auch der Patient glaubt und nach der er sein Leben einrichtet" (ebd.; s. dazu auch Rosenhan 1985).

Bei meiner Tätigkeit als sozialpädagogischer Familienhelfer konnte ich ebenfalls immer wieder – sowohl bei mir selbst, als auch bei Kollegen während der Supervision – Glaubenssätze und Anschauungen beobachten, die dazu prädestiniert waren, auf die Klienten als sich selbst erfüllende Prophezeiungen zu wirken. Ich denke in diesem Zusammenhang vor allem an trivialisierte psychoanalytische Vorstellungen von der objektiv analysierbaren Vergangenheitsdeterminiertheit und Voraussagbarkeit von Verhalten. Wer kennt nicht Äußerungen über Vorstellungen, welche, wenn sie das Verhalten von Helfern grundsätzlich bestimmen, Klienten geradezu schwach und hilfsbedürftig machen?

Heinz J. Kersting (1992, S. 49) weist explizit darauf hin, dass ein „Großteil der sozialarbeiterischen Strategien" von dem Phänomen der sich selbsterfüllenden Prophezeiung gekennzeichnet sind: „Weil der Sozialarbeiter vom Klientensystem etwas erwartet, verhält sich das System schließlich so. Diese Erwartung kann sich als Ermutigung auswirken [...] Aber auch das Gegenteil ist der Fall. Wenn das Klientensystem nach Meinung des Sozialarbeiters unfähig ist, sich zu verändern (weil es z. B. zu dumm ist oder weil die gesellschaftlichen Verhältnisse so und nicht anders sind), setzt der Sozialarbeiter so viele Signale (meist auf der Beziehungsebene), daß sie die erwarteten Ereignisse negativ mit bedingen."

Wenn ein Familienhelfer z. B. davon ausgeht, dass die Eltern in einer Familie ihre Kinder gar nicht anders behandeln können als auf die vom Jugendamt für veränderungsbedürftig empfundene Weise, weil die Eltern selbst traumatische Kindheitserlebnisse hatten, wird sich dies auf die Interaktionen des Familienhelfers mit der Familie mit Sicherheit niederschlagen. Der Familienhelfer wird eventuell den Eltern einer den Ämtern schon seit langer Zeit bekannten sogenannten „Multiproblemfamilie" viele erzieherische Maßnahmen abnehmen und den Kindern gegenüber versuchen, seine Ideale von Pädagogik anzuwenden. Nach nicht allzu langer Zeit ist der Helfer vielleicht durch seine kognitiven Modelle und Problemdefinitionen, die seinen Verhaltensweisen zugrunde liegen, selbst informelles Mitglied der Familie geworden und ist in dieser kaum noch zu entbehren. Auch hier hat sich eine Prophezeiung selbst erfüllt, weil sie *erstens* dem Denken und Handeln des Helfers zugrunde lag und *zweitens* weil das Klientensystem entsprechend prädisponiert war. Der Helfer hat ausgehend von seinen trivialisierten psychoanalytischen Glaubenssätzen, dass nämlich die Vergangenheit die Gegenwart so und nicht anders bestimmt, seine Interaktionen mit den Eltern in der Hinsicht geregelt, dass diese genauso „unselbstständig" und „unreif" reagierten, wie der Helfer es schon vorher „wusste" und erwartete. Er wird sich wahrscheinlich nach Beendigung der Hilfe, wenn die Familie wieder unabhängig werden soll, bestätigen lassen können, dass nach seinem Austritt aus der familiären Situation die alten Probleme wieder und neue Schwierigkeiten zusätzlich ausgebrochen sind.

Durch solche oder ähnliche Phänomene wird Hilfsbedürftigkeit geradezu geschaffen, obwohl die Helfer im Sinne der gesetzlichen Grundlagen der sozialpädagogischen Familienhilfe die Selbsthilfepotentiale der Familie anregen sollen (s. § 31 SGB VIII).

Das Phänomen der sich selbst erfüllenden Prophezeiungen lässt erkennen, welche Macht Problemdefinitionen, ob sie nun bewusst oder unbewusst unseren Handlungen zugrunde liegen, besitzen können. Da soziale Probleme erst dann bearbeitbar sind, wenn sie als solche definiert werden, ist die Verantwortung für kommunikativ konstruierte Problemdefinitionen, welche die Sozialarbeiter im Hilfeprozess tragen, kaum zu unterschätzen.

Schließlich bleibt festzuhalten, dass bei Problemen mit Problemdefinitionen das Phänomen der Selbstreferenz besonders augenscheinlich wird. Aber für jede Helfer-Klient-Interaktion gilt, was Fritz B. Simon (1988, S. 4) für den Bereich der Familientherapie reflektiert: „das therapeutische System, die Therapeut-Patient- oder Therapeut-Familien-Interaktion ist gerade so wie sie ist, weil der Therapeut seine Interaktionspartner so beschreibt, wie er sie beschreibt und seine Interaktionspartner ihn so beschreiben, wie sie ihn beschreiben."

Zusammenfassung und Ausblick

Die Abschnitte dieses Kapitels haben uns in dreierlei Hinsicht insbesondere die organisatorische und personelle Selbstreferenz der Funktionen Sozialer Arbeit verdeutlicht:

- *Erstens:* Die Pluralisierung der Lebenswelten sowie die funktionale Ausdifferenzierung der Gesellschaft verkomplizieren bzw. verunmöglichen ein Bezugnehmen auf für die Soziale Arbeit brauchbare Kriterien allgemeingültiger lebensweltlicher Normen. Das führt zu der Konsequenz, dass Sozialarbeiter, die im Sinne einer vermeintlichen gesamtgesellschaftlichen Norm normalisieren wollen, immer auf ihre eigenen Deutungen, Wertungen oder Moralvorstellungen, die sie in ihrem selbstreferentiellen sozialen Kontakt mit anderen herausbildeten, zurückgeworfen werden.
- *Zweitens:* Soziale Probleme als gesellschaftliche sowie als konkret individuelle Bezugsgrößen entstehen in kommunikativen Definitions- oder Bedeutungsprozessen. Damit übernehmen die Organisationen des Funktionssystems Sozialer Arbeit die gesellschaftliche Aufgabe, programmatisch soziale Sachverhalte, die Menschen aus finanziellen, rechtlichen, intellektuellen, religiösen oder allgemein psychosozialen Gründen aus den Funktionssystemen der Gesellschaft ausschließen, aufzugreifen und zu problematisieren. Den Sozialarbeitern obliegt die Aufgabe, mit den Klienten die konkreten Probleme kommunikativ zu definieren, um deren Lösung im Sinne einer in Aussicht gestellten Nichtmehrhilfe anzugehen. Auch bei diesen Prozessen verweist sowohl das organisatorische als auch das individuell konkrete Problematisieren auf diejenigen zurück, die es vornehmen.
- *Drittens:* Gerade das Problematisieren kann dann zum Problem werden, wenn die davon ausgehende Hilfe das zu lösende Problem zementiert oder neue Probleme schafft. In diesem Sinne wirken sich selbst erfüllende Prophezeiungen, die aufgrund der Definitionsmacht derjenigen, die solche Voraussagen treffen, ein Problem erst konstruieren, welches als bereits ‚objektiv' gegeben gilt.

Ob Sozialarbeiter nun normalisieren, problematisieren oder helfen, jedesmal orientieren sich ihre Erkenntnisse und Handlungen auf ihr Klientel, aber die Ausgangs- und Endpunkte dieser Tätigkeiten sind immer die selbstreferentiell konstituierten Wirklichkeiten (Normen, Werte oder Problemdefinitionen) der Helfer, der sozialen Organisationen bzw. des Funktionssystems Soziale Arbeit.

In den folgenden beiden Kapiteln werden wir nun explizit die konstruktivistische Erklärungsweise dieser selbstreferentiellen Konstitution von individuellen und sozialen Wirklichkeiten betrachten. Das Verfolgen einer derartigen Zielsetzung erfordert ein interdisziplinäres Vorgehen, das der systemtheoretisch fundierte Konstruktivismus insofern erleichtert, als er uns dafür ein mehr oder weniger einheitliches Vokabular zur Verfügung stellt. Allerdings verlangt gerade der universelle Gebrauch systemtheoretischer Begrifflichkeiten von den Lesern, dass sie sich auf ein gewisses theoretisches Abstraktionsniveau einlassen. Trotzdem sind gerade die Ausführungen der folgenden Abschnitte ausgesprochen praxisrelevant, so dass wir auf die in diesem Kapitel deutlich gewordenen selbstreferentiellen Probleme der sozialen Praxis immer wieder zurückkommen werden.

2 Wirklichkeit als biologische und psychische Konstruktion

Man braucht in der Tat gar nicht sehr tief in das konstruktivistische Denken einzudringen, um sich darüber klar zu werden, daß diese Anschauung unweigerlich dazu führt, den denkenden Menschen und ihn allein für sein Denken, Wissen und somit auch für sein Tun, verantwortlich zu machen.

ERNST VON GLASERSFELD (1985, S. 16 F.).

Autopoiesis als Ausgangskonzept

Wollen wir die in allen drei Abschnitten des letzten Kapitels zu Tage getretene Selbstreferenz verstehen, bietet sich uns mit dem Konzept der Autopoiesis ein passendes Modell für ein solches Verständnis. Mittlerweile hat sich das Autopoiesis-Konzept im kognitionstheoretischen Konstruktivismus und in der konstruktivistisch orientierten (systemtheoretischen) Soziologie als Beschreibungsmodell allgemein für biologische und auch insbesondere für psychische und soziale Systeme weitgehend etabliert. Vor allen Dingen Luhmanns (1984, 60 S. ff.) soziologische Adaption dieses aus der Neurophysiologie stammenden Konzepts trug zu seiner schnellen Verbreitung als innovatives Prinzip der Systembeschreibung bei.

Sozialarbeiter und ihre Klienten sind zuallererst lebende und mit Bewusstsein ausgestattete psychische Systeme, deren Erkenntnisse und Handlungen von den kognitiven Prozessen des Nervensystems koordiniert werden. Außerdem sind beide Personengruppen in soziale Systeme inkludiert – in die Gesellschaft, d. h. in entsprechende Funktionssysteme, in Familien, in Organisationen oder in die von konkreten sozialen Problemen tangierten Interaktionssysteme. Alle benannten Systeme können als autopoietische Systeme verstanden werden (vgl. Luhmann 1984). Dabei umschreibt Autopoiesis die allgemeine Organisationsform, die allen diesen Systemen zugrunde liegt. Derartige (autopoietische) Systeme sind so organisiert, dass sie „alle elementaren Einheiten, aus denen sie bestehen, durch ein Netzwerk eben dieser Elemente reproduzieren und sich dadurch von einer Umwelt abgrenzen – sei es in der Form von Leben, in der Form von Bewußtsein oder (im Falle sozialer Systeme) in der Form von Kommunikation“ (Luhmann 1986a, S. 266). Ein autopoietisches System operiert selbst(re)produzierend und selbstreferentiell, da „nur das System selbst seine

Elemente erzeugen kann und in der Tiefenstruktur seiner Selbststeuerung von seiner Umwelt unabhängig ist" (Willke 1993, S. 278).

Letztlich sind die autopoietischen Organisationsformen biologischer, psychischer und sozialer Phänomene wechselseitig miteinander verkettet und bedingen einander – Luhmann (1984, S. 286 ff.) spricht deshalb von *Interpenetration*. Zunächst liegt Penetration vor, „wenn ein System die eigene Komplexität [...] zum Aufbau eines anderen Systems zur Verfügung stellt. In genau diesem Sinne setzen soziale Systeme ‚Leben' voraus" (ebd., S. 290). Interpenetration besteht, wenn dieser Sachverhalt zwischen mindestens zwei Systemen wechselseitig gegeben ist, „wenn also beide Systeme sich wechselseitig dadurch ermöglichen, daß sie in das jeweils andere ihre vorkonstituierte Eigenkomplexität einbringen" (ebd.).

Obwohl sich die Prozesse des Biologischen, des Psychischen und des Sozialen parallel vollziehen, werde ich zunächst die Autopoiesis des Lebens und die mit dieser Organisation verbundenen Prozesse der Kognition darstellen. Sowohl der Struktur dieser Arbeit zufolge als auch jener der Sprache ist dieses lineare Vorgehen nicht zu umgehen. Überdies bietet sich eine derartige Vorgehensweise an, weil das Autopoiesis-Konzept von den Biologen und Neurophysiologen Humberto R. Maturana und Francisco J. Varela ursprünglich allein für das Verständnis von lebenden Organismen entwickelt wurde. Die autopoietische Organisation des Lebens gilt für Maturana und Varela als Prinzip der Selbsterzeugung des Lebens überhaupt sowie der Selbstorganisation jedes einzelnen Lebewesens. Wörtlich übersetzt heißt Autopoiesis denn auch *Selbsterzeugung* bzw. *Selbstreproduktion* (griech. autos = selbst; poin = machen; vgl. Maturana/Varela 1987a, S. 51).

Lebende (biologische) Systeme

Lebende Organismen lassen sich charakterisieren als *selbsterzeugende*, *selbstorganisierende, selbstreferentielle* und *selbsterhaltende* – d. h. als autopoietische – Einheiten. Derartige Einheiten werden als operational geschlossene Systeme modelliert, die sich in Form eines zirkulären Netzwerkes ihrer Bestandteile (basale Zirkularität) selbst erzeugen, selbst organisieren und selbst erhalten, indem sie die Bestandteile, aus denen sie bestehen, mit Hilfe dieser Bestandteile permanent reproduzieren. Noch komplizierter heißt es bei Maturana (1987b, S. 94): „Es gibt eine Klasse von Systemen, bei der jedes Element als eine zusammengesetzte Einheit (System), als ein Netzwerk der Produktion von Bestandteilen definiert ist, die (a) durch ihre Interaktionen rekursiv das Netzwerk der Produktionen bilden und verwirklichen, das sie selbst produziert hat; (b) die Grenzen des Netzwerkes als Bestandteile konstituieren, die an seiner Konstitution und Realisierung teilnehmen; und (c) das Netzwerk als eine zusammengesetzte Einheit in dem Raum konstituieren und realisieren, in dem es existiert."

Davon ausgehend können Maturana und Varela (1987a, S. 53) die Einheit einer Zelle von ihrer Innen- und Außenperspektive in einem bestimmten physikalisch-chemischen Raum als das Ergebnis chemischer Transformationen beschreiben, die eine autopoietische Organisation aufweisen: „Auf der einen Seite sehen wir ein dynamisches Netzwerk von Transformationen, das seine eigenen Bestandteile erzeugt und das die Bedingung der Möglichkeit eines Randes ist. Auf der anderen Seite sehen wir einen Rand, der die Bedingung der Möglichkeit des Operierens eines Netzwerkes von Transformationen ist, welches das Netzwerk als Einheit erzeugt". Derartig sich selbstreproduzierende Einzeller gelten für Maturana und Varela als *autopoietische Systeme erster Ordnung*, während sogenannte Metazeller, wie z. B. Menschen, zu der Klasse *autopoietischer Systeme zweiter Ordnung* gezählt werden (vgl. Maturana/Varela 1987a, S. 98).

Vom Menschen als Metazeller wird deshalb gesprochen, weil er aus einer eng verknüpften Struktur von Anhäufungen oben beschriebener Zellen besteht, die durch rekursive Kopplungen (Rückkopplungen) seine Einheit ermöglichen. Rekursive Kopplungen sind für Maturana und Varela (ebd., S. 99) jene Phänomene, bei denen „die beteiligten Zellen ihre individuellen Grenzen bewahren und zugleich durch ihre Kopplung eine neue, besondere Kohärenz aufbauen, die [...] metazelluläre Einheit". Auch die Identität einer metazellulären Einheit „ist durch ein Netz von dynamischen Prozessen gekennzeichnet, deren Wirkungen das Netz nicht überschreiten" (ebd., S. 100). Dadurch grenzt sich ein autopoietisch organisiertes System von seiner Umgebung (Umwelt, Milieu) ab. Weiterhin ist ein lebendes System durch eine *bestimmte Struktur* gekennzeichnet, die sich aus seinen systemspezifischen konkreten Bestandteilen konstituiert (vgl. ebd., S. 54). Diese Struktur spezifiziert die Identität eines lebenden Systems in Abgrenzung zu anderen Systemen.

Mit der Umwelt bzw. mit anderen Systemen interagiert ein lebendes System über *strukturelle Kopplungen* (vgl. ebd., S. 85). Diese sichern einem autopoietischen System seine Überlebensfähigkeit und beschränken sich einzig und allein auf materielle und energetische Austauschprozesse. Wichtig ist in diesem Zusammenhang daher die Feststellung: *Zwischen lebenden Systemen können keine Informationen ausgetauscht werden!* Vielmehr ist ein Lebewesen in der Lage, über seine Interaktionen während der strukturellen Kopplung für sich bedeutsame Unterschiede in den Zuständen seiner Umwelt auszuwählen. Diese Unterschiede lösen nunmehr im zirkulären Netzwerk des Systems selbst strukturelle Zustandsveränderungen, also wiederum Unterschiede aus.

Dieser vor allen Dingen von Gregory Bateson (1981, S. 582) herausgestellte Prozess, bei dem *jeder Unterschied einen Unterschied ausmacht*, kann als das Phänomen gelten, welches im System zur *Erzeugung von Informationen* führt. Maturana und Varela (1987a, S. 27) bezeichnen die Unterschiede in den Zuständen der Umwelt, die während der strukturellen Kopplung strukturelle Veränderungen in einem lebenden System auslösen, als *Perturbationen* (Verstörungen, Störungen, Irritationen). Welche Perturbationen ein lebendes System auswählt bzw. wahrnimmt und wie diese schließlich zu systemeigenen Informationen geformt werden, ist letztlich immer von der Struktur des Systems abhängig. In dieser Hinsicht verstehen Maturana und Varela (1987a, S. 106) lebende Organismen als *operational geschlossene Systeme*: „Bei den Interaktionen zwischen dem Lebewesen und der Umgebung [...] determinieren die Perturbationen der Umgebung nicht, was dem Lebewesen geschieht; es ist vielmehr die Struktur des Lebewesens, die determiniert, zu welchem Wandel es infolge der Perturbationen in ihm kommt“ (Maturana/Varela 1987a, S. 106).

Solange ein lebendes System seine Autopoiesis aufrechterhält, ist es in der Lage, auf die ständigen Veränderungen in seiner Umgebung, die als Perturbationen wirken können, durch die systeminterne operationale Selbststeuerung mit strukturellen Veränderungen zu reagieren. Im fortwährenden Prozess der strukturellen Kopplung wirken lebende Systeme und ihre Umwelten füreinander als gegenseitige Quellen von Perturbationen, und sie lösen damit beim jeweils anderen System Zustandsveränderungen aus. In dieser Hinsicht unterliegt ein autopoietisches System als dynamisches System ständigem strukturellem Wandel; zumindest solange es sich mit autopoietisch möglichen Zuständen hinsichtlich der Veränderungen in seiner Umwelt anpassen kann.

Die strukturellen Veränderungen, die den Wandel kennzeichnen, sind abhängig von der „jeweils gegenwärtigen Struktur [, die] zu jedem Zeitpunkt den Bereich möglicher struktureller Veränderungen eines autopoietischen Systems fest[legt], und seine Organisation bestimmt die Grenzen, innerhalb derer diese Veränderungen tatsächlich stattfinden können“ (Maturana 1987b, S. 95). Somit ist „jeder Zustand in einem autopoietischen System ein Zustand der Autopoiesis, andernfalls befindet sich das System in Auflösung“ (ebd., S. 97). Sofern also die Autopoiesis in Metazellern nicht beeinträchtigt ist, wie dies z. B. bei dem Wachstum von Krebszellen der Fall wäre, dient alles, was in der autopoietischen Organisation erster Ordnung (zelluläre Vorgänge) geschieht, der Erhaltung der Autopoiesis des Gesamtsystems. Darüber hinaus stehen auch alle Tätigkeiten autopoietischer Systeme im Dienste der Autopoiesis, andernfalls würden die Systeme zerfallen. Deshalb arbeiten lebende Systeme hinsichtlich ihrer autopoietischen Organisation als *homöostatische, d. h. in einem Fließgleichgewicht sich vollziehende Systeme* und können lediglich solche strukturellen Veränderungen durchmachen, die ihre Autopoiesis nicht beeinträchtigen (vgl. Maturana 1987b, S. 95).

Als vielleicht den bedeutendsten Bestandteil des Autopoiesis-Konzepts können wir die *Theorie der operationalen Geschlossenheit* ansehen. *Danach kann also niemals die Umwelt oder ein anderes System instruierend im Sinne einer mechanistischen oder behavioristischen Kausalitätsvorstellung von Reiz und Reaktion ein lebendes System determinieren.* Siegfried J. Schmidt (1987, S. 24) betrachtet diese Erkenntnis als „wichtige Einsicht Maturanas [, die] besagt, daß lebende Systeme als selbstreferentielle geschlossene Systeme informationsdicht und strukturdeterminiert (autonom) sind". Und um dies noch einmal zu betonen: Einzig und allein über den notwendigen materiellen und energetischen Austausch der Bestandteile des Systems während der strukturellen Kopplung mit der Umgebung ist ein autopoietisches System ein offenes System (vgl. Maturana 1987b, S. 91).

Der Wandel, der aus diesen Interaktionen resultiert, ist „zwar von dem perturbierenden Agens [also der Umwelt; H.K.] hervorgerufen, aber von der Struktur des perturbierenden Systems determiniert" (Maturana/Varela 1987a, S. 106). Dadurch (re-)produzieren autopoietische Systeme nicht nur ihre Bestandteile in einem zirkulären Netzwerk, sondern gleichfalls ihre eigenen strukturellen Zustände. *Sie können sich operational und strukturell also nur auf sich selbst beziehen und sind deshalb selbstreferentielle Systeme.* „Jeder Umweltkontakt aktiviert ein autopoietisches System zu Selbstkontakten. Folglich entscheidet das System, nicht die Umwelt, welche ‚Informationen' zirkulär erzeugt und als bedeutsam bewertet werden" (Böse/Schiepek 1989, S. 24).

Dieses Phänomen lässt gleichfalls die Autonomie lebender Systeme verständlich werden, denn die Autopoiesis befähigt ein derartiges System, „seine eigene Gesetzlichkeit beziehungsweise das ihm Eigene zu spezifizieren" (Maturana/Varela 1987a, S. 55; vgl. auch Varela 1987).

Mit Heinz von Foerster (1988; 1994) könnten wir autopoietische Systeme als *„nicht-triviale Maschinen"* verstehen. Mit welchem Ausgangssignal eine derartige Maschine reagiert, hängt nicht von ihrem Eingangssignal ab, sondern vom internen Zustand der Maschine, der die Operationen zur Verarbeitung des Eingangssignals determiniert. Mit jeder Operation einer nicht-trivialen Maschine ändert sich ihr interner Zustand in Abhängigkeit vom gegenwärtigen Zustand. Damit sind derartige Maschinen *historische bzw. vergangenheitsabhängige Maschinen.*

Gerade aus diesem Grund ist das Verhalten nicht-trivialer Maschinen von außen nicht vorhersehbar (*Black-Box*-Phänomen). Bei der permanenten Eingabe von gleichen Signalen ist es höchst unwahrscheinlich, dass die nicht-triviale Maschine mit immer den gleichen Ausgangssignalen reagiert. Besonders beim Menschen, der mit einem hochkomplexen Nervensystem ausgestattet ist, das aus mehreren Zehntausendmillionen Neuronen besteht, die untereinander und in Verbindung mit anderen Zellen des Organismus vielfältige Kombinationen von Interaktionen eingehen können, weiten sich die Möglichkeiten seines Verhaltens unermesslich aus.

Kognition

Damit lebende Systeme ihren kognitiven Bereich derartig ausweiten können, dass sie zu Selbstbewusstsein und Selbstbeobachtung fähig sind, müssen sie mit einem hochkomplexen Nervensystem ausgestattet sein. Eine Voraussetzung für die Komplexität des Nervensystems ist seine operational geschlossene zirkuläre Struktur, welche die neuronalen Prozesse ermöglicht, die zur Konstitution des psychischen Systems notwendig sind. Aber auch weil die Funktionsweise des Nervensystems nach Maturana (1987b, S. 99) der biologischen Autopoiesis des Gesamtorganismus untergeordnet ist, kann es sich in dessen operationale Geschlossenheit nur als strukturdeterminiertes System einordnen: „Die Struktur des Milieus kann seine Veränderungen also nur auslösen, aber nicht bestimmen" (Maturana/Varela 1987a, S. 145).

In dieser Hinsicht gilt das neuronale System als ein operational geschlossener Bestandteil des Organismus: „Das Nervensystem funktioniert also als ein geschlossenes Netzwerk von Veränderungen der Aktivitätsrelationen zwischen seinen Komponenten" (ebd., S. 180). Als ein derartiges System „erzeugt es nur Zustände ein und derselben Art, nämlich Zustände relativer Aktivität zwischen [seinen] neuronalen Bestandteilen (Nervenzellen sowie Sensoren und Effektoren)" (Maturana 1987b, S. 98). Dieser Arbeitsweise unseres Nervensystems zufolge kann die Welt unserer Wahrnehmungen ausschließlich nur die Erscheinungswelt der Zustandsveränderungen dieses geschlossenen neuronalen Netzwerkes sein. Dementsprechend operiert das neuronale Netz selbstreferentiell: Seine Operationen können sich nur auf eigene andere Operationen beziehen. Aus diesem Grund gibt es für die Operationen des Nervensystems kein Innen und Außen (vgl. Maturana/Varela 1987a, S. 185).

Die Position von Maturana, nämlich dass die Operationen des Nervensystems grundsätzlich der biologischen Autopoiesis untergeordnet sind, wird insbesondere von Gerhard Roth (1987) kritisiert. Für Roth geht die Aktivität des Gehirns als Teil des Nervensystems weit über die autopoietische Organisation der Selbsterhaltung und Selbstreproduktion eines lebenden Organismus hinaus, denn „das Gehirn kann sich immer mit mehr Dingen beschäftigen, die nur sehr indirekt oder überhaupt nichts mit Überleben zu tun haben (oder ihm auf Dauer sogar entgegenwirken)" (ebd., S. 270). Die operationale Geschlossenheit des Nervensystems, die Roth besonders explizit herausstellt, ermöglicht die Autonomie des Gehirns gegenüber der autopoietischen Existenzerhaltung eines lebenden Systems. Erst die autonome abgeschlossene Organisation des Gehirns bildet „die Grundlage der spezifischen Leistung menschlicher Kognition, nämlich Konstitution von Wirklichkeit und damit die Möglichkeit, Handlungs-Planung zu betreiben, d. h. etwas zu tun, was noch keinen Nutzen für den Organismus hat" (ebd.).

Die empirische Basis des auch von Roth besonders hervorgehobenen Konzepts der operationalen Geschlossenheit legte Maturana in den späten 1950er Jahren anhand von verschiedenen neurobiologischen Experimenten (vgl. Schmidt 1987, S. 22). Mit einigen anderen Wissenschaftlern konnte Maturana bei Untersuchungen zur Farbwahrnehmung und zur Größenkonstanz feststellen, „daß zwischen Außenweltereignissen und neuronalen Zuständen keine stabilen Korrelationen hergestellt werden können; daß andererseits aber stabile Korrelationen zwischen solchen Zuständen nachgewiesen werden können, die innerhalb des Nervensystems liegen" (ebd.).

In dem Konstant-Halten gewisser interner Korrelationen, die erst das Überleben komplexer Organismen in ihrer Umwelt sichern, besteht denn auch die wichtigste Aufgabe des Nervensystems hinsichtlich der biologischen Autopoiesis. Deshalb hat das neuronale System „am Operieren eines Vielzellers Anteil als ein Mechanismus miteinander vernetzter Kreisläufe, der jene inneren Zustände, die für die Erhaltung der Organisation als Ganzes wesentlich sind, konstant hält" (Maturana/Varela 1987a, S. 179 f.). Heinz von Foerster (1985, S. 57) spricht davon, dass das „Nervensystem so organisiert [ist], daß es eine stabile Wirklichkeit errechnet." Mit dem Begriff „Errechnen" bezeichnet von Foerster nicht explizit numerische Operationen, sondern vielmehr Prozesse des Umwandelns quantitativer Reize (Unterschiede, Perturbationen) aus der Umwelt eines lebenden Systems in wahrnehmbare Qualitäten, wie z.B. Gerüche, Farben, Töne, Schmerzen usw. Dieses Konstruieren der vielfältigen qualitativen Eigenschaften unserer Welt ist deshalb erforderlich, weil unsere Sinneszellen – z.B. die Geschmacksknospen der Zunge, die Tastsinneszellen oder die Rezeptoren (reizaufnehmende Nervenfasern), die mit Empfindungen wie Geruch, Wärme, Kälte oder Schall verknüpft sind – nur durch die Quantität elektrischer Reize erregt werden können (vgl. ebd., S. 44). Und tatsächlich gibt es in der Außenwelt, wie uns die Physiker bestätigen, nur elektromagnetische Wellen, die unsere Sinneszellen elektrisch erregen können.

Aber auch eine solche Feststellung ist eine Leistung der menschlichen Kognition und deshalb eine Konstruktion. Aufgrund der operationalen Abgeschlossenheit des Nervensystems können wir niemals die Außenwelt erreichen, um zu prüfen, ob diese aus elektromagnetischen Wellen besteht. Daher verbleibt beispielsweise auch ein experimentierender Physiker immer selbstreferentiell in seinem kognitiven Bereich. Paul Watzlawick (1995, S. 53) pflegt diesbezüglich die Physiker zu ärgern, wenn er ihnen vorhält: „Ihr lieben Leute, da draußen gibt's nur elektromagnetische Wellen, weil ihr Apparate gebastelt habt, die auf etwas ansprechen, das ihr dann ‚elektromagnetische Welle' nennt."

Besonders um die Stabilität der neuronalen Zustände aufrechtzuerhalten, d.h. um eine Wirklichkeit zu konstituieren, gilt, wie grundsätzlich für jede

Operationsweise, die der Autopoiesis untergeordnet ist, dass Umweltereignisse neuronale Prozesse lediglich anstoßen können, ohne zu determinieren, was mit diesen Anstößen geschieht. Allein der strukturelle Zustand des Nervensystems bestimmt, „welche Perturbationen möglich sind und welche Veränderungen diese in seiner Dynamik von Zuständen auslösen“ (Maturana/Varela 1987a, S. 185). Demzufolge kann auch die Kognition nicht mit Input/Output-Modellen beschrieben werden, denn unser Nervensystem kann keine Informationen aus der Außenwelt empfangen.

Die Konstruktion einer stabilen Wirklichkeit als kognitive Leistung ist Bedingung der Möglichkeit eines lebenden Systems, sich erfolgreich bzw. passend in seiner Umgebung zu verhalten. Wenn wir mit Maturana (1987b, S. 101) das *erfolgreiche Verhalten eines Lebewesens in seiner Umgebung* mit *Kognition* definieren, dann „bedeutet Leben Kognition“, und der kognitive Bereich des Lebewesens „ist deckungsgleich mit dem Bereich seiner autopoietisch möglichen Zustände“.

Dagegen unterliegt für Roth (1987, S. 275) Kognition „nicht denselben Gesetzmäßigkeiten, die für die Autopoiesis gelten“. Vielmehr konstituiere sie „einen grundsätzlich neuen Seinsbereich, denn sie schafft Prozesse, nämlich die der Selbstbeschreibung, die es in der physikalisch-chemischen Welt der Autopoiesis grundsätzlich nicht gibt“ (ebd.). Demnach sind für Roth die biologische Autopoiesis und die Kognition zwei unterschiedlichen Seinsbereichen zugehörig: Autopoiesis dem Bereich der „materiellen Realität“ und Kognition dem der „kognitiven Wirklichkeit“ (ebd). Die kognitive Wirklichkeit ist die für uns existierende, also wahrnehmbare Welt, während uns die sogenannte „materielle Realität“ kognitiv unzugänglich ist (vgl. ebd.) – im Sinne einer unbekannt bleibenden Außenwelt.

Aber diese Außenwelt wird nicht nur uns Menschen unbekannt bleiben, sondern jedem autopoietisch organisierten, also operational von seiner Umgebung abgeschlossenen – informationsdichten – biologischen System. Selbst Einzeller werden sich deshalb niemals direkt an der sogenannten „materiellen Realität“ orientieren können. Um zu leben, also um ihre Autopoiesis aufrechtzuerhalten und sich erfolgreich in der Umgebung zu orientieren, müssen auch derartige Organismen einen kognitiven Bereich ausbilden. Demzufolge lässt sich schlussfolgern, dass jedes lebende (autopoietische) System auf Kognition angewiesen ist. Somit können wir im Gegensatz zu Roth (1987) Maturana (1987b, S. 101) durchaus beipflichten, dass neuronale Systeme die Phänomene der Kognition nicht schaffen, sondern vielmehr die kognitiven Bereiche erweitern, indem sie damit gleichfalls die autopoietisch möglichen Zustände ausdehnen. In dieser Hinsicht sind die Bereiche der biologischen Autopoiesis und die der Kognition deckungsgleich.

Die Kontingenz unserer Wirklichkeitskonstruktionen wäre damit aus einer Vielzahl autopoietisch bzw. kognitiv möglicher Zustände erklärbar.

Allerdings können erst die auf der Basis unseres Nervensystems sich konstituierenden kognitiven oder geistigen Phänomene die unendlich große Vielfalt von Informationen in ihren verschiedenartigen Verknüpfungen hervorbringen, die die Kontingenzen unserer Wirklichkeiten ausmachen. Da unser Nervensystem als geschlossenes Netzwerk operiert, kommt es innerhalb seiner Bahnen zu den operationalen Rekursionen, die dazu führen, dass bestimmte Aktivitäten von Nervenzellen die Aktivitäten anderer Nervenzellen zufolge haben, und dass sich alle diese Aktivitäten letztlich wechselseitig beeinflussen. Erst derartige Rekursionen ermöglichen das Prozessieren von Gedanken, Vorstellungen, Phantasien oder Träumen – kurz: von Bewusstsein – innerhalb unseres psychischen Systems. Gebhard Rusch (1986, S. 48) weist darauf hin, dass die zirkuläre Operationsweise des neuronalen Netzes die Bedingung dafür ist, dass wir als lebende Systeme Bewusstsein und Selbstbewusstsein ausbilden; eben deshalb, weil wir aufgrund der Zirkularität des Nervensystems unsere eigenen Beschreibungen (Wirklichkeitskonstruktionen) in einem – bei immer weiteren Rekursionen – unendlichen Prozess beschreiben (konstruieren).

Nach Bateson (1981, S. 619) konstituieren sich geistige Prozesse nicht nur innerhalb der menschlichen Psyche, sondern überall dort, „wo die angemessene Kreislaufstruktur von Kausalschleifen existiert“: in allen sich selbstorganisierenden Prozessen, die aus komplexen Kausalkreisläufen bestehen, welche auf der Verarbeitung von Unterschieden beruhen. Das heißt letztlich, dass außerhalb unseres Körpers ebenfalls Manifestationen von geistigen Phänomenen vorstellbar sind – z. B. in den globalen oder kosmischen Ökosystemen. Deshalb kommt Bateson (1981, S. 583 ff.) mit Hilfe seiner kybernetisch-ökologischen Erkenntnistheorie zu der Schlussfolgerung, dass Geist nicht nur dem Körper immanent ist: „Er ist auch den Bahnen und Mitteilungen außerhalb des Körpers immanent; und es gibt einen größeren Geist, von dem der individuelle Geist nur ein Subsystem ist [...,] er ist [...] dem gesamten in Wechselbeziehung stehenden sozialen System und der planetaren Ökologie immanent“ (ebd., S. 593).

Für komplexe (nicht-triviale) Systeme wie z. B. für Menschen könnte spezifisch sein, dass die vernetzte zirkuläre Struktur ihres neuronalen Systems ihnen erlaubt, „mit eigenen internen Zuständen so zu interagieren, als ob diese von ihnen unabhängige Gegenstände wären“ (Schmidt 1987, S. 23). Erst dieses Phänomen ermöglicht Wahrnehmungsvorgänge, die scheinbar unabhängige Objekte repräsentieren, obwohl sie lediglich konstruierte Bilder oder Beschreibungen bezüglich neuronaler Vorgänge sind, die von Foerster (1985, S. 46) in seinem kybernetischen Modell als unbegrenzte rekursive Errechnungsprozesse veranschaulicht. Die zuvor berechneten Konstruktionen bedingen die weiteren Konstruktionen, der Ausgang einer Errechnung wird zum Eingang der folgenden Errechnung von Konstruktionen. Die hierbei entstehenden *stabilen Eigenzustände* konstituieren unsere Wirklichkeit. „So arbeitet das psychische System nicht mit ‚Abbildungen' realer Außenweltereignisse, sondern mit Relationierungen neuronaler Relationen. Es sind also nicht die Umweltereignisse, die bestimmte Vorstellungen oder ein bestimmtes Bewußtsein produzieren" (Willke 1993, S. 66).

Mit anderen Worten, wie die Wirklichkeit aussieht, die wir wahrnehmen, hängt nicht von einer Welt da draußen ab, sondern von der selbstreferentiellen Operationsweise unserer kognitiven Prozesse.

An dem Beispiel der optischen Wahrnehmung, auf das Bernd Woltmann (1991, S. 86) hinweist, werden die praktischen Konsequenzen der operationalen Geschlossenheit von kognitiven Prozessen besonders deutlich.

Normalerweise stellen wir uns die optische Wahrnehmung dermaßen vor, dass ein Bild der äußeren Realität auf der Netzhaut des Auges als Abbildung oder Widerspiegelung der Wirklichkeit vom Nervensystem transformiert wird. Dass das Sehen keineswegs so linear geschieht, verdeutlichen Maturana und Varela (1987a, S. 177). Der sogenannte Kniehöcker als die entscheidende Schaltstelle der Wahrnehmung zwischen Netzhaut und zentralem Nervensystem befindet sich in ständiger rekursiver, d. h. rückgekoppelter Aktivität. Diese Aktivität wird allerdings von vielen unterschiedlichen Nervenverbindungen hervorgerufen, die alle zu dieser Schaltstelle konvergieren. Deshalb können äußere Perturbationen, also z. B. Lichtreize lediglich „das konstante Hin und Her der inneren sensomotorischen Korrelationen modulieren" (ebd.). Ein äußerer Reiz kann in dieser Hinsicht niemals instruierend im Sinne einer Informations- oder Bildeingabe wirken. Was als wirklich empfunden wird, bestimmen die neuronalen Aktivitäten und Zustände des Nervensystems!

▸ **Beispiel**

Es ist möglich, dass etwa psychiatrische Patienten weiße Mäuse sehen, obwohl der Psychiater der Meinung ist, diese seien nicht wirklich da. Wie Woltmann (1991, S. 86 f.) dazu bemerkt, kann „‚keine Maus' (im physisch-materiellen Sinne nicht anwesend) [...] nicht sicher verhindern, daß wir doch (als neuronale Aktivität, also wirklich) eine Maus sehen, während im Gegenzug eine ‚wirkliche' Maus nicht immer wahrgenommen werden muß, auch wenn die optischen Bedingungen dafür existieren. Damit stellt sich ernsthaft die Frage, welche Maus nun wirklich wirklich ist!"

In diesem Sinne kann es keine Fehlleistungen der Wahrnehmung, optische Täuschungen o.ä. geben, denn „es gibt nur die Wahrnehmung, [...] was ein Mensch wahrnimmt, ist für diesen wahr", wie von Foerster (1994, S. 68) betont. *Was wir sehen, ist das, was wir sehen.* Wahrnehmung produziert „keine Information, die entweder wahr oder falsch ist, sondern die ist immer wahr“ (ebd.).

Am Ende dieses Abschnitts können wir festhalten: Die biologische Autopoiesis ist Voraussetzung für die Herausbildung hochkomplexer kognitiver Prozesse, die unsere psychischen Systeme konstituieren, welche aufgrund der operationalen Geschlossenheit der neuronalen Systeme auf der Basis kognitiver Konstrukte operieren. Innerhalb der psychischen Systeme prozessieren diese Konstrukte in Form von Wahrnehmungen, Gedanken, Ideen, Träumen usw., d. h. als Produkte von Bewusstsein. Diese können immer nur an eigene andere Produkte desselben psychischen Systems anschließen.

„Man kann [...] also nicht [...] anderes Bewußtsein gleichsam anzapfen und ins eigene System überführen“, wie Luhmann (1984, S. 60) ausführt. Deshalb können wir neben der biologischen Autopoiesis als Reproduktion des Lebens und als Gewährleistung der Kognition gleichfalls von einer psychischen Autopoiesis als Reproduktion von Bewusstsein sprechen. Demzufolge lässt sich der Mensch in Anlehnung an Luhmann (1984, S. 67 f.) als Einheit interpenetrierender bzw. strukturell gekoppelter autopoietischer Systeme verstehen. *Er existiert auf der Grundlage geschlossener und damit selbstreferentieller Reproduktionsweisen, die sich als biologische (organische) und als psychische Reproduktionen unterscheiden lassen:* „Im einen Falle ist das Medium und die Erscheinungsform das Leben, im anderen Falle das Bewußtsein“ (ebd., S. 296 f.).

Psychische Systeme, die ihre Umwelt oder andere Systeme beobachten, beschreiben oder verstehen, wollen wir als Beobachter bezeichnen.

Kategorien der Erkenntnis

Da der kognitive Bereich eines lebenden Systems gleichfalls der Bereich seiner biologischen Autopoiesis ist, lässt sich Kognition nicht von den Interaktionen bzw. Tätigkeiten eines lebenden Systems während seiner strukturellen Kopplung mit seiner Umwelt trennen. Deshalb gilt nach Maturana und Varela (1987a, S. 32): „Jedes Tun ist Erkennen, und jedes Erkennen ist Tun.“ *Handeln und Erkennen lassen sich demnach als untrennbare und zirkulär aufeinander bezogene Phänomene verstehen.*

▸ **Beispiel**

Bei problematischen Problemdefinitionen wie im Falle von sich selbsterfüllenden Prophezeiungen konnten wir im Kapitel 1 bereits betrachten, in welcher Hinsicht die Einheit von Handeln und Erkennen wirken kann: was die Sozialarbeiter zu erkennen glaubten, nämlich die Psychose von Frau S., bestimmte ihr weiteres Handeln, und dieses Handeln konstituierte ihre nachfolgenden Erkenntnisse; sie erkannten in den Verhaltensweisen von Frau S. „wirklich“ psychotische Symptome. Von unserer Position als Beobachter würden wir diesen Sozialarbeitern sicher keine (Er-)Kenntnis unterstellen, denn sie interpretierten das Verhalten einer Frau als verrückt, das für uns, die wir über mehr bzw. andere (Er-)Kenntnisse verfügen, offensichtlich normal war.

Das Beispiel offenbart die Relativität von Erkenntnis und Verhalten: Beide Phänomene konstituieren sich erst in Abhängigkeit vom Standort der Beobachtung, welcher sehr unterschiedlich sein kann. Daraus lässt sich schlussfolgern, dass die Kategorien Verhalten und Erkennen einem Phänomenbereich zugehörig sind, der von uns als Beobachter erst geschaffen wird. An sich kommt der Verhaltensbereich im Prozess der ausschließlich internen Zustandsveränderungen eines lebenden (autopoietischen) Systems nicht vor. Ein System muss erst in der Lage sein, sich als unterschieden von seiner Umwelt zu beobachten, um erkennen zu können, dass es und/oder andere Systeme sich verhalten oder erkennen. Davon ausgehend können wir mit Maturana und Varela (1987a, S. 189) dann von (Er-)Kenntnis sprechen, „wenn wir ein effektives (oder angemessenes) Verhalten in einem bestimmten Kontext beobachten, daß heißt in einem Bereich, den wir durch eine (explizite oder implizite) Frage umreißen, die wir als Beobachter formulieren“. Im Hinblick auf diese Definition können Erkennen, Verhalten und Beobachten als identisch gelten.

Als auf der Basis eines hochkomplexen Nervensystem arbeitende lebende und insbesondere psychische Systeme sind wir zu endlos vielen Möglichkeiten des Beobachtens fähig. Dieses Beobachten ist aber gerade deshalb immer selbstreferentiell.

Beobachten

Wie bereits ausgeführt gibt es für das operational geschlossene Nervensystem kein Innen und Außen, denn das System kann nur auf seine eigenen Relationen Bezug nehmen. Erst der Zustand, den wir als Beobachter einnehmen, trennt zwischen Innerem und Äußerem, zwischen Subjekt und Objekt, zwischen System und Umwelt oder allgemein zwischen uns und dem Beobachteten. Wir sehen die durch uns getrennte Welt, ohne zu merken, dass erst unser Beobachten die Trennung vollzieht. *Demzufolge sehen wir nicht, dass wir sehen, was wir sehen: eine künstlich geteilte Welt.* Entsprechend der Künstlichkeit dieser Trennung bleiben wir natürlich untrennbarer Bestandteil unserer Welt, die wir selbst sind. In diesem Sinne heißt es bei Ludwig Wittgenstein (orig. 1921; 1963, S. 90): „Die Welt und das Leben sind eins. Ich bin meine Welt. [...] Das Subjekt gehört [also] nicht zur Welt, sondern es ist eine Grenze der Welt“. Somit kann sich die

Welt quasi nur selbst erblicken; dazu George Spencer Brown: „Um dies jedoch zu erreichen, muß sich die Welt zuerst selbst trennen, nämlich in einen Zustand, der sieht, und mindestens einen anderen, der gesehen wird. In diesem zerschnittenen und verstümmelten Zustand ist das, was sie sieht, nur teilweise sie selbst. Wir dürfen annehmen, daß die Welt zweifellos sich selbst entspricht (das heißt, von sich selbst ununterscheidbar ist), daß sie aber bei jedem Versuch, sich selbst zu sehen, so verfahren muß, daß sie sich von sich selbst unterscheidet und daher sich selbst verfälscht. In diesem Zustand wird sie ihrem eigenen Erfassen stets selbst teilweise entgehen" (zit. nach Watzlawick 1985a, S. 315).

Als (selbst-)beobachtende psychische Systeme arbeiten wir generell auf der Basis von Unterscheidungen. Die erste Unterscheidung ist also die zwischen uns und der Welt, zwischen Subjekt und Objekt oder – im Sinne der Systemtheorie: zwischen System und Umwelt (vgl. z.B. Luhmann 1986b, S. 78). Erst diese selbstreferentiell gehandhabte Differenz ermöglicht den Anschluss zahlloser weiterer Unterscheidungen hinsichtlich beliebiger Erkenntnisgegenstände, wie z.B. zwischen normal/deviant, gut/böse, wahr/unwahr, problematisch/unproblematisch, psychotisch/gesund, grün/blau usw. Beobachten lässt sich alles, was in der Form (der Einheit) solcher Differenzen vorliegt oder in diese Form gebracht werden kann – vorausgesetzt, dass die Form der Differenz für ein beobachtendes psychisches System einen *Sinn* macht (vgl. Willke 1993, S. 182). Dementsprechend liegt in Anlehnung an Bateson (1981, S. 582) dann eine Beobachtung vor, wenn sich aus der Feststellung eines Unterschieds für ein beobachtendes System eine Information gewinnen lässt, d.h. ein sinnvoller Unterschied registriert (bezeichnet) wird.

In dieser Hinsicht ermöglicht erst die Qualität Sinn das Beobachten. Sinn strukturiert sowohl die individuelle Konstruktion von Wirklichkeit als auch die sozialen Interaktionsprozesse, indem er die psychisch wie sozial nie vollständig erfassbare Komplexität des potentiell Möglichen auf die verarbeitungsfähige Komplexität des Erfassbaren reduziert (vgl. Luhmann 1984, S. 92 ff.). Diesbezüglich liegt die einschränkende Funktion von Sinn darin, jede Beobachtung dermaßen zu fokussieren, dass sie aus der unendlichen Vielzahl möglicher Unterscheidungen diejenigen ins Zentrum der Aufmerksamkeit stellt, die sie auswählt. Damit werden wiederum mehr neue Möglichkeiten von Unterscheidungen geschaffen als im Folgenden aufgegriffen werden können. Nach einer von Luhmann (1984, S. 105; 1986a, S. 43) angeführten Analogie, die auf Edmund Husserl zurückgeht, können wir uns diesen Verweisungsprozess als Horizont vorstellen: jeder Versuch, diesen zu überschreiten, weitet ihn lediglich aus. *Ein Ausbruch aus der sinnhaft strukturierten Welt ist demnach unmöglich: Sinn verweist immer auf Sinn.*

Die Konstitution von Sinn als allgemeine Ordnungsform der Wirklichkeit kann sehr variabel sein und etwa der sozialen Aushandlung oder jeweiligen Nützlichkeitskriterien, individuellen und sozialen Zwecksetzungen, organisatorischen Programmen, systemischen Codes (z. B. Helfen versus Nicht-Helfen) unterliegen oder sich in vielfältiger Weise manifestieren, z. B. in Sprachen, Ideologien, Religionen, Weltbildern, Mythen, Werten, Normen, Rollen etc.

Problematisch wird es, wenn der beobachtungsleitende Sinn mit Objektivität verwechselt wird und z. B. Intoleranz generiert. Besonders im Hinblick auf die kontingenten lebensweltlichen Wirklichkeiten oder bezüglich der Individualisierung (s. Abschnitt 1.1) wird deutlich, dass das, was für die einen sinnvoll ist, für die anderen Unsinn sein kann. Demnach ist besonders in der modernen Gesellschaft sozial geteilter Sinn nicht mehr selbstverständlich. Das Beobachten von Beobachtern offenbart uns vielmehr die Abhängigkeit jedes Beobachtens vom Standort (z. B. einem lebensweltlichen, einem funktionssystemischen), von dem aus ein beobachtendes System seine Umwelt oder ein anderes System beobachtet. Aber auch die Vielfalt der möglichen – standortabhängigen – Perspektiven, die Beobachter einnehmen können, basiert ihrerseits auf Unterscheidungen, die bedingt sind durch zuvor getroffene Arten von Unterscheidungen als Voraussetzung jeder möglichen Erkenntnis überhaupt. *So kann keine Beobachtung ihrer Selbstreferenz entfliehen.* Auch wenn ein beobachtendes System glaubt, seinen Erkenntnisgegenstand nach Ausnutzung aller zur Verfügung stehenden Erkenntnismethoden objektiv erfasst zu haben, bleibt die Beobachtung selbstreferentiell.

Auch innerhalb der Sozialen Arbeit sollten wir uns nicht von sozialpädagogischen, therapeutischen oder anderen Techniken täuschen lassen, die vorgeben, die adäquateste Erkenntnis über die Klienten zu liefern. Diesbezüglich können wir die folgende Feststellung von Luhmann (1986a, S. 60) als nützlichen Hinweis oder sogar als Warnung begreifen: „Die moderne Gesellschaft hat auf vielfältige Weise Möglichkeiten freigesetzt, zu beobachten und zu beschreiben, wie ihre Systeme operieren und unter welchen Voraussetzungen sie ihre Umwelt beobachten. Nur ist das Beobachten dieses Beobachten[s] nicht zureichend durch Selbstbeobachtung diszipliniert. Es tritt als Besserwissen auf, während es in Wahrheit doch nur eine besondere Art des Beobachtens der eigenen Umwelt ist."

Vor allem gründet sich die Eingeschränktheit jeder Beobachtung darauf, dass an bestimmten Unterscheidungen weitere Unterscheidungen anschließen, während mögliche andere Unterscheidungen ausgeschlossen werden müssen, also nicht beobachtbar sind. Was überdies bei den getroffenen Differenzen unsichtbar bleibt bzw. als *blinder Fleck* nicht beobachtet werden kann, oder wie Spencer Brown formuliert, die Welt „verfälscht", ist der Akt der Unterscheidung selbst. Die Unterscheidung ist im Moment ihres Gebrauchs nicht beobachtbar. Mit anderen Worten, die Operationen bzw. Handlungen, die den Unterscheidungen zugrunde liegen, müssen immer schon ausgeführt worden sein, bevor das Unterschiedene beobachtbar wird und unsere Wirklichkeit konstituieren kann. Dementsprechend führt Luhmann (1990b, S. 41) aus: „Wenn ein System gezwungen ist, mit Hilfe des Gebrauchs von Unterscheidungen zu erkennen und nicht anders erkennen kann als so, dann heißt das auch, das alles, was für das System Welt ist und damit Realität hat, über Unterscheidungen konstituiert werden muß. Der ‚blinde Fleck' der jeweiligen Beobachtung, ihre im Moment benutzte Unterscheidung, ist zugleich ihre Weltgarantie." Dieser blinde Fleck ist die Grenze, die wir als Beobachter setzen, um uns von der Welt zu trennen. Aber auch jedes weitere sinnhafte Unterscheiden erzeugt blinde Flecken: die jeweils aktuellen Unterscheidungen. Sollen diese der Beobachtung zugänglich werden, müssen andere Unterscheidungen verwendet werden, für die die gleichen Einschränkungen gelten.

Demzufolge können wir niemals das Ganze sehen, geschweige denn es rational erkennen. Die Ganzheitlichkeit unserer Wahrnehmung ist trügerisch, denn die „Einheit einer Unterscheidung, mit deren Hilfe beobachtet wird, ist systemintern konstituiert", wie Luhmann (1990b, S. 41) schreibt. „Das, was Unterschiedenes zur Einheit des Unterschiedenseins zusammenfaßt, gibt es nur im beobachtenden System. Erkennen ist weder Copieren, noch Abbilden, noch Repräsentieren einer Außenwelt im System. Erkennen ist das Realisieren kombinatorischer Gewinne auf der Basis der Ausdifferenzierung eines gegen seine Umwelt geschlossenen (aber eben: in ihr ‚eingeschlossenen') Systems" (ebd.).

Die zentrale These der Erkenntnistheorie des Konstruktivismus, dass sich nämlich die Operation des Beobachtens auf eine Grenzziehung, d. h. auf eine Unterscheidung von zwei Seiten zurückführen lässt, durch welche zwecks Informationsgewinnung jeweils die eine und nicht die andere Seite dieser Unterscheidung bezeichnet wird, kann mathematisch mit Hilfe der *Gesetze der Form* von Spencer Brown veranschaulicht werden (vgl. Simon 1993, S. 52 ff.; Luhmann 1990a, S. 68 ff., 1990b, S. 17 ff.; Baecker 1993). Dementsprechend lässt sich gleichfalls eine Spezialform der Beobachtung und zwar die Selbstbeobachtung (Reflexion), welche ja in diesem Buch bezüglich der Sozialen Arbeit praktiziert und ausdrücklich empfohlen wird, beschreiben.

Wenn ein System sich selbst beobachten will, muss es die selbstreferentiell konstruierte Unterscheidung, mittels der es sich von seiner Umwelt unterscheidet, also die System/Umwelt-Differenz, in die eigenen Operationen des Beobachtens wiedereinführen. Spencer Brown spricht deshalb von einem *Re-entry* (vgl. z. B. Luhmann 1990a, S. 83 f.; Simon 1993, S. 71 ff.): Die Form bzw. die Einheit der Differenz System/Umwelt wird in die eine Seite der Form und zwar in das System wiedereingeführt. Anders formuliert, die Unterscheidung System/Umwelt wird von dem durch sie Unterschiedenen – genauer: von dem System – zur Beobachtung von eigenen Beobachtungen in der Umwelt benutzt. Am Beispiel der Beobachtungen, die in diesem Buch präsentiert sind, soll dies exemplifiziert werden.

Beispiel
In den vier Kapiteln dieses Buches beobachte ich die gesellschaftliche Praxis Sozialer Arbeit. Dies tue ich als professioneller Helfer aus einer sozialarbeiterischen Perspektive, so dass quasi meine Ausführungen der Sozialen Arbeit deren Theorie zugerechnet werden können. Daher beobachtet sich in diesem Buch das Hilfesystem Soziale Arbeit, welches sich von dem hilfsbedürftigen Klientensystem differenziert, gewissermaßen selbst. Die Einheit der Differenz Hilfesystem/Klientensystem tritt damit in das durch sie Unterschiedene, nämlich in die eine Seite dieser Differenz, in das Hilfesystem wieder ein. So können die Leser in diesem Buch sozialarbeiterische Beobachtungen verfolgen, die Sozialarbeiter beobachten, die Klienten beobachten. Es geht also um *Beobachtungen zweiter Ordnung*, d. h. um das Beobachten von Beobachtern.

Analog zum beschriebenen Beispiel könnten wir den Prozess der Supervision als Selbstbeobachtung bzw. als bewusste Reflexion charakterisieren, bei der Sozialarbeiter, die in ihrer Praxis Klienten und deren soziale Probleme beobachten, reflektieren, wie sie als professionelle Helfer diesen Problemen gegenübertreten. In der Supervision beobachten sich die Sozialarbeiter mit der Unterscheidung, welche sie selbst als professionelle Problemlöser von ihrem Gegenstandsbereich – den sozialen Problemen – trennt. Die Einheit der Differenz von Problemlöser/Problem wird in die Beobachtungen der durch diese Unterscheidung unterschiedenen Problemlöser als Suchraster nach möglichen Problemen der Hilfe wiedereingeführt. So verwendet also ein sich selbst beobachtendes System, um dies noch einmal zu betonen, dieselbe Unterscheidung, welche es ihm ermöglicht, sich operational von seiner Umwelt zu trennen, um sich in dieser Umwelt beobachten zu können.

Erst solche Selbstbeobachtungen mittels *Re-entry* erlauben einem System die Ausbildung von Selbstbewusstsein bzw. -reflexion, und zwar indem es sich entweder als erlebend oder als handelnd beobachtet. Von *Erleben* soll dann gesprochen werden, wenn ein System seine Zustandsveränderungen (=Verhalten) fremdreferentiell, d. h. seiner Umwelt zurechnet. Von *Handeln* soll die Rede sein, wenn ein System seine Zustandsveränderungen selbstreferentiell, d. h. sich selbst zurechnet (vgl. Luhmann 1990a, S. 140 f.). Freilich ist auch die Unterscheidung von Selbstreferenz und Fremdreferenz nur durch selbstreferentiell operierende Beobachter möglich, so dass wir auch hier ein Re-entry entdecken können: Die Unterscheidung Selbstreferenz/Fremdreferenz wird in das durch sie Unterschiedene also in die selbstreferentiell operierenden Beobachter wiedereingeführt.

Fassen wir die wesentlichen Aussagen dieses Abschnittes noch einmal zusammen: Beobachten ist eine empirische, also ihrerseits beobachtbare Operation, die Unterscheidungen benutzt und zu systeminterner Informationsgewinnung jeweils entweder die eine oder die andere Unterscheidungsseite bezeichnet. Demnach ist die Wirklichkeit, die sich einem Beobachter oder einer Beobachterin als Ordnung von Informationen bezüglich der Welt darstellt, immer abhängig vom konkreten Unterscheidungsgebrauch. Eine beobachtungsunabhängige Realität lässt sich mit diesem Konzept nicht mehr denken. Vielmehr verändert „das Beobachten die Welt, in der beobachtet wird", wie Luhmann (1990a, S. 75) präzisiert. „Es gibt [...] keine zwar beobachtbare, aber beobachtungsinvariante Welt. Oder mit einer [...] anderen Formulierung: die Welt kann nicht von außen beobachtet werden, sondern nur nach Maßgabe von (zum Beispiel physischen, organischen, psychischen, sozialen) Bedingungen, die sie selbst bereitstellt" (ebd.).

Die psychischen und sozialen Bedingungen des Bezeichnens von Unterscheidungen sind nicht zuletzt vom sprachlichen Bereich abhängig, der unsere Wirklichkeitskonstruktionen als Beschreibungen strukturiert.

Beschreiben

Beobachter erlaubt erst ihr „In-der-Sprache-Sein" (Maturana/Varela 1987a, S. 226), das Unterschiedene zu bezeichnen und zu beschreiben. In diesem Zusammenhang können wir die sprachlichen Phänomene als Beschreibungen zweiter Ordnung verstehen, d.h. als Beschreibungen von Beschreibungen (vgl. Simon 1993, S. 100). In anderen Worten, die Sprache ermöglicht das Anfertigen von Beschreibungen der sich in Form von wahrnehmbaren Wirklichkeitskonstrukten (Beschreibungen erster Ordnung, Beobachtungen, Kognitionen) manifestierenden strukturellen Zustände des neuronalen Systems. Diese lineare Erklärung ist aber unzureichend, denn sobald wir unsere Wahrnehmungen bezeichnen, sind diese schon sprachliche Unterscheidungen, und was uns bewusst ist, muss, damit es bewusst sein kann, also als Wahrnehmung gegenwärtig ist, immer schon von etwas anderem unterschieden, d.h. als etwas bezeichnet worden sein. Diesbezüglich sind die Begriffe Beobachten, Wahrnehmen und Bezeichnen identisch.

Personen konstituieren sich in einem sprachlichen Bereich, der, wenn er erst einmal besteht, alle für das Beobachten erforderlichen Unterscheidungen sinnhaft strukturiert und die Wahrnehmungs- und Beobachtungsprozesse repertoireabhängig bestimmt: *Wer vielfältige sprachliche Möglichkeiten des Unterscheidens hat, wird seine Wahrnehmungen mit entsprechenden mannigfachen beobachtungsleitenden Differenzschemata auf für ihn relevante, d. h. sinnhafte Bedeutungen absuchen können.* Gleichfalls gilt umgekehrt, dass Beobachter über etwas nicht zu sprechen vermögen, das sie nicht von anderem oder von einem Hintergrund sprachlich unterschieden haben. Daher wird an diesem Punkt wiederum deutlich, dass Welt und Beobachter miteinander identisch sind: „Die Grenzen meiner Sprache bedeuten die Grenzen meiner Welt“ (Wittgenstein orig. 1921; 1963, S. 89).

Maturana und Varela verstehen (ebd., S. 227) als Grundmerkmal der Sprache das Phänomen, dass sie demjenigen, der mit ihr operiert, „die Beschreibung seiner selbst und der Umstände seiner Existenz erlaubt – und zwar mit Hilfe sprachlicher Unterscheidungen von sprachlichen Unterscheidungen“. Damit ermöglicht erst der sprachliche Bereich sowohl das Hervorbringen koordinierter Verhaltensweisen hinsichtlich sozialer Kopplungen als auch die Ausdifferenzierung von Objekten als Beschreibungen im Kognitionsbereich.

Aus dem Gesagten folgt, dass sich Objekte als sprachliche Unterscheidungen sprachlicher Unterscheidungen verstehen lassen, welche allerdings die Handlungen, die sie koordinieren, verschleiern und damit die besagten blinden Flecken entstehen lassen.

Beispielhaft führen Maturana und Varela (1987a, S. 227) dazu aus: „[...] das Wort ‚Tisch‘ [koordiniert] unsere Handlungen in Hinsicht auf die Handlungen, die wir ausführen, wenn wir mit einem ‚Tisch‘ umgehen. Der Begriff ‚Tisch‘ verschleiert uns jedoch die Handlungen, die (als Handlungen des Unterscheidens) einen Tisch konstituieren, indem sie ihn hervorbringen“.

Die selbstreferentielle Hervorbringung von wahrnehmbaren Gegenständen, wie z. B. von Tischen, Stühlen usw. oder insbesondere von weißen Mäusen tritt häufig erst in den Fällen an Tageslicht, die psychiatrisch als Halluzinationen bewertet werden; obgleich traditionelle Psychiater hinsichtlich halluzinatorischer Krankheitsbilder wohlgemerkt kaum auf die Selbstreferenz unserer Kognition schließen würden. Aber abgesehen von derartigen Phänomenen der Psychiatrie erscheint uns die Wirklichkeit erster Ordnung, also jene Aspekte unserer Wahrnehmung, die einen relativ schnellen Konsens unter kommunizierenden Beobachtern ermöglichen, doch recht stabil. Wenn wir Gegenstände beobachten, unterstellen wir deshalb fast ausschließlich Fremdreferenz, d. h. wir glauben, die Eigenschaften der Gegenstände legen fest, was wir beobachten können.

Demgegenüber bringt die Beobachtung unserer Interaktionen hinsichtlich der Wirklichkeit zweiter Ordnung die Annahme der Fremdreferenz schneller ins wanken. So sahen wir im Kapitel 1, dass die Referenz der Beobachtungen, Bezeichnungen und Beschreibungen von Sozialarbeitern immer nur scheinbar die beobachtete Klientel ist: Ob ein Klient im Sinne der Differenz von Norm und Abweichung als deviant betrachtet wird, oder ob eine individuelle Situation als soziales Problem professioneller Hilfe zugeführt wird, hängt letztlich von denen ab, die sich an diesen Unterscheidungen orientieren. Und in der Tat lässt die Autopoiesis des Lebens bzw. der Kognition auch keine andere Referenz der Erkenntnis als die der Selbstreferenz zu. Es können nur die Beobachter sein, die aufgrund ihres sinnhaft strukturierten Erlebens und Handelns festlegen, welche Unterscheidungen sie treffen.

Ob eine Familienhelferin nach der Problemdefinition sowie der Ausarbeitung des Hilfeplans ihr Augenmerk hauptsächlich auf die Defizite der innerfamiliären Interaktionen richtet, oder ob sie versucht, Ressourcen der Familie zu entdecken, hängt allein von ihren Unterscheidungen ab. Wenn sie sich explizit für ein ressourcenorientiertes Arbeiten entscheidet, wird sie mit Sicherheit weitere Unterscheidungen tätigen können, die ihre Ausgangsunterscheidung bestätigen. Das Gleiche gilt, wie wir beispielsweise im Abschnitt 1.3 sahen, beim defizitorientierten Arbeiten im Zusammenhang mit sich selbst erfüllenden Prophezeiungen.

Mit Willke (1993, S. 179) können wir aus dem bisher Referierten schlussfolgern: „Die Logik der Beobachtung (und der aus der Beobachtung folgenden Beschreibung) ist nicht die Logik des beobachteten Phänomens, sondern die Logik des beobachtenden Systems und seiner kognitiven Struktur." Überdies lässt sich resümieren: Selbstreferenz der Wahrnehmung bedeutet, dass Fremdbeobachtung nur im Kontakt der Beobachter mit sich selbst möglich ist; sie setzt (auch wenn diese selten bewusst sind) Selbstbeobachtungen voraus. Es sind immer nur die eigenen Gefühle, Gedanken, Ideen oder Beobachtungen, die ein beobachtendes System registrieren kann, um Informationen über seinen Erkenntnisgegenstand zu gewinnen. Ein direktes Beobachten von Einheiten wird damit verunmöglicht. „Alle Beobachtung ist darauf angewiesen, Einheit zu erschließen", wie Luhmann (1984, S. 654) ausführt. Und dies, weil beobachtende Systeme erst innerhalb ihrer eigenen kognitiven, also autopoietischen Grenzen die Einheit konstituieren, welche sie beobachten, denn „für Unterscheidungen und Bezeichnungen (also: Beobachtungen) [gibt es] in der Umwelt des Systems keine Korrelate" (Luhmann 1990b, S. 40). *Die Beobachter werden damit zur letztmöglichen Bezugsgröße ihrer Beschreibungen.* Denn: „Alles Gesagte ist von jemandem gesagt" (Maturana/Varela 1987a, S. 32).

Was psychische Systeme nicht unterscheiden, bezeichnen oder beschreiben, existiert für sie nicht, denn die kognitiven Landkarten konstituieren sich durch Beschreibungen. Wir können niemals das Territorium außerhalb dieser Landkarten erreichen: „die geistige Welt [besteht] nur aus Karten von Karten von Karten *ad infinitum*" (Bateson 1981, S. 584) oder – wie Kurt Ludewig (1993, S.

61) formuliert: „Jeder Versuch, die Sphäre des Beschriebenen zu verlassen und ‚die Sachen selbst' zu erreichen, mündet in weitere Beschreibung, ist also vergeblich: Man verbleibt immer in der Sphäre des Beschreibens." Damit können auch die Prozesse des Verstehens zwischen zwei autopoietischen Systemen nur selbstreferentielle Akte sein.

Verstehen

Da Menschen als Einheiten autopoietischer Systeme keine Informationen austauschen können, sind sie darauf angewiesen, sich innerhalb ihres jeweils eigenen kognitiven Bereichs zu orientieren. Sprache bzw. Kommunikation ermöglicht ihnen ein gegenseitiges Orientierungsverhalten, welches die Basis für Phänomene des Verstehens bildet. Somit besteht die Funktion der Sprache nicht darin, selbständige Objekte zu bezeichnen, sondern auf kognitive Konstrukte zu verweisen.

Personen, die sprachlich interagieren, erzeugen einen konsensuellen Bereich. Darunter lässt sich ein Bereich verstehen, der sich durch strukturelle – genauer gesagt: soziale – Kopplung konstituiert. In einem solchen Bereich lösen die Zustandsveränderungen eines Systems rekursiv die Zustandsveränderungen anderer Systeme aus, so dass sich koordiniertes Verhalten zwischen gegenseitig angepassten Systemen entwickeln kann (vgl. Maturana 1987b, S. 109). Für Maturana und Varela (1987a, S. 210 f.) ist derartiges Verhalten gleichbedeutend mit Kommunikation, die sich von anderem Verhalten nur dadurch unterscheidet, dass sie im Bereich der sozialen Kopplung auftritt. Die Evolution sozialer Wesen, wie etwa des Menschen ist undenkbar ohne kommunikatives Verhalten.

Obgleich – oder gerade weil – den Menschen als Beobachter die Psyche anderer Menschen genau so wenig zugänglich ist wie eine von ihnen unabhängige Objektwelt, sind sie kommunizierende Wesen. Und erst kommunikatives Verhalten lässt einen Menschen sowohl sein Ich als auch die Existenz eines von ihm unabhängigen Du unterscheiden. Damit kommt Ludewig (1993, S. 62) zu der Feststellung: „Ohne die Annahme eines unabhängigen, aber strukturell verwandten Du kann kein Ich entstehen. Zwar wird diese Annahme nur kognitiv ‚errechnet', sie setzt aber Kommunikation voraus und ermöglicht ihrerseits Kommunikation. Da Menschen grundsätzlich füreinander undurchschaubar sind, gehen sie von struktureller Gleichartigkeit aus, um die bestehende Kluft pragmatisch zu überwinden."

Wollen zwei beobachtende Systeme bzw. Personen sich verstehen, ist ihre strukturelle Gleichartigkeit eine wesentliche Bedingung dafür: Beide Personen müssen in der Lage dazu sein zu beobachten, d.h. in ihrem Kognitionsbereich Objekte auszudifferenzieren, auf die sie ihr Verhalten ausrichten können. Überdies muss jede der beiden Personen die jeweils andere in ihrem Kognitionsbereich beschreiben können. Letztlich müssen sie räumlich und zeitlich so zueinander in Beziehung stehen, dass die genannten Prämissen tatsächlich erfüllt werden. Erst jetzt ist es den beobachtenden Systemen möglich, sich zu verständigen. In anderen Worten, sie können sich dermaßen zueinander verhalten, dass sie gegenseitige Erwartungen aufeinander ausrichten und ihr Handeln dementsprechend koordinieren (vgl. Rusch 1986, S. 52).

In Anlehnung an Rusch (ebd., S. 52 ff.) lässt sich ein Verstehensprozess folgendermaßen umschreiben: Eine Person A, die verstanden werden will, versucht mit ihren Handlungen (z. B. sprachlichen Beschreibungen) eine andere Person B, die verstehen soll, so zu orientieren, dass Person B Handlungen vollführt, die den Erwartungen von Person A entsprechen. Dabei hat Person B jenen komplexen Akt zu leisten, in ihrem Kognitionsbereich die Handlungen und Verhaltensweisen zu spezifizieren, die aus der Sicht von Person A als Erfolg auf ihre Orientierungshandlungen gelten können. Dies ist deshalb erforderlich, weil Person A durch ihr kommunikatives Verhalten keine Informationen zu B übertragen kann. Es hängt allein von Person B ab, wie diese das Verhalten von A interpretiert.

Person B kann ihre Handlungen bezüglich der Orientierungen von Person A nur auf ihre *Brauchbarkeit* im sozialen Kontakt mit Person A testen. Dabei hängt es aber wiederum allein von Person B ab, was sie als brauchbaren Erfolg definiert bzw. welches Verhalten sie von Person A als jenes Verhalten erwartet, das ihr signalisiert, dass Person A sich verstanden fühlt. Dementsprechend müssen wir nach Luhmann (1986b, S. 85) akzeptieren, „daß als Verstehen alles in Betracht kommt, was das verstehende System für Verstehen hält".

Es liegt bei der verstehenden Person, d. h. bei jener, der etwas mitgeteilt bzw. die orientiert wird, ob sie die Handlungen der anderen Personen als Mitteilung auffasst, welche Informationen sie aufgrund der Mitteilung selektieren kann und wie sie diese versteht. Und genau dieser Prozess konstituiert nach Luhmann (vgl. 1984, S. 193 ff.; 1986b, S. 93 ff. 1988a, S. 11 ff.) das Phänomen Kommunikation, welches zustande kommt „durch eine Synthese von drei verschiedenen Selektionen – nämlich Selektion einer Information, Selektion der Mitteilung dieser Information und selektives Verstehen oder Mißverstehen dieser Mitteilung und ihrer Information" (Luhmann 1988a, S. 11). Insofern eine Person Mitteilung und Information nicht unterscheidet, liegt bloße Verhaltensbeobachtung bzw. -wahrnehmung vor.

Demnach ist Verstehen als Voraussetzung für die Fortsetzung von Kommunikation an die selbstreferentielle Wahrnehmung der Differenz von Information und Mitteilung gebunden. In dieser Hinsicht kann eine Kommunikation verstanden werden, ohne selbst die Person zu verstehen, die als Mitteilende beteiligt ist, denn ob die ausgewählte Information die Gründe repräsentiert, welche für die Mitteilung der Person ausschlaggebend waren, und damit ihren Verstehenserwartungen entspricht, hängt von der verstehenden Person ab. Und genau an diesem Punkt liegt eine Schwierigkeit, mit der Sozialarbeiter konfrontiert sind, wenn sie mit den Klienten die konkreten Problemdefinitionen ausarbeiten: Sie müssen permanent zu erkunden versuchen, ob das, was sie verstanden haben, dem nahe kommt, was die Klienten gemeint haben. Dieser Verstehensprozess kann insbesondere im Bereich Sozialer Arbeit effektiver gestaltet werden, wenn Sozialarbeiter die Komplexität der menschlichen Kommunikation ernst nehmen.

Diesbezüglich sind die Axiome der pragmatischen Kommunikationstheorie nach Watzlawick u.a. (1969, S. 50 ff.) eine wertvolle Hilfe. Hiernach gilt: Da alles Verhalten im zwischenmenschlichen (interaktiven) Kontext kommunizierend wirkt, ist es unmöglich nicht zu kommunizieren; jede Kommunikation besteht aus Inhalts- und Beziehungsaspekten, wobei letztere die ersten bestimmen; die Interpunktion der zirkulären Kommunikationsabläufe bedingt die Beziehungswirklichkeit von InteraktionspartnerInnen – z. B. indem sie sich gegenseitig Ereignisse kausal zurechnen (s. Abschnitt 1.3); Kommunikation setzt sich aus digitalen und analogen Modalitäten zusammen, d. h. sie basiert auf abstrakten Zeichen (Namen, Worte) und auf bildhaften Darstellungen (Gestik, Mimik, sprachlichen Metaphern etc.); kommunikative Interaktionen sind symmetrisch, wenn sie auf Gleichheit, oder komplementär, wenn sie auf Unterschiedlichkeit (Hierarchie) beruhen.

Gerade der Trend von Individualisierung und Ausdifferenzierung, den wir im ersten Kapitel betrachteten und der uns auf die Kontingenz von Wirklichkeitskonstrukten aufmerksam macht, sollte uns dafür sensibilisieren, dass der „Deckmantel gemeinsamer Sprache" (Willke 1993, S. 184) häufig sowohl die Selbstreferenz als auch die Komplexität von Verstehensprozessen verschleiert. Trotzdem kann Kommunikation Missverstehen von Verstehen differenzieren; vor allen Dingen durch das Kommunizieren über das Kommunizieren – sprich: durch Metakommunikation. Überdies können Missverständnisse selbst fruchtbar werden: „So mag im Klassenzimmer jemand, der versteht, daß er mißverstanden worden ist, zugleich verstehen, wie er sein Verhalten ändern müßte, um besser verstanden zu werden" (Luhmann 1986b, S. 87).

Entscheidend für erfolgreiche Verständigung war wohl schon vor der konstruktivistischen Aufklärung das intuitive Verwerfen eines Kommunikationsmodells, welches auf der Annahme der Informationsübertragung basiert. Wer also seit jeher davon ausgeht, dass Kommunikation nicht nur von dem abhängt, was mitgeteilt wird, sondern genauso von dem, was der sogenannte Empfänger als Information versteht, der wird sicherlich auch einkalkulieren, dass Dissens genauso Resultat von Kommunikation sein kann wie Konsens. Als ein Pol einer dialektischen Einheit ist Missverstehen sogar die Bedingung der Möglichkeit für Verständigung. Dementsprechend schreibt Willke (1993, S. 184): „Das besondere Geschick von Kommunikationsexperten besteht wohl zu einem guten Teil darin, ihre Diagnosen tatsächlich als präsumtive Konstruktionen zu behandeln und auf bestimmte Anzeichen hin zu revidieren – und dies solange, bis sich jene besondere Qualität einer wechselseitig akzeptablen und brauchbaren Systembeschreibung herauskristallisiert".

Die Wahrscheinlichkeit des Auftretens derartiger kommunikativer Erfolge lässt sich sicherlich durch bewusste und permanente Selbstbeobachtung, z. B. in Form von Supervision erhöhen.

Pragmatische, erkenntnistheoretische und ethische Konsequenzen

Eine wesentliche pragmatische Konsequenz, die sich aus der konstruktivistischen Kognitionstheorie bezüglich des Autopoiesis-Konzeptes ergibt, ist die *Absage an den Glauben, Menschen seien von ihrer Umwelt, etwa von Therapeuten oder von Sozialarbeitern, gezielt beeinflussbar.* Die innere Strukturdeterminiertheit jedes autopoietischen Systems bestimmt einzig und allein, wie die Perturbationen aus der Umwelt eines Systems intern weiterverarbeitet und interpretiert werden.

▸ **Beispiel**

Wenn ein Sozialarbeiter seine Interventionen hinsichtlich einer Klientenfamilie ursächlich mit der aus seiner Sicht positiven Entwicklung der familiären Kommunikationsprozesse in Zusammenhang bringt, dann offenbart uns das nur eines, nämlich dass der Sozialarbeiter im Hinblick auf seine Beobachtungen zwischen Ursache und Wirkung unterscheidet. Im Sinne der Autopoiesis können seine Interventionen nicht als Ursache für die familiäre Entwicklung angesehen werden; sie haben im besten Falle konstruktiv störend, irritierend bzw. anregend gewirkt und so die familiären Selbstorganisationspotentiale voran gebracht. Wie wir im vierten Kapitel noch eingehender untersuchen werden, ist die konkrete Art und Weise der Entwicklung von (autopoietischen) Klientensystemen während der sozialen Hilfe weder intervenierend noch anderweitig von außen determinierbar.

Diese Nichttrivialität autopoietischer Systeme lässt sich auch mit dem aus der allgemeinen Systemtheorie stammenden Modell der *Äquifinialität* beschreiben, auf das Watzlawick u.a. (1969, S. 122 ff.) hinweisen. Danach können Systeme ausgehend von „verschiedene[n] ursprüngliche[n] Gegebenheiten denselben Endzustand haben", oder verschiedenartige Endzustände von Systemen folgen „auf dieselben Ausgangsbedingungen" (ebd., S. 122). Es kann demzufolge nicht von den konkreten Bedingungen oder Beeinflussungen der Umwelt dieser Systeme abhängen, wie die Systeme sich entwickeln und welche Zustände sie erreichen. Vielmehr scheint die Art und Weise der internen Organisation der Systeme zu bestimmen, welche strukturellen Veränderungen sie durchmachen.

Demnach können Watzlawick u.a. hinsichtlich der Äquifinalität schlussfolgern, dass sie beim Untersuchen des gegenseitigen Beeinflussens von Menschen den Entstehungsbedingungen und den Ergebnissen von Beziehungen viel weniger Bedeutung beimessen sollten als deren Organisation (vgl. ebd.). Diese Orientierung deckt sich mit dem Modell, dass menschliche Beziehungen (z. B. Familien, Arbeitsteams etc.) als Kommunikationssysteme autopoietisch organisiert sind und nur ihre diesbezügliche organisationelle Struktur determiniert, wie sie sich in ihrer Umwelt entwickeln.

Nur sollten wir beachten, dass uns kein unmittelbarer Zugang zu einer autopoietischen Organisation möglich ist. Sobald wir z. B. die Interaktion von Menschen beschreiben, beobachten wir diese selbstreferentiell von unserem Standpunkt aus, indem wir Unterscheidungen benutzen, welche möglicherweise gar nicht die des beschriebenen Interaktionssystems sind. Wir können unsere Beschreibungen niemals an einer unabhängig von uns gegebenen Wirklichkeit überprüfen. Deshalb sind Objektivität im Sinne eines unverfälschten oder direkten Zugangs zu einem Erkenntnisgegenstand und absolute Wahrheit menschenunmöglich. Wie Rusch (1986, S. 50) resümiert, können wir „bestenfalls Intersubjektivitäten herstellen, die auf der Parallelität unserer Strukturen, Operationen und Kognitionsbereiche gründen und die Ausbildung konsensueller Bereiche erfordern".

Ein wesentliches Kriterium, welches unseren individuellen oder konsensuellen Beschreibungen der Welt zugrunde liegt, ist das *ihrer Nützlichkeit, Brauchbarkeit* bzw. *Passung*. In diesem Sinne ist eine Beschreibung oder Erklärung – kurz: eine Wirklichkeitskonstruktion – vergleichbar mit einer Art Schlüssel, der, wenn er uns die Tür zu einem Ziel eröffnet, nichts über eine wahre oder objektive Beschaffenheit des Schlosses aussagt, in das er passt. Vielmehr kommt auch hier die Selbstreferenz zum tragen, denn durch das Passen der Beschreibung wird uns lediglich offenbart, dass wir die nötigen Schritte ausführten, um das zu erreichen, was wir uns vornahmen; dazu Ernst von Glasersfeld (1985, S. 20): „Das Passen beschreibt die Fähigkeit des Schlüssels, nicht aber das Schloss. Von Berufseinbrechern wissen wir nur zu gut, daß es eine Menge Schlüssel gibt, die anders geformt sind als unsere, aber unsere Türen nichtsdestoweniger aufsperren."

Deshalb gibt es für konkrete soziale Probleme immer mehr Lösungen als jene, welche uns vorschweben und die wir unseren Klienten gerne verschreiben würden. Letztlich werden es immer die Klienten selbst sein müssen, die die passenden Schlüssel benutzen, um die Türen zu öffnen, hinter denen sich möglicherweise Problemlösungen verstecken. Aus diesem Grund werden Klienten Sozialer Arbeit sicherlich mit selbst angefertigten Schlüsseln effektiver und unproblematischer umgehen können als mit Fremdanfertigungen, zumal es die eigenen bisher vielleicht kaum benutzten Türen sind, die es aufzuschließen gilt. Es lassen sich kaum Serienschlüssel anfertigen, die überall passen und die Sozialarbeiter nur in Form von programmatischen Universallösungen zu verteilen hätten. Vielmehr bedeutet die hier beschriebene Orientierung, dass „Programme an Personen und nicht Personen an Programme anzupassen [sind]" (Hollstein-Brinkmann 1993, S. 159).

Dementsprechend sollten Sozialarbeiter bei der Ausarbeitung von Programmen oder Problemlösungen auf allgemeingültige Theorien verzichten, welche von der Normen- zur Ziel- und Methodenebene deduzierbar sind, aber keine Spielräume für ein „problemindividuelles Verstehen" (Lüssi 1992, S. 214 ff.) eröffnen. Woltmann (1991, S. 105) fordert diesbezüglich Sozialarbeiter und -pädagogen auf, „die Grenzen ihrer Möglichkeiten sehen [zu] lernen und sich so, weit weg von jeder verbindlichen Ethik, Bedingungen für konsensuelles Planen/Handeln [zu] konstruieren". Das heißt nicht, dass nun etwa alles möglich sei, denn es wäre sicher „kein ‚Gewinn', wenn eine sich konstruktivistisch orientierende Sozialpädagogik vom ‚Regen der Scheinobjektivität' in die ‚Traufe einer beliebigen Subjektivität' geraten würde" (ebd., S. 102). Vielmehr eröffnet der Konstruktivismus die Perspektive für die Entwicklung von Theorien, Programmen oder Lösungen, „die [...] konsequent ihre jeweilige Ethik vertreten und darstellen, aber auch bereit sein müssen, genau diese zur Disposition zu stellen, wenn sie nur (noch) mit Macht und ohne Beteiligung der Betroffenen ‚durchgesetzt' werden kann" (Woltmann 1991, S. 105).

Allerdings sehen sich Handelnde bzw. Erkennende angesichts der konstruktivistischen Kognitionstheorie auch mit einem allgemeinen und zugleich fundamentalen ethischen Postulat konfrontiert: „*Wenn Wahrheit und Wirklichkeit als absolute und letztverbindende Berufungsinstanzen ausscheiden, weil sie prinzipiell von keinem Menschen erkennbar oder besitzbar sind, dann müssen wir für unsere Handlungen und Kognitionen die Verantwortung übernehmen, müssen in eigner Person für unser Verhalten und unsere Wissenskonstruktionen einstehen*" (Schmidt 1987, S. 38: Hervorhebung durch mich; H.K.).

Hinsichtlich der Wissenskonstruktionen lädt der Konstruktivismus zur Pragmatik ein, denn Wissenschaft und Forschung müssen sich in jedem Fall als nützlich für das menschliche Leben und damit für die biologische Autopoiesis ausweisen, die sich nur in struktureller Kopplung mit ihrem ökologischen Milieu erhalten kann. Da aber in der ökologischen wie in jeder anderen Hinsicht keine erkennbare Objektivität determiniert, was wir wissen und wie wir unser Wissen anwenden, liegt es allein in unserer Verantwortung, ethisch, kreativ und phantasievoll mit unseren Erkenntnissen umzugehen.

Ein Mensch, der es fertigbrächte, „ganz konsequenterweise seine Welt als seine eigene Konstruktion zu sehen“, würde nach Watzlawick (1985a, S. 311) dergleichen seinen Mitmenschen ebenfalls zubilligen müssen. Er würde wissen, dass er niemals wahrere Aussagen als andere trifft, sondern überzeugt davon sein, dass seine Sichtweisen und die der anderen lediglich recht oder schlecht passen. Überdies würde es einem derartigen radikalen Konstruktivisten schwerfallen, „seinen Mitmenschen Böswilligkeit oder Verrücktheit zuzuschreiben und im primitiven Denken des manichäischen ‚Wer nicht für mich ist, ist gegen mich‘ zu verharren“ (ebd.). Ein derartiger Mensch fühlte sich nicht nur verantwortlich „für seine Träume und Fehlleistungen, sondern [auch] für seine bewußte Welt und seine wirklichkeitserschaffenden, selbsterfüllenden Prophezeiungen“ (ebd., S. 312). Darüber hinaus stünde einem derart konsequenten Konstruktivisten „der für uns alle so bequeme Ausweg in die Abwälzung von Schuld an Umstände und an andere Menschen [...] nicht mehr offen“ (ebd.).

Bezüglich der Sozialen Arbeit würde die Umsetzung dieser *Ethik der Verantwortung* bedeuten, dass die Helfer für die Gestaltung der Rahmenbedingungen, unter denen die Hilfe stattfindet, verantwortlich sind. Dies heißt praktisch, dass Sozialarbeiter die professionellen Kompetenzen zu entwickeln haben, die eine erfolgreiche Gestaltung der Hilfe ermöglichen – vor allem hinsichtlich der Kommunikation:

- *erstens* über die Problemdefinitionen,
- *zweitens* über mögliche Muster der Problementstehung,
- *drittens* über die Ziele der Klienten bezüglich der Hilfe und
- *viertens* über die notwendigen Handlungen, um die erarbeiteten Ziele zu erreichen.

Hinsichtlich der Umsetzung problemlösender Handlungen während der sozialen Hilfe kommen Helfer nicht umhin, der *Verantwortung der Klienten*, d. h. ihren Selbstorganisationspotentialen zu vertrauen, denn im Hinblick auf die Strukturbestimmtheit autopoietischer Systeme erweist sich die instruktive Interaktion, Fremdbestimmung von außen als Mythos.

Überdies sind Sozialarbeiter aufgefordert, sensibel für die Kontingenz ihrer eigenen Wirklichkeitskonstrukte zu sein. Gerade zur Etablierung einer derartigen Sensibilität bietet sich der Konstruktivismus als passende philosophische Orientierung, als Grundhaltung an, denn er fordert dazu auf, die „Gewohnheit aufzugeben, der Versuchung der Gewißheit zu erliegen“ (Maturana/Varela 1987a, S. 20). Diesbezüglich stellt Watzlawick (1985, S. 311 f.) das aufklärerische Potential des Konstruktivismus heraus: „Die Einsicht, daß wir nichts wissen, solange wir nicht wissen, daß wir nichts endgültig wissen, ist die Voraussetzung des Respekts für die von anderen Menschen erfundenen Wirklichkeiten. Erst wenn diese anderen Wirklichkeiten selbst intolerant werden, würde er [ein konsequent radikaler Konstruktivist, H.K.] [...] das Recht in Anspruch nehmen, die Intoleranz nicht zu tolerieren.

Hinsichtlich einer *Haltung der Toleranz*, die uns ermöglicht, dass wir andere annehmen und neben uns leben lassen, verweisen Maturana und Varela (1987a, S. 266) auf die Liebe als die biologische Grundlage menschlicher Existenz und Sozialität. Liebe kennzeichnen die Autoren als „das Erleben einer biologischen interpersonellen Kongruenz, die uns den anderen sehen läßt und dazu führt, daß wir für sie oder für ihn einen Daseinsraum neben uns öffnen" (ebd.). Diese Beschreibung könnte sicherlich als wissenschaftliche Definition passend sein. Aber jede wissenschaftliche oder rationale Beschreibung arbeitet mit verletzenden und verfälschenden Unterscheidungen und grenzt das eine vom anderen ab, um das nächste zu erkennen. Demgegenüber sind unsere Emotionen ganzheitlicher, und besonders die Liebe verbindet und schließt Ausgeschlossenes ein, so dass wir mit der digitalen Sprache (im Sinne von Watzlawick u.a. 1969, S. 61 ff.) nicht auszudrücken vermögen, was wir „wirklich" fühlen. Aber auch sprachliche Analogien der Gefühle können lediglich mehr oder weniger schöne Metaphern sein, die anderen möglicherweise trivial oder sentimental erscheinen. Und vielleicht sind in dieser Hinsicht Gefühle und vor allem die Liebe im Sinne von Ludwig Wittgenstein (orig. 1921; 1963, S. 115) mystisch, denn sie sind unaussprechlich.

Wenn Sozialarbeiter versuchen, ihre Klienten lediglich rational zu erschließen, wird ihnen immer sehr viel von den Menschen entgehen, die sie verstehen wollen. Gerade indem die konstruktivistische Position die Grenzen der verstehenden Rationalität offenbart, könnte sie damit den Weg für eine gleichberechtigte Emotionalität eröffnen, oder vielleicht sogar einen *mystisch-magischen Erkenntnisweg* neben vielen weiteren Formen der Erkenntnisgewinnung postulieren. Nach Kurt Eberhard (1987, S. 27) müsste ein Soziarbeiter, wenn er „einen anderen Menschen auf mystisch-magischem Erkenntniswege verstehen will, [...] seine Distanz aufgeben, sich dem Wesen seines Gegenübers ausliefern und dessen Auswirkungen auf das eigene Wesen durch Innenschau erfühlen". Sicherlich sind derartige Verstehensprozesse in der sozialen Praxis – wenn auch häufig unerwünscht – durchaus nicht unüblich, nur benötigen Sozialarbeiter angesichts mystisch-magischer „Vereinigungen" gute Supervisoren, welche ihnen ermöglichen, die Gefühle wieder zu ordnen, um nicht zu sehr mit den Klienten zu leiden.

Überdies ist es speziell in Supervisionen möglich, dass die blinden Flecken, die jeder Beobachtung zugrunde liegen, sichtbar werden. Und zwar insofern, als der Supervisor oder eventuell die anderen Supervisionsteilnehmer Unterscheidungen benutzen, die dem oder der Supervidierten bisher unzugänglich waren. Die Supervidierten lassen ihre Beschreibungen in derartigen Prozessen sozusagen verstören, was ihnen eventuell erlaubt, neuartige Unterscheidungen zu tätigen, um beispielsweise in Familien, die für sie bis dahin als problemüberladen galten, tatsächlich Ressourcen zu erkennen. Aber dazu mehr im Kapitel 4.

Zusammenfassung und Ausblick

Wir haben in diesem Kapitel das Phänomen der Selbstreferenz, welches letztlich allem unseren Tun und Erleben zugrunde liegt, ausgehend von den biologischen Grundlagen unserer Erkenntnisfähigkeit bis hin zu den kommunikativen Verstehensprozessen betrachtet. Der selbstreferentielle Zirkel, welchen wir spannen, wenn wir die Welt handelnd erkennen, schließt sich immer dadurch, dass unsere Erkenntnisse die folgenden Handlungen bedingen und diese Handlungen wiederum die Bedingung für die nächsten Erkenntnisse sind. Heinz von Foerster (1985, S. 60) weist genau auf diesen Zirkel hin, wenn er in seinem *ästhetischen Imperativ* postuliert: „Willst du erkennen, lerne zu handeln".

Sobald wir also unsere Autopoiesis verwirklichen, verändern wir die uns ausschließlich kognitiv zugängliche Welt, d.h. *indem wir leben, konstruieren wir unsere Wirklichkeit.* Dies tun wir natürlich in keinem solipsistischen Sinne, also nicht einsam und allein; so als ob die Menschen um uns herum und alles was wir wahrnehmen einzig unsere Illusionen oder Träume wären. Vielmehr sind die kognitiv konstruierten Realitäten Bedingung der Möglichkeit, auf gemeinsame – kommunikativ erzeugte – konsensuelle Wirklichkeiten Bezug zu nehmen. Aber Kommunikation schafft nicht nur Konsensualität, sondern sie bedingt ihrerseits die Konstitution der kognitiven und psychischen Welten, indem sie zunächst einmal die Ausdifferenzierung von Ich und Du ermöglicht. Weiterhin differenzieren sich über Kommunikation soziale Sinnmuster, familiäre Mythen oder lebensweltliche Realitäten, welche die individuellen Konstruktionen von Wirklichkeit begrenzen, so dass z.B. die Auswahl von Unterscheidungen, mit denen ein Mensch beobachtet, auch interpersonell bestimmt ist. Dementsprechend sind „Menschen [...] durch Teilnahme an gesellschaftlicher Kommunikation in einem Maße sozialisiert, daß sie nur im Rahmen dafür freigegebener Möglichkeiten wählen können", wie Luhmann (1990b, S. 29) ausführt.

Besonders die im Kapitel 1 explizit herausgestellten selbstreferentiellen Phänomene bei der Ausarbeitung von konkreten Problemdefinitionen oder bei sich selbst erfüllenden Prophezeiungen sind soziale Angelegenheiten, die sich in Kommunikationssystemen vollziehen. Zwar haben wir hinsichtlich von helfender Kommunikation in (post)modernen Zeiten gegenüber älteren Epochen weitaus geringere Chancen, von einem gegenseitigen Verstehen auszugehen und dann tatsächlich zu verstehen, aber dennoch wird uns vielleicht gerade deshalb immer verständlicher, dass unsere gemeinsame Realität, die „sogenannte Wirklichkeit [,] das Ergebnis von Kommunikation ist" (Watzlawick 1978, S. 7).

Im folgenden Kapitel soll es nun explizit um den Bereich der sozialen Konstruktion von Wirklichkeit gehen.

3 Wirklichkeit als soziale Konstruktion

In meinen Augen ist Kommunikation wie ein riesiger Regenschirm, der alles umfaßt und beeinflußt, was unter menschlichen Wesen vor sich geht. Sobald ein Mensch zur Welt gekommen ist, ist Kommunikation der einzige und wichtigste Faktor, der bestimmt, welche Arten von Beziehungen er mit anderen eingeht und was er in seiner Umwelt erlebt.

VIRGINIA SATIR (1975, S. 49)

Die Autopoiesis gesellschaftlicher Wirklichkeit

Nachdem wir uns im Kapitel 2 mit Ausnahme der Betrachtung von Verstehensprozessen hauptsächlich mit der biologischen, kognitiven und psychischen Selbstreferenz befasst haben und damit der Genese von individuellen Erkenntnisprozessen nachgingen, wenden wir uns im Folgenden der sozialen Selbstreferenz zu. Die selbstreferentiell-geschlossene, autopoietische Organisation der sozialen Phänomene bildet denn auch die Voraussetzung für die kommunikative, d.h. gesellschaftliche, lebensweltliche oder familiäre Konstitution von Wirklichkeit.

Wie ich bereits ausgeführt habe, kennzeichnet Niklas Luhmann (1984) soziale Systeme analog zu lebenden und psychischen Systemen ebenfalls als autopoietische Systeme, welche alle Elemente, die ihre Einheit konstituieren, durch ein Netzwerk eben jener Elemente permanent selbst (re-)produzieren und sich dadurch von ihrer Umwelt differenzieren. Da soziale Systeme keine Menschen im physischen Sinne erzeugen, können sich dieselben auch nicht aus Menschen zusammensetzen. Vielmehr bestehen soziale Systeme nach Luhmann (1984, S. 240) „aus Kommunikationen und aus deren Zurechnung als Handlung [bzw. Verhalten; H.K.]". *Menschen als Einheiten lebender und psychischer Systeme gehören demnach für ein soziales System (z.B. für die Gesellschaft) zu dessen Umwelt. Die Elemente sozialer Systeme sind daher ausschließlich Kommunikationen.*

Bevor ich in den nächsten Abschnitten eingehender veranschauliche, wie es sich vorstellen lässt, dass sich soziale Systeme aus Kommunikation und nur aus Kommunikation konstituieren, weise ich darauf hin, dass Luhmanns zunächst sehr ungewöhnlich erscheinende Theorieentscheidung, Menschen der Umwelt von Sozialsystemen zuzurechnen, mit einem Paradigmawechsel innerhalb der allgemeinen Systemtheorie einhergeht (vgl. Luhmann 1984, S. 15 ff.).

Demnach wechseln neuere systemtheoretische Konzepte ihre Leitdifferenz: Sie gehen nicht mehr von der traditionellen auf Aristoteles zurückgehenden (vgl. Lexikon zur Soziologie 1988, S. 317) Unterscheidung Teil/Ganzes aus, sondern von der Unterscheidung System/Umwelt. Besonders eine Theorie selbstreferentieller Systeme macht verständlich, dass ein System erst dann System ist, wenn es sich in *Differenz* zu seiner Umwelt selbst *identifizieren*, d. h. beobachten kann. Demzufolge offenbart sich das neue Paradigma der Systemtheorie als Differenz von Identität und Differenz (vgl. ebd., S. 26). Mit anderen Worten, die Einheit (Identität) eines Systems ist nur in Differenz zu einer Umwelt beobachtbar, d. h. differenzierbar – oder kurz gesagt: *Kein System ohne Umwelt und keine Umwelt ohne System!*

Wenn wir berücksichtigen, dass Luhmann von dem beschriebenen Paradigmawechsel innerhalb der Systemtheorie ausgeht, erscheint seine Entscheidung, Menschen nicht als Teile sozialer Systeme anzusehen, sondern diese der im Vergleich zum System genauso bedeutenden, aber immer komplexeren Umwelt zuzurechnen, nicht mehr so ungewöhnlich und abwegig. Allerdings sprengt diese Modellierung sozialer Systeme die alteuropäische menschenzentrierte Denktradition, in welcher der Mensch zum Maß aller Dinge erklärt wird (s. ausführlich dazu Fuchs 2007). Luhmann (1984, S. 288) selbst formuliert zu seinem Konzept: „Sieht man den Menschen als Teil der Umwelt der Gesellschaft an (statt als Teil der Gesellschaft selbst), ändert das die Prämissen aller Fragestellungen der Tradition, also auch der Prämissen des klassischen Humanismus. Das heißt nicht, daß der Mensch als weniger wichtig eingeschätzt würde im Vergleich zur Tradition. Wer das vermutet (und aller Polemik gegen diesen Vorschlag liegt eine solche Unterstellung offen oder versteckt zu Grunde), hat den Paradigmawechsel in der Systemtheorie nicht begriffen.

Die Systemtheorie geht von der Einheit der Differenz von System und Umwelt aus. Die Umwelt ist konstitutives Moment dieser Differenz, ist also für das System nicht weniger wichtig als das System selbst. [...] Gewonnen wird mit der Unterscheidung von System und Umwelt [...] die Möglichkeit, den Menschen als Teil der gesellschaftlichen Umwelt zugleich komplexer und ungebundener zu begreifen, als dies möglich wäre, wenn er als Teil der Gesellschaft aufgefaßt werden müßte; denn Umwelt ist im Vergleich zum System eben derjenige Bereich der Unterscheidung, der höhere Komplexität und geringeres Geordnetsein aufweist. Dem Menschen werden so höhere Freiheiten im Verhältnis zu *seiner* Umwelt konzediert, insbesondere Freiheiten zu unvernünftigem und unmoralischem Verhalten".

In dieser Hinsicht macht eine derartige Position eine alltägliche Erfahrung besonders eindringlich verständlich, dass nämlich Individuen als nicht-triviale Einheiten dermaßen (unberechenbar) (re-)agieren wie sie eben (re-)agieren und nicht in einer Art und Weise wie es etwa Familien, Organisationen oder Gesellschaften gerne hätten.

Luhmann (z.B. 1988b, S. 48) unterscheidet also ausdrücklich zwischen den selbstreferentiellen Reproduktionsweisen biologischer Systeme in Form von Leben, psychischer Systeme in Form von Bewusstsein und eben sozialer Systeme in Form von Kommunikation. Da alle drei Bereiche füreinander jeweils Umwelten darstellen, ermöglichen sie sich im Sinne der Interpenetration wechselseitig; sie sind strukturell gekoppelt. Die autopoietische Organisation bedingt jedoch, dass keine Elemente bzw. keine Operationen der genannten Systeme aus ihrer jeweiligen Autopoiesis ausbrechen können: „Kommunikationen lassen sich nur durch Kommunikation reproduzieren; bewußte Gedanken nur durch bewußte Gedanken; und das Leben lebt sein Leben, ohne daß ihm Bewußtsein oder Kommunikation hinzugefügt werden könnte“ (Luhmann 1988b, S. 48.). In dieser Hinsicht bildet auch Kommunikation wie Leben und wie Bewusstsein einen eigenständigen Bereich aus, den wir im Folgenden etwas näher betrachten wollen.

Emergenz von Kommunikation

Der Begriff „Emergenz“ bezeichnet „jene Eigenschaften eines Systems, die aus den Eigenschaften seiner Elemente nicht erklärbar sind, die mithin neu und charakteristisch nur und erst für die Ebene des jeweiligen Systems sind“, wie Helmut Willke (1993, S. 278) schreibt. Diese Eigenschaften lassen sich nicht den Eigenschaften der Elemente zurechnen, die das System konstituieren (vgl. auch Böse/Schiepek 1989, S. 44 f; Ludewig 1993, S. 86 f.).

Inwiefern es in sozialen Systemen durch Kommunikation zur Ausbildung emergenter Eigenschaften kommt, werde ich ausgehend von einer eher älteren und traditionellen, sozusagen vorautopoietischen systemischen Sichtweise verdeutlichen. Entgegen moderner soziologischer (System-)Theoriebildung (vgl. Luhmann 1984) ist es beispielsweise im Bereich der Familien- und Systemtherapie noch nicht unpopulär geworden, das Individuum als Teil oder Element des übergeordneten sozialen Systems (Familie, Organisation etc.) zu begreifen (vgl. z.B. Simon/Stierlin 1984, S. 356).

Ein derartiges Modell verhilft etwa den an der psychosozialen Familienarbeit orientierten Therapeuten zu der Einsicht, dass individuelles Verhalten nicht unabhängig von den Bedingungen der sozialen Umwelt und keineswegs allein aufgrund intrapsychischer Abläufe und Motive zu verstehen ist. Aus diesem Grund rückt die Wechselbeziehung von Interaktionspartnern in den Mittelpunkt der Betrachtung von familiären oder – allgemeiner: von sozialen Problemlagen. Bei einem solchen Perspektivenwechsel von psychischen zu sozialen (kommunikativen) Prozessen wird deutlich, dass die spezifischen Eigenschaften eines Sozialsystems nicht auf die jeweilige physische (biologische) oder psychische Konstitution der an ihm beteiligten Individuen reduziert werden können. Wie Paul Watzlawick (1992, S. 18) schreibt, erweist sich das „Wesen einer Beziehung [...] als ein komplexes Phänomen *sui generis*, das seine eigene Gesetzmäßigkeit und seine eigenen Pathologien hat und dessen Eigenschaften sich weder auf den einen noch den anderen Partner zurückführen lassen". Dermaßen ist das Verhalten, die Dynamik oder die Identität einer Familie oder eines anderen Sozialsystems bestimmt durch Interaktions- und Kommunikationsregeln sowie durch die systemische Struktur, die sich in Form von wechselseitigen Beziehungen ihrer Mitglieder darstellt (vgl. Simon/Stierlin 1984, S. 356).

Für die Ausbildung der Eigenschaften einer Familie, einer Organisation oder eines Arbeitsteams scheinen also die Interaktionen innerhalb dieser Sozialsysteme maßgebend zu sein. Daher können wir auf der Basis älterer systemtheoretischer Konzepte meines Erachtens eigentlich auch nicht davon sprechen, dass sich soziale Systeme durch lebende und denkende Individuen konstituieren. Täten wir dies dennoch, würde das heißen, wie Luhmann (1992, S. 122) formuliert, „jeden Austausch von Makromolekülen in Zellen, jede Replikation des biologischen Materials, jede Frequenzänderung im Nervensystem, jede Wahrnehmung zu einem sozialen Ereignis zu erklären". Da dies offensichtlich nicht sein kann, liegt es zunächst auf der Hand, Watzlawick u.a. (1969, S. 116) zu folgen, die erklären, dass ein soziales System „nicht als eine bestimmte Anzahl von Individuen" beschrieben werden sollte, sondern als „Mit-anderen-Personen-kommunizierende-Personen".

Mit diesem Beschreibungsvorschlag verdeutlichen Watzlawick u.a. zugleich die alles entscheidende Operation, welche Soziales erst hervorbringt: *das kommunikative Verhalten bzw. Handeln* (vgl. ebd.). Und so ist es nur folgerichtig, wenn an dem Autopoiesis-Modell ausgerichtete Konzepte, welche die operationale Geschlossenheit von Systemen betonen, neben der biologischen und psychischen auch die soziale Emergenz explizit hervorheben. So gelangt etwa Fritz B. Simon (1993, S. 104) zu der Auffassung, dass die Operationen der biologischen (organismischen), psychischen und sozialen Phänomenbereiche als gegeneinander abgegrenzt gelten können. Deshalb kann eigentlich nur „das Verhalten eines Menschen als Element eines [sozialen] Interaktionssystems" (ebd.) betrachtet werden.

In einem zwischenmenschlichen interaktiven Kontext können wir mit Watzlawick u.a. (1969, S. 23/50 ff.) alles und jedes Verhalten als Kommunikation interpretieren. Wenn eine Person also wahrnimmt, dass sie wahrgenommen wird und dass auch ihr Wahrnehmen des wahrgenommen Werdens wahrgenommen wird, muss sie davon ausgehen, dass ihr Verhalten als darauf eingestellt interpretiert wird; es wird dann, ob ihr das recht ist oder nicht, als Kommunikation aufgefasst (vgl. Luhmann 1984, S. 561). „Selbst die Kommunikation, nicht kommunizieren zu wollen, ist dann Kommunikation; und es bedarf im allgemeinen einer institutionellen Erlaubnis, wenn man sich in Anwesenheit anderer angelegentlich mit seinen Fingernägeln beschäftigt, aus dem Fenster hinausschaut, sich hinter eine Zeitung zurückzieht“ (ebd., S. 562).

Dementsprechend ist Kommunikation zugleich komplexer als Verhalten; sie ist als „wechselseitiger Ablauf von Mitteilungen“ (Watzlawick u.a. 1969, S. 50) immer *interaktiv* und kann daher nicht auf einzelne Verhaltensweisen oder Handlungen reduziert werden. Präziser formuliert können wir Kommunikation als *beobachtetes Verhalten definieren, das als Mitteilung von Informationen verstanden wird.* Erst wenn Verhalten in einem sozialen Kontext sozusagen vernetzt ist, wenn also aufgrund von mitteilendem Verhalten Informationen verstanden werden, die ihrerseits mitteilendes Verhalten anschließbar machen, können wir von Kommunikation sprechen. Daher konstituiert für Luhmann (1988a; 1984, S. 191 ff.) die durch jede Kommunikation erzeugte Einheit der Differenz von Information, Mitteilung und Verstehen eine eigenständige Realität: die operational geschlossene Wirklichkeit eines sozialen Systems.

Somit entzieht sich uns das Verständnis bezüglich der Emergenz von sozialen Systemen nicht nur, wenn wir deren Eigenschaften auf die biologischen und psychischen Prozesse der an diesen Systemen beteiligten Individuen reduzieren, sondern gleichfalls, wenn wir versuchen, die soziale Dynamik aus den einzelnen Verhaltensweisen oder Handlungen der Individuen abzuleiten. Diesbezüglich formuliert Watzlawick (1992, S. 233), „daß das Wesen jeder Beziehung (und daher aller Interaktion und Kommunikation) immer schon mehr und andersgeartet ist, als die bloße Summe der Elemente [also der einzelnen Verhaltensweisen oder Handlungen; H.K.], die die Kommunikanten in die Beziehung hereinbringen“.

Obgleich sozial beobachtbares Verhalten Voraussetzung für die Bildung eines Interaktionssystems ist, konstituiert erst die selektive Verknüpfung dieses Verhaltens im Kontext des Systems die Ausbildung systemischer Eigenschaften und Dynamiken als Phänomene sozialer Emergenz. Und, um dies noch einmal ausdrücklich zu betonen, nur sozial verknüpftes Verhalten, also Verhalten, das zur Ausdifferenzierung von Mitteilungen, Informationen und Verständnissen führt, können wir mit Luhmann (s.o.) als Kommunikation definieren.

Die emergenten Eigenschaften entwickeln sich durch eine Beschränkung der Verknüpfungsmöglichkeiten der Elemente (kommunikative Verhaltensweisen) innerhalb eines sozialen Systems unter dessen ganz konkreten strukturellen Bedingungen. Diesbezüglich weisen auch Watzlawick u.a. (1969, S. 126 f.) mit ihrer pragmatischen Kommunikationstheorie auf die „einschränkende Wirkung aller Kommunikation" (ebd., S. 126) hin, denn im zwischenmenschlichen (interaktiven) Kontext wird jede Kommunikation zu einem Bestandteil desselben und bedingt die nachfolgenden Interaktionen. So zwingt beispielsweise die Interpunktion die weiteren Kommunikationen auf bestimmte Bahnen, indem sie die Reaktionsmöglichkeiten der Kommunizierenden mehr oder weniger einschränkt (z. B. bei sich selbst erfüllenden Prophezeiungen).

Nach Luhmann (1984, S. 191 ff.) ist die selektive Verknüpfung von Kommunikationen durch die *Qualität von Sinn* strukturiert (vgl. auch Willke 1993, S. 68). Sinn selektiert die konkreten Handlungen (d. h. Verhaltensweisen wie Sprache, Gestik, Mimik usw.), die Kommunizierende wechselseitig als Mitteilung verstehen, um dadurch – gleichfalls auf der Basis desselben Sinns – zur Selektion von Informationen angeregt zu werden.

▸ **Beispiel**

Wenn sich zwei Sozialarbeiter über einen Klienten unterhalten, strukturiert der Sinn ihres Gesprächs, etwa die Koordination von unterschiedlichen Hilfen, die Selektion von Mitteilungen und von Informationen sowie das Verständnis derselben. Die Sozialarbeiter werden nicht unbedingt ihre Sitzhaltungen oder alle Handbewegungen während des Gesprächs als Mitteilungen verstehen und wahrscheinlich nur solche Informationen für die Fortsetzung der Kommunikation selektieren, die den verhandelten Fall betreffen. Wie könnten sie denn auch an alle Informationen, die sie aufgrund ihres eigenen psychischen Sinnzusammenhangs erzeugen, Mitteilungen anschließen, wollen sie nicht in ein endloses Assoziieren abdriften?

Systemspezifischer Sinn sorgt also dafür, dass in einem sozialen System nicht alles, was potentiell kommunizierend wirken könnte, auch zur Kommunikation wird. Dementsprechend führt auch Kommunikation analog zum Beobachten oder Wahrnehmen des Bewusstseins immer zur *Reduktion von Komplexität*, indem sie aus der Fülle des potentiell Möglichen gerade diejenigen Mitteilungen, Informationen und Anschlusshandlungen des Adressaten selektiert, die ihre sinnhafte Fortführung ermöglichen. In der psychischen oder in der gesellschaftlichen Umwelt eines sozialen Systems geschieht immer mehr, als aktuell Thema von Kommunikation sein kann. Hinsichtlich derartiger Komplexität, die immer einen Selektionszwang erfordert, qualifiziert sich Sinn dadurch, „daß er bestimmte Anschlußmöglichkeiten nahelegt und andere unwahrscheinlich oder schwierig oder weitläufig macht oder (vorläufig) ausschließt" (Luhmann 1984, S. 94).

Aber sobald kommuniziert wird, können an diese Kommunikationen unter den Bedingungen der sinnhaften Strukturierung weitere Kommunikationen anschließen. Erst dieser selbstreferentielle Prozess, in dessen Verlauf Kommunikation auf Kommunikation folgt, sichert die soziale Autopoiesis, in deren Verlauf sich systemspezifische Strukturen ausbilden (z. B. in Familien, Organisationen oder Funktionssystemen). „Was nicht kommuniziert wird, kann dazu nichts beitragen. Nur Kommunikation kann Kommunikation beeinflussen; nur Kommunikation kann Einheiten der Kommunikation dekomponieren (zum Beispiel den Selektionshorizont einer Information analysieren oder nach den Gründen für eine Mitteilung fragen) und nur Kommunikation kann Kommunikation kontrollieren und reparieren" (Luhmann 1988a, S. 13 f.).

Kommunikationen erzeugen einen Verweisungshorizont, auf den sich jede Kommunikation bezieht, indem sie etwas als Information, Mitteilung und Verstehen herausgreift und anderes beiseite lässt. Das jeweils Kommunizierte verändert permanent diesen Horizont, weil es auf der Basis von Sinn einen minimalen Bruchteil aus dem komplexen kommunikativen Potential aufgreift. Damit bleibt sozusagen hinter dem Horizont die Komplexität beiseitegelassener kommunikativer Möglichkeiten verborgen. Sinnhafte Operationen, also Kommunikationen und Beobachtungen, reduzieren zwar Komplexität, können diese aber nicht vernichten. „Der Vollzug der Operationen führt nicht dazu, daß die Welt schrumpft", wie Luhmann (1984, S. 94) bemerkt. Vielmehr regeneriert jede sinnhafte Operation außerhalb ihrer autopoietischen Organisation, also in ihrer Umwelt, Komplexität, weil jede Kommunikation oder Beobachtung immer mehr neue Anschlussmöglichkeiten schafft, als im folgenden aufgegriffen werden können (s. Abschnitt 2.2.1).

Der Verweisungshorizont fungiert wie „ein Gedächtnis [...], das von vielen auf sehr verschiedene Weise in Anspruch genommen werden kann" (Luhmann 1988a, S. 13). Wenn eine Person der anderen etwas mitteilt, kann sich die weitere Kommunikation auf die eine oder die andere Person beziehen. Das Kommunikationssystem „pulsiert gleichsam mit einer ständigen Erzeugung von Überschuß und Selektion" (ebd., S. 13). Gerade um diesen Überschuss, also die Komplexität, zu reduzieren, bildet ein soziales System einen eigenständigen sinnhaft strukturierten und selektiven Verweisungszusammenhang aus, an dem psychische Systeme zwar jeweils aktuell, aber letztlich immer nur in Bruchteilen beteiligt sind. Was ein psychisches System während der Kommunikation denkt, bleibt demselben überlassen. Wie wir in den nächsten Abschnitten an verschiedenen Beispielen noch sehen werden, kann das Denken zur Kommunikation nichts außer Perturbationen beitragen.

Obwohl Beobachter zwischen psychischen und sozialen Systemen hohe Interdependenzen erkennen können, ist „die psychische Selektivität kommunikativer Ereignisse im Erleben der Beteiligten [...] etwas völlig anderes als die soziale Selektivität" (Luhmann 1988a, S. 17). Nicht die Intentionen der Psyche determinieren, wie Handlungen zur Selektion von Informationen, Mitteilungen und Verständnissen anregen, sondern die sinnhafte Struktur eines sozialen Systems selbst. Um Informationen mitzuteilen, die verstanden werden sollen, müssen wir uns an die Regeln des Kommunikationssystems halten. Und deshalb wird uns „schon bei einer geringen Aufmerksamkeit auf das, was wir selbst sagen, [...] bewußt, wie unscharf wir auswählen müssen, um sagen zu können, was man sagen kann; wie sehr das herausgelassene Wort schon nicht mehr das ist, was gedacht und gemeint war, und wie sehr das eigene Bewußtsein wie ein Irrlicht auf den Worten herumtanzt, sie benutzt und verspottet, sie zugleich meint und nicht meint, sie auftauchen und abtauchen läßt, sie im Moment nicht parat hat, sie eigentlich sagen will, und es dann ohne stichhaltigen Grund doch nicht tut" (ebd.).

Erst der kommunikativ konstituierte überpersonelle Sinn zwingt die Kommunikationen in einem sozialen System auf jene Bahnen, die ihnen ihren Informations-, Mitteilungs- und Verstehenswert verleihen. Im Hinblick auf die soziale Konstitution von Wirklichkeit wird die sinnhafte Reduktion von gesellschaftlicher Komplexität besonders durch die funktionale Ausdifferenzierung augenscheinlich, welche wir bereits im ersten Kapitel im Zusammenhang mit dem Konstrukt der Norm betrachteten. Im Folgenden werde ich die Relevanz der Funktionssysteme, insbesondere des Systems Soziale Arbeit, bezüglich wirklichkeitserzeugender Kommunikationen verdeutlichen.

Funktionssysteme als Konstrukteure von sozialer Realität

In den Funktionssystemen können wir jene geschlossenen Verweisungszusammenhänge beobachten, die durch das selbstreferentielle Prozessieren von systemspezifischen Kommunikationen gesellschaftliche Komplexität reduzieren. Diese Selbstreferenz konstituiert sich nicht nur dadurch, dass Kommunikation an Kommunikation anschließt – damit wäre lediglich die Systemreferenz Gesellschaft beschrieben –, oder dass Menschen miteinander sprechen, sondern vor allen Dingen aufgrund der Ausbildung von Spezialsemantiken, wie z.B. Geld, Wahrheit, Liebe, Recht, Macht, Glaube oder Helfen. Erst derartige soziale Konstrukte erlauben „sowohl die präzise Bezeichnung einer systemspezifischen elementaren Operation wie auch eine trennscharfe Differenzierung zwischen allgemeinen (gesellschaftlichen) Kommunikationen und systemischen Operationen" (Willke 1993, S, 70; vgl. dazu auch Luhmann 1986a; Bardmann 1991) – etwa der Wirtschaft, der Wissenschaft, der Intimität, dem Recht, der Politik, der Religion oder der Sozialen Arbeit. Die systemspezifischen Operationen konstituieren in jedem Funktionssystem eine spezifische soziale Wirklichkeit, indem sie jedes Teilsystem in die Lage versetzen, die gesellschaftliche Kommunikation ausschließlich unter der Lupe der eigenen Unterscheidungen zu beobachten. Das Wort „beobachten" verwende ich in diesem Zusammenhang keineswegs metaphorisch, sondern bezeichne mit ihm eine Operation, zu der alle (selbstreferentiellen) biologischen, psychischen und sozialen Systeme fähig sind.

Bereits im Kapitel 2 verwies ich darauf, dass auch Einzeller einen Kognitionsbereich ausbilden, also beobachten können. Und wie ich ebenfalls im zweiten Kapitel hauptsächlich mit Bezug auf die psychische Systemreferenz der subjektiven Beobachter ausgeführt habe, heißt Beobachten nichts anderes als aufgrund von selbstreferentiell gehandhabten Unterscheidungen Informationen zu gewinnen. Zu Beobachtungen sind nun soziale Systeme wie etwa Funktionssysteme nicht weniger fähig als biologische oder psychische Systeme (vgl. Luhmann 1984, z. B. S. 244 f./491/655 f.). Diesbezüglich betont vor allem Luhmann (1990b, S. 53; 1988b), dass der systemtheoretisch fundierte Konstruktivismus mit der Feststellung der biologischen, psychischen und sozialen Realisation des Unterscheidens und Bezeichnens die traditionelle Zurechnung des Erkennens auf den Menschen sprengt. „Beobachtung findet schon statt, wenn lebende Systeme (Zellen, Immunsysteme, Gehirne etc.) diskriminieren und auf ihr eigenes Diskriminieren reagieren. Beobachtung findet statt, wenn bewußtseinsförmig prozessierte Gedanken etwas fixieren und unterscheiden. Sie findet ebenfalls statt, wenn sprachlich oder nichtsprachlich ein kommunikativ anschlußfähiges Verstehen mitgeteilter Informationen erreicht wird (was immer dabei psychisch im Bewußtsein der beteiligten Individuen abläuft)" (Luhmann 1990b, S. 53).

In Funktionssystemen erhalten die beobachtungsleitenden Unterscheidungen als semantische bzw. binäre Codierungen wie etwa Zahlen versus Nicht-Zahlen, Wahrheit versus Unwahrheit oder Helfen versus Nicht-Helfen ihren kommunikativen Wert. Als Operation innerhalb einer systemspezifischen Autopoiesis kann keine semantische Codierung aus ihrem jeweiligen Funktionssystem die Operationsweise eines anderen gesellschaftlichen Teilsystem determinieren.

▸ **Beispiel**

Wenn etwa die Wissenschaft theoretisch belegt, dass die ökologischen Gefährdungen zunehmen werden und dies als Wahrheit kommuniziert, dann kann die Wirtschaft, die Politik oder die Soziale Arbeit dadurch höchstens zu systemspezifischen, also zu eigenen Operationen angeregt werden: Die Wirtschaft stellt jetzt möglicherweise Waschmittel mit einem aufgedruckten Umweltengel zur Verfügung. Aber dies tut sie nicht deshalb, weil die Wissenschaft auf die Umweltprobleme hinweist, sondern einzig aus dem Grund, weil sich diese Produkte besser verkaufen und die Autopoiesis der Wirtschaft auch unter industriekritischen und ökologisch angeheizten gesellschaftlichen

Kommunikationen sichern. Die politischen Parteien orientieren sich an der ökologischen Kommunikation, weil sie dadurch möglicherweise Wählerstimmen gewinnen, um so die Autopoiesis ihrer Macht zu sichern. Und auch das Funktionssystem Soziale Arbeit kann an der ökologischen Debatte nur auf der Basis seiner eigenen autopoietischen Organisation teilnehmen. Sozialarbeiter werden die kommunizierten Auswirkungen der ökologischen Gefährdungen möglicherweise dahingehend untersuchen, ob sich helfende Beratungen für Personen anbieten lassen, bei denen die Wechselwirkung von Umweltbelastungen und psychosozialen Problemlagen zu Tage tritt.

Die Gesellschaft kann nur unter den sehr beschränkten Bedingungen ihrer eigenen Kommunikationsmöglichkeiten, die sich vor allen Dingen nach Maßgabe der wichtigsten Funktionssysteme entwickeln, etwa auf Umweltprobleme reagieren (vgl. Luhmann 1986a). Diese Beschränkungen der kommunikativen Möglichkeiten ergeben sich insbesondere daraus, dass sich jedes Funktionssystem durch seine eigene Selbstreferenz in Form der binären Codierung von seiner gesellschaftlichen Umwelt abgrenzt. Damit werden in allen Funktionssystemen in spezifischer Weise mit den jeweils eigenen Unterscheidungen, die nur für das jeweilige Funktionssystem gelten, systeminterne Informationen ausgewählt, die die Basis für eine soziale Konstruktion von Wirklichkeit bilden. Das Teilsystem Soziale Arbeit sichert seine wirklichkeitserzeugende Autopoiesis durch eine sinnhafte Grenze zu dem Rest der Gesellschaft, indem es auf der Basis des semantischen Kommunikationscodes Helfen operiert (vgl. Baecker 1994). Als semantischer Kommunikationscode kommt professionelles Helfen denn auch nur im System der Sozialen Arbeit vor. Dementsprechend sichern die helfenden Kommunikationen die Autopoiesis des Funktionssystems, indem sie durch rekursive Verknüpfung ein Netzwerk ausbilden, welches die systemische Reproduktion gewährleistet.

Die systemspezifische Kommunikation Helfen gewinnt ihren rekursiven Wert erst deshalb, weil sie sich auf die Unterscheidung von Nichthelfen bezieht: sobald geholfen wird, wo sonst nicht geholfen würde, kontinuiert sich das System. Damit ist „Helfen [...] der positive Wert, der immer dann, wenn er vorkommt, Anschlußmöglichkeiten für weitere Hilfe indiziert. Wo bereits geholfen wird, da kann geholfen werden“ (Baecker 1994, S. 100). Nichthelfen als negativer Reflexionswert ermöglicht zum einen, alle gesellschaftliche Kommunikation auf Ansatzpunkte für Hilfe abzusuchen, und zum anderen jedes Helfen als kontingent, also als abschließbar zu beschreiben. Allerdings gewährleistet erst die Ebene der Organisationen Sozialer Arbeit sowohl die stetige Versorgung mit sozialen Problemfällen als auch den Abschluss dieser Fälle und damit die Beendigung der Hilfe.

Indem Helfen auf der organisatorischen und personellen Ebene Sozialer Arbeit mit dem programmatischen bzw. fallbezogenen Definieren von sozialen Problemen einhergeht, identifiziert es Defizite, die kompensiert werden sollen. Und deshalb ist „Helfen [...] eine Kommunikation, die darüber informiert, daß ein Defizit besteht, mitteilt, daß dieses Defizit behoben werden soll, und verständlich macht, daß zwischen dem Bestehen eines Defizits und seiner Behebung nicht etwa ein kausal verläßlicher, sondern ein höchst kontingenter Zusammenhang besteht" (Baecker 1994, S. 99).

Die Kommunikation von Hilfe vermittelt also nicht den Inhalt des Defizits selbst und auch nicht, mit welchen Worten und in welcher Art und Weise über die konkreten sozialen Probleme gesprochen werden soll. Vielmehr ermöglicht sie derartiges Unterfangen erst; und zwar deshalb, weil sie die Soziale Arbeit gegenüber ihrer gesellschaftlichen Umwelt, d. h. gegenüber den anderen Funktionssystemen abgrenzt. Deshalb schließt Hilfe z. B. Zahlungen, kollektiv bindende Entscheidungen oder Liebesbeweise durchaus mit ein; allerdings nur insofern, als diese Kommunikationen Defizite kompensieren, welche von der Wirtschaft, der Politik oder der Intimität nicht oder nicht mehr kompensiert werden.

In diesem Sinne gelten Zahlungen, kollektiv bindende Entscheidungen oder Liebesbeweise erst dann als Kommunikationen des Systems Soziale Arbeit und riskieren, ihren Status einer Reproduktion von Wirtschaft, Politik oder Intimität zu verlieren, wenn sie helfen, wo andere nicht helfen würden (vgl. Baecker 1994, S. 99).

▸ **Beispiel**

Kein Unternehmer kann sich dauerhaft an der Kommunikation des Helfens ausrichten, indem er etwa Löhne zahlt, ohne dass Personen ihre Arbeitskraft verkaufen. Er würde die Sicherung, die Autopoiesis des Funktionssystems Wirtschaft gefährden, nämlich dadurch, dass er mit großer Wahrscheinlichkeit sein Unternehmen in den Bankrott treibt. Auch Politiker oder Liebende, die sich hauptsächlich an den semantischen Kommunikationscode Helfen orientieren, gefährden die Autopoiesis ihrer jeweiligen Funktionssysteme: „Wer nur noch helfen will, ruiniert damit seine ökonomischen und politischen Kalküle ebenso wie eine Aussicht auf Liebe, die auf beiden Seiten Passion für den anderen und nicht für dessen Probleme voraussetzt" (ebd.).

Dementsprechend könnten wir vielleicht etwas überspitzt formulieren: Soziale Arbeit hilft durch Zahlungen gerade dann, wenn nichts geleistet wird, durch politische Entscheidungen, wenn Machtlosigkeit vorliegt oder durch liebevolle

Zuwendung, wenn die soziale Problembelastung passionierte Liebe unwahrscheinlicher werden lässt.

Indem sich die sozialen Organisationen am Funktionssystem Soziale Arbeit ausrichten und die gesellschaftliche Umwelt ausschließlich im Rahmen des Differenzierungsschemas Helfen versus Nicht-Helfen beobachten, konstruieren sie nicht nur gesellschaftliche Wirklichkeit in Form von programmatisch definierten sozialen Problemen, sondern sie beziehen sich auch auf den Fundus sozial gespeicherter Themen, der in Form von Sprache oder durch Massenmedien (z. B. durch Zeitungen, Bücher, Filme oder Fernsehen) permanent aktualisiert oder umstrukturiert wird.

Über derartige Themen erfolgt nach Luhmann (1984, S. 213 ff.) die Konstituierung zugriffsbereiter sozialer Verweisungszusammenhänge. Somit strukturieren Themen die verschiedenen kommunikativen Beiträge dadurch, dass sie diese „zu einem länger dauernden, kurzfristigen oder auch langfristigen Sinnzusammenhang zusammen[fassen]" (ebd., S. 213): sozusagen als Wirklichkeit zweiter Ordnung (vgl. Watzlawick 1978, S. 142 ff.). Schon im ersten Kapitel konnten wir feststellen: Damit beispielsweise die Arbeitslosigkeit oder andere gesellschaftliche Sachverhalte zunehmend zum Thema werden können, auf das sich helfende Beiträge beziehen, müssen diese Phänomene kommunikativ thematisiert, genauer gesagt problematisiert werden. Dies kann vor allen Dingen durch ein Funktionssystem geschehen, welches seine vornehmlichen Aufgaben auf Identifizierung und Kompensation von Defiziten, letztlich also auf Regenerierung von Inklusionschancen (z. B. hinsichtlich der Wirtschaft) ausrichtet: durch die Soziale Arbeit.

> ▸ **Beispiel**
> In dieser Weise trägt das Funktionssystem Soziale Arbeit zur Steigerung der systemischen Interdependenzen bei: „Die Wirtschaft rechnet mit Arbeitslosenunterstützung und Streßberatung; die Politik vertraut auf die Aufrechterhaltung des sozialen Friedens; das Recht stellt sich auf die Möglichkeiten ein, dort nicht strafen zu können, wo geholfen werden muß; die Familien kontrollieren aus Angst vor der Fürsorge ihre Gewaltbereitschaft [usw.]" (Baecker 1994, S. 108 f.).

So vollzieht sich die gesellschaftliche Autopoiesis von Kommunikation mit dem Anwachsen sozial definierter Problemlagen immer häufiger durch die Reproduktion oben genannter Themen, welche einen wesentlichen Platz im für kommunikative Prozesse zugriffsbereiten Themenvorrat einnehmen, den Luhmann (1984, S. 224) *Kultur* nennt. Dieser kulturelle Vorrat an Themen hat nichts mit dem zu tun, woran einzelne Menschen denken, was sie wahrnehmen, worauf ihre Aufmerksamkeit gerichtet ist oder woran sie sich erinnern können. Die Gesamtheit des kulturellen Wissens ist vielmehr ein Erkenntnisprodukt des Kommunikationssystems Gesellschaft. Es sind nach Luhmann (1990b, S. 54) „extremliegende Ausnahmefälle, in denen man Personen kennen muß, um zu wissen, was gewußt wird; und dies sind typische Fälle (zum Beispiel Zeugenaussagen vor Gericht), bei denen es auf Wahrnehmung ankommt". Dementsprechend ist für Luhmann (ebd.) der „Wissensbestand der modernen Gesellschaft [...] weder in seinem Geltungsanspruch noch in der Einschätzung seiner Entwicklungsmöglichkeiten durch den Bezug auf Bewußtseinsprozesse zu erfassen [...] Er ist ein Artefakt von Kommunikation [...]".

Dass trotz des Anwachsens der kommunikativen Komplexität nicht nur durch die ausdifferenzierten Funktionssysteme, sondern ebenfalls durch die unüberschaubare Anzahl wissenschaftlicher Theoriekonstrukte, der rapiden Ausdehnung der Medienlandschaft oder der lebensweltlichen Pluralisierung, die Vielfalt der Kommunikation dennoch fortgesetzt werden kann, „erklärt sich evidentermaßen nicht aus der Kapazität des (welches?!) Bewußtseins, sondern aus den Möglichkeiten der Zwischenlagerung, die der Buchdruck und inzwischen die elektronische Datenverarbeitung eröffnet haben" (Luhmann 1990b, S. 54). Mit anderen Worten, die kulturelle Themenvielfalt ist kondensiert im Kommunikationszusammenhang der Gesellschaft, welcher mit den Mitteln der semantischen Codierung, der elektronischen Medien oder der Sprache die laufende Reproduktion von Kommunikation durch Kommunikation selbst organisiert.

Über derartige Kommunikationszusammenhänge kann jedes soziale System im Laufe seiner Geschichte Erfahrungen, Wissen oder andere Ressourcen ansammeln (vgl. Willke 1993, S. 51), die als Restriktionen der sozialen Umwelt der Autopoiesis des Bewußtseins und damit der individuellen Konstruktion von Wirklichkeit Grenzen setzen. Vor allen Dingen im lebensweltlichen Kontext ist es im großen Maße die Sprache, die das Prozessieren der Kommunikationen sinnhaft strukturiert. Als universales Kommunikationsmedium ist Sprache immer schon mit sozialen Sinn- und Bedeutungssetzungen behaftet. Das Sprechen ist überdies ein Interaktionsprozess, in dessen Verlauf ein Großteil unserer konsensuellen Realitäten konstruiert wird, so dass wir uns im folgenden Abschnitt der Betrachtung von sprachlichen Diskursen zuwenden wollen.

Wirklichkeitskonstruktionen durch sprachliche Diskurse

Wie Paul Watzlawick u.a. (1974, S. 120) ausführen, gehört alles das zu unserer gemeinsamen konsensuellen Wirklichkeit, „was eine genügend große Zahl von Menschen wirklich zu nennen übereingekommen ist – nur ist die Tatsache des Nennens (also des Zuschreibens von Sinn und Wert [...]) längst vergessen, die übereingekommene Definition wird reifiziert (das heißt verdinglicht) und wird so schließlich als jene objektive Wirklichkeit ‚dort draußen' erlebt, die nur ein Verrückter nicht oder anders sehen kann". In dieser Hinsicht sind die von uns getroffenen sprachlichen Unterscheidungen nicht nur von unseren Beobachtungen oder dem Repertoire abhängig, das uns zur Verfügung steht, sondern gleichfalls von sozialen Interaktionsprozessen, die Wörtern und Begriffen ihre Bedeutung geben. Solange wir in unseren Gesprächen Worte benutzen, die alle Gesprächsteilnehmer mit der gleichen Bedeutung internalisiert haben, scheinen keine Verständigungsschwierigkeiten aufzutreten. Dies ist aber keineswegs selbstverständlich, denn wie wir im letzten Kapitel im Hinblick auf die Prozesse des Verstehens sahen, kann Bedeutung oder Sinn nicht von einem Bewusstsein in ein anderes übertragen werden.

Dennoch wird es wahrscheinlicher, dass sich die wirklichkeitsschaffenden Beschreibungen unterschiedlicher Personen überschneiden, wenn sie Begriffe verwenden, die sich durch dieselben Sinnsetzungen auszeichnen. Das Sprechen mit derartigen Sinnbegriffen setzt eine gemeinsame, konsensuelle Welt voraus, welche den relativen Status von Wirklichkeitskonstruktionen neutralisiert (vgl. Luhmann 1986b, S. 81). Allerdings ist intersubjektiv geteilter Sinn, auf dessen Basis die verschiedenen Umwelten anderer Personen zu konsensuellen Bereichen oder auch zu einer Welt verschmelzen, nur kommunikativ konstruierbar. Wir haben es also auch hier mit einem selbstreferentiellen Phänomen zu tun: *Sprachliche Kommunikation setzt eine gemeinsame Sinn-Welt der Kommunizierenden voraus, die ihrerseits durch Kommunikation geschaffen wird.* Besonders beim Konstruieren von Problemdefinitionen durch Sozialarbeiter und Klienten erfolgt zuallererst die Generierung von Sinn; auch wenn dies den Beteiligten nicht bewusst ist. In dieser Hinsicht können sich erst auf der Basis gleichsinniger Kommunikationen solche selbsterfüllenden Prophezeiungen entfalten, die wir im Kapitel 1 am Beispiel der sozialpädagogischen Familienhilfe betrachteten.

Problemdefinitionen werden überwiegend durch Sprache erzeugt, deren Gebrauch durch spezifische kommunale Diskurse geprägt ist. Jochen Baecker u.a. (1992, S. 121) verstehen in Anlehnung an Kenneth Gergen unter *kommunalem Diskurs* „alles, was in einem bestimmten kommunalen System von den Beteiligten an gestischem, sprachlichen und mimischem Verhalten gezeigt wird [...], einschließlich der Regeln, nach denen dies geschieht". Für J. Baecker u.a. (vgl. ebd.) konstituiert sich ein kommunales System durch Interaktionsprozesse zwischen Personen, in deren Verlauf sich ein spezifisches Repertoire an Gesten und Sprachfiguren herausbildet. Wir könnten wohl auch von einem kommunikativ konstituierten und sinnhaft strukturierten sozialen System im Sinne von Luhmann (1984) sprechen, in dem sich sogenannte kommunale Diskurse über

Themen mit dazugehörigen Beiträgen ausbilden, welche die Wirklichkeitskonstruktionen beteiligter Personen beeinflussen.

J. Baecker u.a. (1992, S. 122 ff.) kennzeichnen die Bestandteile der kommunalen Diskurse allerdings nicht als Beiträge, welche übergeordneten Themen zugehörig sind, sondern als Sprachskripte mit dahinterliegenden Mythen. Als *Mythos* wird eine umfassende Struktur verstanden, „vor deren Hintergrund die einzelnen Sprachskripte und Interaktionssequenzen erst plausibel und sinnvoll erscheinen" (ebd., S. 122). Ich verstehe Mythen in diesem Sinne auch als Meta-Themen, deren Wirkungsweise vor allem darin liegt, dass ihr sinnstiftender Rahmen individuell unbewusst bleibt (vgl. ebd.). Er ist vielmehr sozial gespeichert und wird daher, ohne hinterfragt zu werden, als objektiv gegeben akzeptiert und dementsprechend individuell permanent bestätigt.

Wie derartige Mythen unsere Sicht der Wirklichkeit seit dem Kleinkindalter prägen, beschreibt Carlos Castaneda (1976) in einem seiner anthropologisch-literarischen Berichte über die Lehren des Yaqui-Indianers Don Juan.

▸ **Beispiel**

Castaneda (ebd., S. 8) berichtet, dass der Indianer Don Juan ihm erklärte: „Jeder, der mit einem Kind in Kontakt komme, [...] sei ein Lehrer, der unaufhörlich die Welt erkläre, bis zu dem Augenblick, wo das Kind die Welt so wahrnehmen könne, wie sie ihm erklärt wird. Nach Don Juan haben wir keine Erinnerung an diesen folgenschweren Augenblick, einfach weil wir keinen Bezugsrahmen hatten, in dem wir ihn mit etwas anderem hätten vergleichen können. Doch von dem Augenblick an ist das Kind ein Mitglied. Es kennt die Beschreibung der Welt; und es erreicht, glaube ich, die volle Mitgliedschaft, wenn es in der Lage ist, alle seine Wahrnehmungen so zu deuten, daß sie mit dieser Beschreibung übereinstimmen und sie dadurch bestätigen."

Wenn wir die Ausführungen von Castaneda für plausibel halten, müssen wir davon ausgehen, dass die Sprachschöpfungen, mit denen wir uns und anderen tagtäglich die Welt erklären, die Macht besitzen, unsere gemeinsame Wirklichkeit zu erschaffen. Aber nicht nur der sprachliche Diskurs im lebensweltlichen Kontext trägt zu der permanenten Reproduktion der Kultur bei, in dem er über sozial-akzeptierte Meinungen, Vorurteile, Ideologien, Lebensstile – kurz: über Mythen (im Sinne von J. Baecker u.a. 1992) – die Bilder der konsensuellen Wirklichkeit erzeugt. In den letzten fünfzig Jahren dieses Jahrhunderts waren es vor allem die Sprachschöpfungen der Massenmedien und der Wissenschaften, die unsere Konstruktionen von der Realität stark prägten. Dennoch ist unsere Psyche als autopoietisches System nicht machtlos diesen sozialen Wirklichkeiten ausgeliefert.

Macht und Ohnmacht von Sprachschöpfungen
Heutzutage werden die Meta-Themen zusätzlich über die Sprache der Medien angereichert oder durch Film, Fernsehen und Zeitungen erst konstruiert. So prägt beispielsweise die Werbung schon die Konsumansprüche und Gefühle der Kinder sehr stark. Allerdings kann die Reklame nicht mehr und nicht weniger als ein großangelegter Versuch des selbstreferentiell geschlossenen, autopoietischen Wirtschaftssystems sein, seine Umwelt, also die Bewusstseinssysteme, in der Hinsicht zu irritieren, dass sie glauben, die Angebote aus der Werbung entsprächen ihren ureigensten Bedürfnissen, die angepriesenen Produkte zu kaufen.

Da psychische und soziale Systeme strukturdeterminiert sind, können sie sich gegenseitig ausschließlich über strukturelle Kopplungen verstören, so dass die Themen oder Mythen der sozial vorkonstruierten Wirklichkeit nicht determinieren, wie die psychischen Konstruktionen aussehen, und umgekehrt können die Beobachtungen oder Beschreibungen des Bewusstseins nicht determinieren, wie sich die soziale Realität darstellt.

▸ **Beispiel**

Wenn ein Sozialarbeiter intendiert, über die Kommunikation von Hilfe etwa in Form eines Familiengesprächs eine familiäre Situation zu entlasten, hängt der Erfolg dieses Unterfanges allein davon ab, wie die Familie den Sozialarbeiter versteht. Das Bewusstsein des Sozialarbeiters kann die Kommunikationen nicht in solche Bahnen lenken, die dazu führen, dass die Familie ihn so versteht, wie er es gerne hätte. Der jeweils aktuelle Sinn eines konkreten familiären Sozialsystems mit seinen spezifischen selbstreferentiellen Kommunikationsstrukturen lässt keine gezielte Beeinflussung zu, so dass die Familie die sozialarbeiterischen Kommunikationen so versteht, wie es ihrer Selbstreferenz entspricht. Das gleiche gilt analog für Funktionssysteme wie etwa der Wirtschaft, so dass auch Politiker mit ihren machtvollen Reden im Bundestag oder auch mit dem Senken von Leitzinsen nicht steuern können, dass beispielsweise in den neuen Bundesländern investiert wird.

Da die Emergenz von sozialen Systemen bestenfalls dazu führt, jeden Versuch der Fremdsteuerung als Anreiz zur Selbststeuerung aufzugreifen, *denken die Menschen nur, dass sie lenken* (vgl. Bardmann 1991). Dass sich bezüglich kommunaler Diskurse Bewusstsein und sprachliche Kommunikation maximal gegenseitig perturbieren können, sehen auch J. Baecker u.a. (1992, S. 128). Und obwohl die Autoren annehmen, dass die individuellen Wirklichkeitskonstruktionen zu einem bedeutenden Teil im kommunalen Diskurs hergestellte kulturelle Wirklichkeiten sind, können auch sie die Strukturdeterminiertheit lebender und psychischer Systeme nicht außer acht lassen. Dementsprechend führen J. Baecker u.a. (ebd.) aus: „Als autonome, informationell geschlossene Systeme sind Personen diesen kulturell vorgegebenen Wirklichkeiten jedoch nicht ausgeliefert, sondern sie haben die Möglichkeit, diese Wirklichkeiten zu reflektieren, umzudefinieren [...] Wir nehmen also an, daß es wirksame gesellschaftliche Wirklichkeitskonstruktionen geben kann; die Wirksamkeit dieser Konstruktionen ist aber nicht absolut. Sie wird gebrochen durch die kognitive Autonomie des Individuums."

Dennoch ist nicht zu übersehen, dass die gesellschaftliche Umwelt als kulturell und sozial vorkonstruierte Wirklichkeit der selbstreferentiellen Konstitution von individueller Realität des Bewusstseins Restriktionen setzt. Immer wenn wir sozial interagieren, sind wir darauf angewiesen, uns an kulturell definierte Konventionen der Verständigung und des Verstehens zu halten, die für Gergen (vgl. J. Baecker u.a. 1992, S. 121) auch die Selbstbeschreibungen und Charakterisierungen von Personen bedingen.

Es sind nicht selten die Sprachschöpfungen wissenschaftlicher Theorien und Modelle, die unsere Selbstbeschreibungen und Wirklichkeitskonstruktionen oder die kommunalen Diskurse über verbindliche Mythen prägen. Denken wir z. B. an den Kommunikation-ist-Informationsaustausch-Mythos, auf dessen Grundlage die Redewendung „Darüber sollten wir einmal unsere Meinungen austauschen." erst ihren Sinn erhält (vgl. ebd., S. 126). Vor allen Dingen weil der semantische Code bzw. die Kommunikationsform, auf deren Basis Wissenschaft prozessiert, der *Mythos der Wahrheit* ist, gelangen wissenschaftliche Begriffe in den Status, allgemeingültig und objektiv Dinge in der realen Welt zu bezeichnen. Die Wissenschaft gibt vor, die Tatsachen und Funktionsprinzipien der Natur, des Sozialen oder des Psychischen entdeckt zu haben. Vielleicht fiel es deshalb dem gesunden Menschenverstand (der selbstverständlich auch nur ein Mythos ist) allzu oft so schwer, die nötige Distanz zu den Theorien und Modellen einzuhalten. Wie sonst hätten sich aus wissenschaftlichen Theorien wie etwa dem Marxismus weltumspannende Ideologien herauskristallisieren können, die vorgaben, die letzte Revolution einleiten zu können, um die (natur-) gesetzmäßige Befreiung der Menschheit zu erkämpfen und danach das ewige Paradies auf Erden zu errichten?

Die Erfahrungen, welche die Menschen in den letzten hundert Jahren mit derartigen politischen Ideologien machten, sind vielleicht auch ein Baustein für das allmähliche (postmoderne) Zerbrechen der großen – absolute Wahrheit postulierenden – Mythen der Vergangenheit, die Lyotard (1979) *Meta-Erzählungen* nennt (vgl. Bardmann 1992, S. 80; s. dazu auch Welsch 1992). Damit offenbaren nicht nur die spezifischen Sprachskripte des Marxismus, sondern auch die des Christentums oder des kapitalistischen Fortschrittsglaubens zunehmend ihre mythologischen Züge. Wer glaubt denn angesichts der ökologischen Krisen oder der steigenden Zahl der Erdbevölkerung noch ernsthaft an den stetig wachsenden materiellen Reichtum oder an die Ideologie, dass technisch alles machbar sei? Erst angesichts der postmodernen Vielfalt von Theoriekonstrukten scheint sowohl die Kontingenz als auch die soziale Konstruiertheit von wissenschaftlich kommunizierten Tatsachen offensichtlich zu werden. Dennoch hatten wir seit jeher mindestens zwei Möglichkeiten im Umgang nicht nur mit wissenschaftlicher Kommunikation: das Kommunizierte – etwa theoretisch fundierte Tatsachen – anzunehmen oder abzulehnen; Theorien für wahr oder unwahr zu erklären.

Besonders Sozialarbeiter sind entsprechend ihrer komplexen Aufgaben, die unmittelbar die Lebenswelten der Klienten tangieren, aufgefordert, kritisch und sensibel gegenüber Sprachschöpfungen zu sein, die vor allen Dingen in Form von psychologischen Begriffen in die konkreten Problemdefinitionen mit einfließen.

Gefahren psychologischer Sprache für die Soziale Arbeit
Es hängt von unserer psychischen Autopoiesis, also von unseren Denk- und Wahrnehmungsstrukturen, Präferenzen oder Affinitäten ab, ob wir beispielsweise als Sozialarbeiter menschliches Verhalten nach der „‘Dampfkessel‘metapher der Psychoanalyse“ (Wiesner u.a. 1992, S. 348) beschreiben, oder ob wir versuchen, solche Beschreibungen zu finden, die bisher kaum praktizierte Verhaltensmöglichkeiten der Klienten herausfordern. Diesbezüglich sollten wir anstreben, Verhaltensweisen, die wir nicht verstehen oder die uns unpassend erscheinen, nicht sofort mit psychoanalytischen Rastern (z.B. neurotisch, hysterisch oder ödipal) abzusuchen, die mittlerweile selbst den alltäglichen Sprachgebrauch sehr prägen.

Wenn Sozialarbeiter fast ausschließlich im Sinne der psychoanalytischen Mythen denken und handeln und etwa die Klienten dahingehend orientieren, dass die Erfahrungen der Kindheit determinieren, wie sie heute sind und was ihnen Probleme macht, werden die Klienten nicht gerade dazu angehalten, die Verantwortung für alles, was sie tun oder auch nicht tun, zu übernehmen. Überdies kann bei einer derartigen Orientierung der Prozess der konkreten Hilfe, welcher hauptsächlich den Zweck verfolgt, Anreize zur Selbsthilfe zu vermitteln, sehr schnell in die Abhängigkeit der Klienten von der Sozialen Arbeit umschlagen. Dies ist vermutlich deshalb der Fall, weil die (psychoanalytisch ausgerichtete) Soziale Arbeit nicht in der Lage ist, aus den vermeintlichen Kindheitstraumen herauszuführen, sondern diese möglicherweise nachträglich erst zementiert.

▶ **Beispiel**
Wie Helm Stierlin (1995, S. 39) ausführt, hat die Einstellung „‚Weil ich diese schreckliche Kindheit, diese schlimme Mutter hatte, kann man von mir nichts erwarten' [...] geradezu absurde Ausmaße angenommen". Das psychoanalytische Ursache-Wirkungs-Denken, das zu derartigen Schuldzuweisungen verführt, ist nach Stierlin (ebd.) inzwischen „tief in uns verwurzelt, in unserem Sprachgebrauch, in unseren Denkgewohnheiten, die schon auf die Antike zurückgehen". Es ist ja auch „unvergleichlich einfacher, sich als Opfer zu erleben, als komplexen Fragen nachzugehen" (ebd., S. 40). So fordern nicht wenige Menschen „‚Nachbeelterung' – tausend Stunden Psychoanalyse oder ähnliches – anstatt Selbstverantwortung zu entwickeln" (ebd.).

Vor allen Dingen in der Sozialen Arbeit, wo es vorrangig um die Entdeckung der Ressourcen der Klienten gehen sollte, um die individuellen, familiären oder allgemein lebensweltlichen Selbstorganisationspotentiale zu stimulieren, sollten wir uns nicht so sehr von der traditionellen psychotherapeutischen Diagnostik leiten lassen. Aber auch viele vor allem systemisch bzw. konstruktivistisch orientierte Psychotherapeuten werden zunehmend sensibler hinsichtlich ihres Sprachgebrauchs. So hält Stierlin (1995, S. 40) z.B. „globale Diagnosen wie Depression, Schizophrenie, Borderline-Störungen oder ähnliche [...] für problematisch". Derartige Bezeichnungen „schaffen oft schon im ersten Kontakt mit Klienten einen düsteren Erwartungshorizont, lassen Vorstellungen von tiefliegenden Defekten und damit verbundene Gefühle von Schuld und Versagen anklingen" (Stierlin 1995, S. 40). Darüber hinaus „richten sie den Blick auf eine nicht mehr zu verändernde Vergangenheit" (ebd.).

Insbesondere sollte uns immer bewusst sein, *dass psychologische Begriffe wie depressiv, manisch, neurotisch, unbewusst, psychotisch, süchtig, ich-schwach usw. nicht die Klienten als unabhängige Entitäten beschreiben, sondern einzig und allein unsere Unterscheidungen offenbaren* und schlimmstenfalls – wie etwa bei sich selbsterfüllenden Prophezeiungen – Verhaltensweisen herausfordern, die erst durch unsere (defizitorientierten) diagnostischen Erwartungen konstruiert werden. Als selbstreferentiell gehandhabte Unterscheidungen dienen die psychologischen Worte der therapeutischen oder psychiatrischen Klassifizierung psychischer Zustände. Sie sind darüber hinaus immer Ausdruck eines bestimmten kulturellen Umfeldes, in dem auf der Basis von wissenschaftlichen Theorien, zu denen die konkreten Begriffe gehören, „seelische Krankheiten" kategorisiert werden (vgl. Gergen 1994, S. 35). „Allerdings: Die therapeutischen Sprachschöpfungen schaffen erst die Nachfrage nach entsprechender Therapie", wie Gergen (ebd.) bemerkt.

So gehören auch die therapeutischen, psychologischen oder psychiatrischen Begrifflichkeiten zu bestimmten sinngebenden Mythen, welche die Aufgabe haben, die unendliche Vielfalt des menschlichen Erlebens wissenschaftlich zu ordnen, d.h. zu pathologisieren. Don D. Jackson (1967, S. 225 ff.) vertritt die Ansicht, dass sehr viele psychiatrische und psychologische Diagnosen, die Pathologien erkennbar werden lassen, auf dem *Mythos der Normalität* gründen, der erst dazu führt, Menschen als nicht normal zu titulieren.

▸ **Beispiel**
„Verrücktheit“ offenbart nicht die psychische Krankheit eines Menschen, der dieses Stigma trägt, sondern die Selbstreferenz von Diagnostikern, die mit den Unterscheidungen verrückt versus normal beobachten. Dementsprechend erklärt Luhmann (1990, S. 226), „wenn man wissen will, was ‚pathologisch‘ ist, muß man den Beobachter beobachten, der diese Beschreibung verwendet, und nicht das, was so beschrieben wird“.

Häufig führt gerade die an pathologischen Begriffen orientierte Sprache der psychiatrischen Beobachter zur Zementierung des erst durch sie konstruierten Stigmas der psychischen Krankheit, welches derart titulierten Personen in der Regel ein Leben lang anhaftet. Aus diesem Grund würde ich Gergen (1994, S. 35) beipflichten, der fordert: „*Vom postmodernen Standpunkt aus sollten wir [...] die Terminologie der Psychopathologie aufgeben und unsere Anstrengungen auf andere Ziele richten*“ (Hervorhebung durch mich; H.K.).

Ein derartiges Ziel könnte im Sinne des Konstruktivismus sein, dass Menschen, Familien oder andere soziale Systeme, die unter ihren sinn- und bedeutungsgebenden Wirklichkeitskonstruktionen leiden, dazu angeregt, irritiert oder perturbiert werden, sich erträglichere Wirklichkeiten zweiter Ordnung zu erschaffen (vgl. dazu Watzlawick 1992, S. 123 ff.). Nicht nur Psychiater, sondern gleichfalls Therapeuten oder Sozialarbeiter sollten sich an der Frage orientieren, ob die Wirklichkeiten der Patienten bzw. Klienten dazu prädestiniert sind, problemlösend zu wirken – etwa im Hinblick auf das Überwinden einer Lebenskrise.

Allerdings können die konstruierten Wirklichkeiten nicht anhand eines Grades von Wirklichkeitsanpassung beurteilt werden, aus dem sich für die klassische Psychiatrie die Kategorien von geistiger Gesundheit und Geistesgestörtheit ergeben (vgl. Watzlawick 1992, S. 60 f.). Allein die jeweilige psychische oder soziale Autopoiesis bestimmt, wie eine problemlösende Wirklichkeit aussieht. Die damit einhergehende Kontingenz von Wirklichkeitskonstrukten ist in der postmodern erscheinenden Moderne kaum noch ignorierbar (s. Abschnitt 1.1). Daher dürfte es auch der Psychiatrie zunehmend schwerer fallen, auf verbindende und allgemeingültige normative Kriterien für eine angemessene Wirklichkeitsanpassung bezugzunehmen; zumal heute immer offensichtlicher wird, worauf Jackson (1967, S. 226) bereits vor knapp drei Jahrzehnten hinwies: „Wie verrückt einem eine Person erscheint, hängt vom eigenen Bezugssystem und den Grenzen der eigenen Erfahrung ab".

Das eigene Bezugssystem wird nicht unwesentlich durch die Grenzen der Sprache in seine Schranken verwiesen. Wir haben im Kapitel 2 bereits betrachtet, wie sprachliche Unterscheidungen immer schon mit sinnhaft konstituierten Beobachtungen kombiniert sind. Aber die Sprache bestimmt nicht nur unsere individuellen Möglichkeiten von Beobachtungen oder Beschreibungen, sondern gleichfalls den wirklichkeitsschaffenden kommunalen Diskurs (vgl. J. Baecker u.a. 1992, S. 120/127). „Nur wenn es in einem spezifischen Diskurs überhaupt möglich ist, das Wort ‚depressiv' zu verwenden, kann ich mich selbst als depressiv bezeichnen und werde ich die im Diskurs als dazugehörig angesehenen Symptome an mir wahrnehmen", wie J. Baecker u.a. (ebd., S. 127) ausführen. *Zu uns selbst können wir also nur in der Art und Weise sprechen, wie wir es auch zu anderen tun.*

Dementsprechend ist es für den Verlauf einer sozialarbeiterischen Hilfe von ausschlaggebender Bedeutung, mit welchen Worten Sozialarbeiter und Klienten die Problemdefinitionen konstruieren. Wenn die psychosozialen Diagnosen oder allgemein die sozialarbeiterischen Beschreibungen der Klienten während der Hilfe hauptsächlich auf Worten basieren, die psychische Defizite bezeichnen, werden die Klienten im Verlauf der Hilfe mit Sicherheit größere Schwierigkeiten haben, Verhaltensweisen an sich wahrzunehmen, die zur Problemlösung beitragen können.

Es ist immer wieder zu beobachten, dass verdinglichende Begrifflichkeiten bei der Definition von Problemen verwendet werden, welche die Klienten mit bestimmten Eigenschaften kennzeichnen, die ihrer ureigensten inneren Identität zu entsprechen scheinen. Da wir aber keinen direkten Zugang zur Autopoiesis des Bewusstseins anderer Personen haben, können wir immer nur Verhalten beobachten, das als Kommunikation wirkt, wenn es uns zu der dreistelligen Selektion von Information, Mitteilung und Verstehen anregt. So offenbaren die Worte, mit denen wir Menschen Eigenschaften wie sensibel, aggressiv, langsam, faul, fleißig usw. zuweisen, wie oben bereits erwähnt einzig unsere Unterscheidungen, auf deren Grundlage wir Handlungen oder kommunikatives Verhalten beobachteten. Die wirkliche Identität bleibt unbeobachtbar. Vielmehr ist das, was wir gemeinhin als Identität bezeichnen, also die relative Einheitlichkeit von Verhaltensweisen oder Einstellungen (vgl. Fröhlich 1978, S. 212), ein soziales Konstrukt, eine Zuschreibung von außen.

Identitäten als soziale Konstrukte

Wir haben uns sowohl im Alltag als auch während der sozialen oder therapeutischen Hilfe angewöhnt zu sagen, dass etwa eine Person depressiv *ist*, eine andere *ist* unseren Aussagen nach faul oder die nächste *hat* Probleme. Mit diesen verdinglichenden Charakterisierungen meinen wir, Aspekte der Identität von Personen zu beschreiben, und ziehen möglicherweise Rückschlüsse auf deren psychische Konstitution. Allerdings ist uns die individuelle Identität eines psychischen Systems niemals zugänglich.

Anders kann es auch gar nicht sein, wenn wir mit Luhmann (1984) die biologische, psychische und soziale Autopoiesis als zwar strukturell gekoppelte bzw. interpenetrierte, aber selbstreferentiell geschlossene Reproduktionsweisen verstehen. Deshalb kann nur die „Autopoiesis des Bewußtseins [...] die faktische Basis der Individualität psychischer Systeme" sein (ebd., S. 359). Allerdings „liegt sie außerhalb aller sozialen Systeme" (ebd.). Dementsprechend spiegelt Verhalten, das im Sinne von Watzlawick u.a. (1969, S. 50 ff.; Abschnitt 2.2.3) im zwischenmenschlichen Kontext immer kommunizierend wirkt und so ein soziales System herausbildet, niemals die individuelle Identität psychischer Systeme wider – „was nicht hindern sollte, zuzugeben, daß ihre Selbstreproduktion nur in einer sozialen Umwelt Aussicht auf Erfolg hat" (Luhmann 1984, S. 359).

Wir sollten uns verdeutlichen, dass wir lediglich Handlungen bzw. Verhaltensweisen innerhalb eines sozialen Systems bzw. eines anderen interaktiven Kontextes beobachten können. Und als nicht-triviale Systeme (s. Abschnitt 2.2.3) handeln Menschen keineswegs immer identisch. Erst innerhalb von selbstreferentiell-geschlossenen Interaktionssystemen wie etwa in Familien oder Organisationen lassen sich wiederkehrende Verhaltensweisen beobachten, die nicht etwa individuelle Identitäten von menschlichen Monaden repräsentieren, sondern vielmehr systemabhängige personale Identitäten konstituieren. *Demzufolge kann sich die Identität als Person in Abhängigkeit von unterschiedlichen sozialen Kontexten sehr verschiedenartig offenbaren.*

Das Zentrum personaler Identität kann also nicht in einem identifizierten Menschen liegen, sondern entwickelt sich in sinnhaft strukturierten sozialen Systemen als „Konstanz von Erwartungen" (Willke 1993, S. 195), welche Personen auf sich ziehen (vgl. auch Luhmann 1984, S. 426 ff.; 1995, S. 142 ff.). Danach entsteht das soziale Konstrukt personaler Identität als „eine bestimmte Form oder Konfiguration von gebündelten Erwartungen, die in dieser Form das Spezifische und Einmalige der Person ausmachen" (Willke 1993, S. 196). Als Adressaten von Erwartungen wollen wir Personen denn auch nicht als psychische Systeme oder gar als ganze Menschen verstehen. Vielmehr konstituiert sich eine Person erst in der Sozialität, um – wie Luhmann (1984, S. 429) ausführt – „Verhaltenserwartungen ordnen zu können, die durch sie und nur durch sie eingelöst werden können". Obgleich das Person-Sein erfordert, „daß man mit Hilfe seines psychischen Systems und seines Körpers Erwartungen an sich zieht und bindet" (ebd.), ist der Kernpunkt der personalen Identität nicht die psychische Konstitution, die physikalische Erscheinung oder die biologische Abstammung, sondern ein soziales Konstrukt.

Als soziales Phänomen ist die personale Identität das „Ergebnis von Beobachtungen, die in Kategorien interpersonaler Kommunikation abfragen, welche Erwartungen sich als konstant erwarten lassen" (Willke 1993, S. 196). Solche Erwartungen konstituieren sich nur aufgrund von erwartbaren konstanten Verhaltensweisen. In diesem Sinne können wir im Hinblick auf Personen, die in sozialen Systemen inkludiert sind, häufig immer wiederkehrende Verhaltensweisen beobachten. Somit sind Beobachter, die kommunizierende Personen z. B. in einer Familie betrachten, dazu in der Lage, Identitäten zu erkennen, welche mitunter recht trivial erscheinen. Die beteiligten Personen handeln etwa bezüglich eines familiären Problems immer in der gleichen das Problem stabilisierenden Weise, so dass sie hinsichtlich des problemkonstituierenden Musters als triviale Systeme erscheinen.

Trivialisierung nicht-trivialer Systeme

Da Menschen spätestens nach ihrer Geburt an Kommunikation teilnehmen, konstituieren sie sich als Personen, auf welche mehr oder weniger konstante Verhaltenserwartungen projiziert werden. Allerdings können das Verhalten bzw. die Handlungen von Personen in einem sozialen System ausschließlich unter dessen sinnhaften Strukturen als Kommunikationen die Autopoiesis des entsprechenden Systems sichern. Die damit einhergehende operationale Geschlossenheit eines Kommunikationssystems führt dazu, dass sich die Folgen einer spezifischen Kommunikation ausschließlich innerhalb des Systems auswirken.

Heinz von Foerster (1988) veranschaulicht, wie in solchen geschlossenen Kommunikationssystemen nicht-triviale Systeme wie Menschen in Form von personalen Identitäten, welche konstante Verhaltenserwartungen anderer Personen ordnen, trivialisiert werden. Mit Hilfe des mathematischen Konstrukts der *rekursiven Funktion*, mit dem die Kybernetiker oder Neurophysiologen auch die kognitive Errechnung einer stabilen Wirklichkeit erklären, modelliert von Foerster (vgl. ebd., S. 27 ff.) die Entstehung von *konstanten Eigenwerten* in Form von immer wiederkehrenden Verhaltensweisen.

▸ **Beispiel**

Um die Wirkungsweise von Rekursionen zu verstehen, verdeutlicht von Foerster (vgl. ebd., S. 29 f.) dieses mathematische Prinzip am Beispiel des

Ziehens von Quadratwurzeln, welches wir mit einem Taschenrechner leicht nachvollziehen können. Sobald wir eine beliebige Zahl in den Taschenrechner eingeben und immer wieder die Funktionstaste des Wurzelziehens betätigen, wird sich nach einer bestimmten Anzahl dieser Operationen der stabile Eigenwert 1 einstellen. Und die Quadratwurzel aus der Zahl 1 ist bekanntlich die 1, so dass wir, wenn die 1 erst einmal errechnet wurde, mit jedem erneuten Betätigen der Wurzeltaste lediglich 1 erhalten. Dieser Eigenwert ergab sich durch die Rekursivität von derartigem Wurzelziehen; da also das jeweilige Ausgangssignal, sprich das Ergebnis einer Operation, als Eingang für die nächste Operation fungierte.

Ähnliche Rekursionen lassen sich während der Konstitution von sozialen Systemen beobachten.

▸ **Beispiel**

Wenn vier Familienmitglieder und eine Sozialarbeiterin, also fünf nicht-triviale Systeme miteinander kommunizieren, dann wendet sich jedes kommunikative Verhalten, egal von wem der fünf es kommuniziert wurde, an die ganze Gruppe. Keiner von den an dieser Kommunikation Beteiligten kann sein Verhalten nur jeweils an einen anderen richten. Deshalb ist es möglich, wie von Foerster (ebd., S. 27) ausführt, „alle Beteiligten dieser Gruppe in einem einzigen Operator zusammen[zu]fassen, der mit sich selber kommuniziert, d. h., jede Ausgabe innerhalb des Systems ist auch eine Eingabe [...]: die Operationen in einem geschlossenen System sind rekursiv“.

Das letzte Beispiel verdeutlicht, wie sich ein selbstreferentielles soziales (Kommunikations-)System etabliert. So ist das Sprechen ein Beispiel einer rekursiven Operation eines sozialen Systems: Wenn eine Person eine andere anspricht und diese antwortet, entsteht ein selbstreferentiell geschlossener Sprachkreis, weil das Ausgangssignal der einen, also die Antwort, zum Eingangssignal der anderen bzw. des sozialen Systems wird (vgl. von Foerster 1994, S. 64).

Diese Selbstreferenz der Kommunikation konstituiert die sinnhaften Strukturen in sozialen Systemen, indem kommunikative Operation an kommunikative Operation, und diese wiederum an kommunikative Operation anschließt, usw. Durch derartige Operationen kristallisieren sich nach einer genügend großen Anzahl von Rekursionen stabile Eigenwerte heraus. Wir könnten also mit Bezug auf von Foerster (1988, S. 30) feststellen: *In sozialen Systemen wie Familien oder Organisationen entwickeln Menschen aufgrund ihrer Kommunikationen stabiles Eigenverhalten.* Erst solches Verhalten, das ein soziales Produkt kommunikativen Geschehens ist, ermöglicht die Ausbildung von konstanten Verhaltenserwartungen, welche auf personale Identitäten gerichtet werden.

▸ **Beispiel**
Familiäre Problemlagen, die Familien dazu veranlassen, therapeutische oder soziale Hilfe in Anspruch zu nehmen, könnten als „eine unglückliche Entwicklung eines sehr stabilen Eigenverhaltens der Familienmitglieder zueinander" (von Foerster 1988, S. 31) angesehen werden. Die Familienmitglieder können den problemkonstituierenden Verhaltensweisen „wie aus einer eisernen Falle, aus einem kognitiven Krampf, nicht entweichen" (ebd.). Die Aufgabe von Sozialarbeitern könnte hinsichtlich solcher sozusagen festgefahrener Probleme darin bestehen, die Familienmitglieder dahingehend zu irritieren, dass sie Ausnahmen wahrnehmen, in denen das Problem nicht auftrat, weil sich die Familienmitglieder vielleicht anders verhielten, und so einen alternativen sozialen Kontext konstruierten (vgl. dazu z. B. Berg 1992, S. 88 ff.). Bei dieser Orientierung geht es darum, die Familie dahingehend zu verstören, dass sie sensibel für Kontingenzen, also für mögliches Anderssein wird. Diesbezüglich sollten Sozialarbeiter und Klienten der Frage nachgehen: Wer von den Familienmitgliedern machte was, wie, wann und wo, als das Problem nicht wahrgenommen wurde (vgl. ebd.)?

Die in dem Beispiel erwähnten *Ausnahmen vom Problemverhalten* können sich konstituieren, da stabiles Eigenverhalten abhängig ist vom jeweiligen sozialen Kontext, der sich in Form von spezifischen Kommunikationsstrukturen etabliert. Deshalb sprengen wechselnde soziale Interaktionen die sich in sozialen Systemen konstituierenden mehr oder weniger trivialisierten personalen Identitäten. Sobald beispielsweise an den Interaktionen eines familiären Problemsystems ein Familienhelfer teilnimmt, kann sich das Eigenverhalten der Familie und damit der personalen Identitäten verändern.

Aus dem Besprochenen folgt, dass sich hinsichtlich eines nicht-trivialen menschlichen Individuums mannigfache personale Identitäten generieren, die möglicherweise trivialisiert erscheinen und daher konstante Verhaltenserwartungen ordnen. In dieser Hinsicht erscheint das Individuum nicht mehr als kohärente Einheit, sondern als ein Bündel von Personen oder im Sinne von Barbara Königs gleichnamigen Roman als *Personenperson* (vgl. J. Baecker u.a. 1992, S. 131). Damit wird die Einheit der menschlichen Identität, für die in der (humanistischen) Psychologie der Begriff des „Selbst" geprägt wurde, in mannigfache personale Identitäten zergliedert. Eine derartige Anschauung, die Identität als soziales Konstrukt versteht, entspricht der postmodernen Entwicklung, durch welche ein Selbstkonzept fragwürdig wird, das von einer „relativ überdauernde[n] Struktur individueller Erfahrungen über die Besonderheiten der Beziehungen eines Individuums zu seiner sozialen Umwelt" (Fröhlich 1978, S. 359) ausgeht.

Das nicht-trivialisierte Selbst

Wie Luhmann (1984, S. 429) mit einem literarischen Beispiel untermauert, weist das Person-Sein milieuspezifische Unterschiede auf: „im Gefängnis der blendende Held, im freien Leben nichtssagend und matt, so charakterisiert Jean Genet die Person des Harcamone". Gerade derartige Kontraste sind es, die für Luhmann (ebd.) eine „Person auszeichnen und das mitregulieren, was von ihr erwartet werden kann".

Besonders in der postmodernen Moderne, wo es immer komplizierter wird, die Frage „Wer bin ich?" zu beantworten, scheint sich die Zergliederung des Individuums in unterschiedliche Identitäten zu offenbaren. Die im ersten Kapitel ausgeführte Kontingenz individueller und sozialer Wirklichkeiten, welche durch die Pluralisierung der Lebenswelten und der funktionalen Ausdifferenzierung der Gesellschaft zu Tage tritt, potenziert gegenüber früheren Epochen die Konstituierung von Interaktionsbereichen, in denen sich stabile Eigenwerte und damit personale Identitäten entwickeln können. Die psychische und soziale Konstitution eines Menschen, der mit den Ansprüchen einer immer komplexer werdenden gesellschaftlichen Wirklichkeit konfrontiert ist, kann nicht adäquat mit den traditionellen Konstrukten der Identität oder Integrität des Selbst beschrieben werden.

Zunächst vervielfacht sich die Ausbildung personaler Identitäten dadurch, dass von einem Individuum in unterschiedlichen sozialen Systemen völlig verschiedenartige und häufig sogar sich gegenseitig widersprechende Verhaltensweisen erwartet werden.

▸ **Beispiel**

Die Familie verlangt den liebenden Vater, die Firma den durchsetzungsfähigen und skrupellosen Manager, der Sportverein den kooperationsbereiten und fairen Mitspieler, die politische Partei den machtbewussten Kämpfer, der sonntägliche Gottesdienst den gläubigen Christen, usw. Hinzu kommen die Verhaltenserwartungen, welche sich durch die vielfältigen lebensweltlichen Beziehungsrealitäten wie etwa durch Freundschaften konstituieren. Überdies erhöht die telekommunikative Vernetzung mit oder ohne Hilfe der Computertechnik die Möglichkeiten zur Aufnahme von Beziehungen auch außerhalb der unmittelbaren Lebenswelten.

Dies sind nur einige wenige Beispiele, die nach Kenneth J. Gergen (1990, S. 194; 1994) zu dem Phänomen der *sozialen Sättigung* führen: „Dieser Prozeß ist durch die immer häufigeren Konfrontationen der Menschen miteinander gekennzeichnet: durch die Anzahl der Menschen, zu denen eine Beziehung bestehen kann, durch die Zeit, die für direkte oder indirekte soziale Kontakte aufgewendet wird – generell die zunehmende Häufigkeit von Kontakten, die Intensität der Beziehungen und die räumliche wie zeitliche Spanne, über die diese Beziehungen aufrechterhalten werden können" (Gergen 1990, S. 194).

Gleichzeitig geht diese Entwicklung damit einher, dass es in der (Post-)Moderne immer schwieriger wird, auf allgemeingültig bzw. verbindende Werte wie Religionen oder traditionelle Welt- und Gesellschaftsbilder Bezug zu nehmen. Die in dieser Arbeit für obsolet erklärte Annahme, dass es eine objektiv erfassbare Realität gibt, dürfte angesichts der Möglichkeit, viele konkurrierende Perspektiven zu kennen oder sogar einzunehmen, für jeden zweifelhaft werden. Die Welt erscheint als kontingent: Die Vielfältigkeit kommunikativer Diskurse beeinflusst zunehmend, wie sich die Realität für jeden Einzelnen repräsentiert.

Dementsprechend kann die Bildung von individuellen Identitäten kaum noch auf konstante soziale Entitäten zurückgreifen, so dass Gergen (1990, S. 197) ausführt: „Bei jeder Bewegung – bei einer Reise in ein anderes Land, beim Kontakt mit einer anderen Generation, einer anderen politischen Richtung, einem anderen Wertesystem oder auch bei unseren von Stunde zu Stunde wechselnden Beziehungen – sind wir dazu gezwungen, uns immer wieder auf's neue anzupassen. Was bleibt zurück von dem eigentlichen Selbst, wenn wir unsere Selbstdarstellung um der jeweiligen Harmonie der Situation willen verändern [...]?" Sicherlich kaum eine raum- und zeitunabhängige Einheitlichkeit unserer Selbstbeschreibungen. Vielmehr erscheint das individuelle Selbst nur noch als Form, in der mannigfache und vielleicht sogar entgegengesetzte Selbstbeschreibungen und -beobachtungen zirkulieren.

Wechselnde soziale Kontexte tangieren nicht nur die Erwartungen, die durch Personen geordnet werden, sondern gleichfalls die Inhalte der psychischen Autopoiesis. Die Individualität oder das Selbst kann in diesem Sinne nicht als überdauernde Struktur von einheitlichen Selbstbeobachtungen oder -beschreibungen erscheinen. Die selbstreferentielle Reproduktion derselben muss keineswegs immer einheitlich und konstant sein (vgl. Luhmann 1984, S. 346 ff.). So werden in der operativen Einheit des Bewusstseins, also innerhalb der psychischen Autopoiesis „je nach Interaktion [...] verschiedene Selbstbeschreibungen angefertigt" (ebd., S. 374). Deshalb kann die Selbstreferenz des Bewusstseins keineswegs mit einem dauerhafte Identität und Einheit suggerierenden Begriff des Selbst erfasst werden. Überdies ist es eine „Unglück bringende Auffassung", zu glauben, dass der „Mensch eine dauerhafte Einheit" sei, denn er besteht eigentlich „aus einer Menge von Seelen, aus sehr vielen Ichs“, wie Hermann Hesse (1986, S. 158) in seinem Roman *Der Steppenwolf* literarisch belegt. Das *multiphrene* bzw. *relationale Selbstkonzept*, welches Gergen (1990; 1994) vorschlägt, scheint dieser Sichtweise zu entsprechen. Hiernach ist das „Selbst [...] nunmehr nichts als ein Knotenpunkt in der Verkettung von Beziehungen“ (Gergen 1990, S. 197). „Jeder Mensch lebt in einem Netzwerk von Beziehungen und wird in jeder von ihnen jeweils unterschiedlich definiert“ (ebd.).

Individuell sichtbare Eigenschaften werden mit einem solchen Selbstkonzept ausdrücklich als systemisch konstituiert aufgefasst. Auch Gefühle sind nach einem derartigen Modell nicht in einer menschlichen Monade tief verwurzelte Entitäten, sondern Komponenten von Beziehungen (vgl. ebd., S. 198). Es sind vor allen Dingen die Arbeiten von Gregory Bateson (1981; 1982) und Paul Watzlawick (z.B. 1969; 1992), die wichtige Beiträge zu einem derartigen systemischen Verständnis der zwischenmenschlichen Beziehungsrealität enthalten. Auch die in den letzten Jahren sich ebenfalls in der Sozialen Arbeit etablierende Arbeit mit *systemischen Aufstellungen* (s. richtungsweisend dazu etwa Varga von Kibéd/Sparrer 2005) veranschaulicht die Abhängigkeit personeller Wahrnehmungen, Gefühle und Körperreaktionen von den sozialen Beziehungskonstellationen, in den wir uns gerade befinden (s. zusammenfassend für die Soziale Arbeit Kleve 2008).

Sozialarbeitern ermöglicht die hier ausgeführte konstruktivistische Sichtweise von Identität, sensibel dafür zu werden, dass die Trivialität sozialer Problemlagen, also der Kreislauf von immer wiederkehrenden Verhaltensweisen, ihre Ursache *nicht in den Klienten* hat. Vielmehr sind personale Eigenschaften und Selbstbeschreibungen *gebunden an soziale Kontexte*. Die Autopoiesis der Kommunikation generiert somit die sich in Form von Personen zeigenden Eigenschaften, während die Autopoiesis der Psyche die sich in Form des Selbst konstituierenden mannigfachen Selbstbeschreibungen und -beobachtungen und damit die jeweils individuellen Wirklichkeitskonstruktion spezifiziert. Wobei es zu beachten gilt, dass die strukturell gekoppelten autopoietischen Reproduktionsweisen der Psyche und der Kommunikation sich gegenseitig nicht kausal determinieren können, so dass das individuelle Selbst immer die Möglichkeit hat, personale Verhaltenserwartungen abzulehnen.

Zusammenfassung und Ausblick

In diesem Kapitel betrachteten wir die soziale Konstruktion von Wirklichkeit auf unterschiedlichen Ebenen der kommunikativen Selbstreferenz: Wir gingen davon aus, dass unsere gemeinsame Realität ein auf der Basis von Sinn erzeugtes Konstrukt ist, welches in der heutigen Gesellschaft insbesondere durch

Funktionssysteme repräsentiert wird. So konstruiert nicht nur das individuelle Bewusstsein innerhalb seiner autopoietischen Organisation Wirklichkeit, sondern gleichfalls die Gesellschaft. Sprache, semantische Kommunikationscodes oder moderne elektronische Speicherungsmedien ermöglichen das selbstreferentielle Prozessieren von Kommunikation sowie die Anhäufung gesellschaftlicher Erkenntnis.

Der personelle oder organisatorische Bezug auf soziales Wissen erfolgt über Themen und Beiträge. Vor allen Dingen sprachliche Beiträge strukturieren die lebensweltliche Konstruktion von Wirklichkeit. Diesbezüglich wird die psychische Autopoiesis durch bedeutungs- und sinngebende Mythen tangiert, die immer schon der sprachlichen Kommunikation zugrunde liegen. Vornehmlich die wissenschaftlichen und insbesondere die psychologischen Mythen erscheinen für die Soziale Arbeit als gefährlich, wenn mit den durch sie etablierten Begriffen Klienten als unabhängige und objektiv beschreibbare Entitäten aufgefasst werden.

Es sind nicht selten verdinglichende Begrifflichkeiten, die sich als prädestiniert dafür erweisen, Klienten als triviale Identitäten zu beobachten bzw. zu beschreiben. Mit derartigen Bezeichnungen, welche Eigenschaften als statische Manifestationen eines konstanten Selbst spezifizieren, können möglicherweise Kontingenzen, die durch jeden Wechsel des sozialen Kontextes entstehen, nicht wahrgenommen werden. Kontingente Verhaltensweisen, welche die Nichttrivialität der menschlichen Autopoiesis erst offenbaren, sind entscheidend dafür, Klienten auf eigene Ressourcen zu orientieren.

Der Konstruktivismus sensibilisiert uns dafür, dass Personen den sozial vorkonstruierten Wirklichkeiten nicht hilflos ausgeliefert sind. Es sind auch immer andere Möglichkeiten der Konstruktion vorstellbar. Und genau an diesem Punkt bieten sich interessante konstruktivistische Perspektiven für Soziale Arbeit und Supervision, denen ich in den folgenden Abschnitten anhand einiger ausgewählter Bereiche nachgehen werde. So soll es im letzten Kapitel dieses Buches vor allem um praktische Strategien für eine konstruktivistisch orientierte Soziale Arbeit gehen. Dabei werden wir insbesondere die kommunikativen Möglichkeiten im Hinblick auf die Verstörung von veränderungsbedürftigen Wirklichkeitskonstruktionen in Problem- bzw. Klientensystemen sowie in Supervisionsprozessen betrachten.

Außerdem veranschauliche ich neben der Einzel-, Gruppen- und Teamsupervision eine reflexive Methode der „Selbstsupervision“ (Kroeger 1989, zit. nach Pfeiffer-Schaupp 1995, S. 230), die es professionellen Helfern in Form von Evaluation erlaubt, sich gewissermaßen selbst zu verstören.

4 Konstruktivistische Soziale Arbeit – Handlungsanregungen

Handle stets so, daß Du die Anzahl der Möglichkeiten vergrößerst!
HEINZ VON FOERSTER (1988, S. 33)

Strategien im Umgang mit Problemsystemen – oder: Kommunikation als Intervention

Kurt Ludewig (1993, S. 116) versteht unter „einem ‚Problem' [...] jedes Thema einer Kommunikation, die etwas als unerwünscht (schwierig, hinderlich, falsch, störend, unpassend usw.) und veränderbar wertet – das heißt für veränderungsbedürftig und -fähig hält". In diesem Sinne „wird ein Problemsystem gebildet durch diejenigen, die unter dem Stichwort ‚Problem' miteinander kommunizieren", so Manfred Wiesner und Ulrike Willutzki (1992, S. 354). Dementsprechend entsteht ein Problemsystem, wenn ein Sachverhalt explizit oder implizit als problematisch bewertet wird. Sobald helfende Kommunikationen an diese Bewertung anschließen, wird der problematisierte Sachverhalt zu einem sozialen Problem und kann damit schließlich zum Thema Sozialer Arbeit werden.

Wie wir bereits im ersten und dritten Kapitel betrachteten, sind es die sozialen Organisationen, welche sich mit ihren programmatischen Problemdefinitionen bestimmten sozialen Themen zuwenden und so die Kommunikation von Hilfe ermöglichen. Hilfe ist allerdings ausschließlich eine Kommunikation, die das Funktionssystem Soziale Arbeit reproduziert. Infolgedessen kann Soziale Arbeit als gesellschaftliches Teilsystem „durch seine eigenen Kommunikationen weder Kommunikationen anderer sozialer Systeme auslösen noch kann es in die psychischen Systeme der Personen hineinkommunizieren, denen es helfen möchte" (Baecker 1994, S. 106). Soziale Arbeit stößt durch die Selbstreferenz personaler und sozialer Phänomene an ihre eigenen Grenzen.

In einer Welt von autopoietischen Systemen kann sich psychosoziale Hilfe, ob diese nun als Therapie oder als Soziale Arbeit firmiert, nur innerhalb der Einschränkungen der eigenen Selbstreferenz ihrer Aufgabe widmen, Problemlösungen zu initiieren. *Eine Intervention ist in diesem Sinne bestenfalls ein störender Kommunikationsakt, der ein interveniertes System zu Selbststeuerung anregt.* Deshalb können sich Intervenierende niemals sicher sein, wie Ihre

Adressaten die kommunizierten Interventionen verstehen. Zu welcher Selektion von Unterschieden ein Klientensystem durch eine Intervention angeregt wird, und zu was für Unterschieden diese bezüglich seiner Wahrnehmungen und Handlungen führen, hängt von seinen eigenen Unterscheidungen ab, und nicht von den Intentionen der Helfer.

In einem derartigen Kontext ist das Eintreffen zuvor geplanter sozialarbeiterischer Interventionsziele *einerseits* aufgrund der Nichttrivialität autopoietischer Systeme und *andererseits* infolge der Selbstreferenz der Planenden höchst unwahrscheinlich. Deshalb sind intervenierende Helfer mit Heinz J. Kersting (1991, S. 114) an drei alte Tugenden gemahnt: *Glaube, Hoffnung* und *Liebe*. Den intervenierenden Helfern bleibt nichts anderes übrig als:

- erstens: daran zu glauben, „daß das intervenierte System selbst seinen Interventionisten beauftragt [...] und seine positive Veränderung selber leisten kann",
- zweitens: zu hoffen, „daß das intervenierte System in der Lage sei, die für es brauchbare Veränderung selbst vorzunehmen" und
- drittens: mit dem intervenierten System zusammenzuarbeiten, es im weitesten Sinne des Wortes gewissermaßen zu lieben, weil ein Interventionist „zwar das Beste für seine Klienten will, [...] aber nicht wissen kann, was ‚objektiv' das Beste für seine Klienten ist" (ebd.).

Um in diesem Sinne hoffend, glaubend und liebend mit den Klientensystemen zu kommunizieren, ist Sozialarbeitern zu raten, nicht konzeptionslos anzutreten; ja sie dürfen es nicht, wollen sie ihrer *Verantwortung im Hilfeprozess* gerecht werden: *der Gestaltung günstiger Rahmenbedingungen für die Möglichkeit einer selbstorganisierten Veränderung der Klienten.* Aus diesem Grund wollen wir im Folgenden einige wenige einführende, bestenfalls nützliche Orientierungen betrachten, die einen zuvor geplanten Erfolg des Hilfeprozesses natürlich niemals sichern können, aber zumindest die Hoffnung nähren, „daß etwas im intervenierten System geschieht, was für das System brauchbar ist" (Kersting 1991, S. 111 f.). Allerdings: „über die Brauchbarkeit, mögliche Verbesserungen, oder gar Heilungen, [trifft] das intervenierte System die Unterscheidungen [...] und nicht der Interventionist" (ebd., S. 112). Eine intensivere und ausführlichere Auseinandersetzung mit systemisch-konstruktivistischen Ansätzen in der Sozialen Arbeit mit Einzelnen und Familien, die die hier gemachten Vorschläge integriert sowie vor allem vertieft und verfeinert, wird im Buch *Systemisches Case Management* (Kleve u.a. 2006, 2008) geboten.

Helfende Kommunikation als Beratung

Obwohl wir im nächsten Abschnitt auch den (in der Sozialen Arbeit häufigen) Fall besprechen, dass Hilfe nicht freiwillig angenommen wird, dass sie auch mit Kontrolle einhergehen kann, liegt es im Kontext des Konstruktivismus bzw. der Theorie der Autopoiesis zunächst nahe zu postulieren, dass eine Person oder ein Sozialsystem aus eigenem Entschluss Hilfe in Anspruch nehmen muss, wenn diese Hilfe erfolgreich sein soll. Nur über das freiwillige Einlassen auf gemeinsames sinnstiftendes Kommunizieren können Sozialarbeiter und Klienten eine konsensuelle Realität erzeugen, in der Interventionen die Klienten zur Selektion von Informationen anregen, welche ihre problemkonstituierenden Wirklichkeitskonstruktionen perturbieren und bestenfalls erweitern. Deshalb kann es nur dann zu brauchbaren und sinnvollen Interventionen kommen, wenn Helfer und Klienten „ein System konstituieren, in dem interveniert werden kann"; eben dadurch, dass „beide gemeinsamen Sinn stiften über die jeweilige Rolle als Interventionist und als Intervenierter [...]", wie Kersting (1991, S. 110) betont.

In einem derartigen Kontext wird es wahrscheinlicher, dass eine Intervention nicht nur für die Intervenierenden sinnvoll ist, sondern auch für die Intervenierten. So könnte eine Intervention das Potential haben, alte problematisch gewordene Konstruktionen – nicht nur der Klientensysteme – dermaßen zu irritieren, dass im günstigsten Fall die Erzeugung neuer Verständnisse, alternativer Sichtweisen, anderer Sinnkonstitutionen und somit Veränderungen ermöglicht werden (vgl. Kersting 1991, S. 113). „Wirkungsvolle Intervention irritiert das intervenierte System, verstört den bisherigen Prozeßablauf, sie stört – ohne die Selbststeuerung des Systems zu zerstören" (ebd.). Diese Störung provoziert selbstgesteuerte Veränderungen des Systems, die einzig durch die spezifische autopoietische Struktur desselben determiniert sind.

Helfen ist also bestenfalls ein verstörender Kommunikationsprozess innerhalb eines von Sozialarbeitern und Klienten sinnhaft konstruierten Problem- bzw. Interventionssystems. Sobald sich ein derartiges System konstituiert hat, kann alles, was von den Sozialarbeitern kommuniziert wird, von den Klienten als Intervention verstanden werden. Üblicherweise verläuft derartige Kommunikation über sprachliche Diskurse, deren wirklichkeitsschaffendes Potential wir im letzten Kapitel (Abschnitt 3.2) betrachteten. Deshalb verstehe ich die hier beschriebene Orientierung sozialer Hilfe als Beratung, denn, wie Peter Lüssi (1992, S. 394) bemerkt: „Das Medium der Beratung ist das Gespräch [...]". Überdies könnten wir mit Lüssi (1992, S. 52) *Beratung als das Zentrum Sozialer Arbeit* auffassen.

„In der sozialarbeiterischen Beratung bespricht der Sozialarbeiter mit einem oder mehreren Problembeteiligten das Problem und seine Lösung" (ebd., S. 393).

Eine derartige Beratung können wir in Bezug auf das Eingangszitat von Heinz von Foerster als Offenlegung oder Initiierung von jenen Möglichkeiten verstehen, welche ein Klientensystem bisher selbst kaum wahrnahm bzw. nutzte. Daher lautet der Auftrag der Klienten an die sozialarbeiterische Beraterin bzw. den Berater: „„Hilf uns, unsere Möglichkeiten zu nutzen!"" (Ludewig 1993, S. 123) Das Klientensystem kann als intern blockiertes System definiert werden, dessen vorhandene Strukturen die Ressourcen bilden, welche demselben System durch die Interventionen der sozialen Hilfe zugänglich werden sollen (vgl. ebd.).

Um die Beratungsgespräche für die Klienten hilfreich gestalten zu können, müssen die Helfer nicht nur ihre Fähigkeiten der Gesprächsführung mittels anspruchsvoller Ausbildung und Selbsterfahrung oder der klaren Rollendefinition professionalisiert haben. Sie kommen darüber hinaus nicht umhin, sich – unbewusst oder bewusst – an erkenntnisleitenden Fragestellungen zu orientieren, die ihre Konstruktionen etwa über die Probleme der Klienten erst ermöglichen. Kurt Eberhard (1987, S. 17) gliedert derartige Fragestellungen, die der Wissenschaft genauso wie der allgemeinen Lebenspraxis und damit auch der praktischen Sozialen Arbeit zugrunde liegen, als *phänomenale, kausale* und *aktionale Erkenntnisinteressen*. Diese lassen sich durch die folgenden Fragen umschreiben (ebd., S. 17 ff.):

- „Was ist los?" (*phänomenales Erkenntnisinteresse*);
- „Warum ist das so?" (*kausales Erkenntnisinteresse*);
- „Was ist zu tun?" (*aktionales Erkenntnisinteresse*).

Wie ich weiter unten noch spezifizieren werde, sollten wir aus der konstruktivistischen Perspektive derartige Fragestellungen relativieren, nämlich ausgehend von der Theorie der Beobachtung. Zunächst sei nur betont, dass uns die kausale Frage niemals Auskünfte über die objektive Ursache eines Phänomens vermitteln kann, *denn auch die Kausalität ist vom konstruktivistischen Standpunkt aus gesehen nichts anderes als eine Kategorie der Beobachter*, die sich durch die selbstreferentiell gehandhabte Unterscheidung von Ursache und Wirkung konstituiert. So bemerkt Dirk Baecker (1994, S. 108), dass „nur ein Beobachter [...] über Einschränkungen der Eigendynamik eines Systems durch Kausalität entscheiden [kann]. In dem Maße, in dem ihm das gelingt, wird dann der Beobachter interessant, nicht das System, das er beobachtet". Mit anderen Worten, *es hängt nicht von dem beobachteten Phänomen ab, welche Ursachen konstatiert werden, sondern von denjenigen, die dasselbe betrachten.* Dementsprechend können die Kausalzuschreibungen von Beobachter zu Beobachter völlig verschiedenartig sein, so dass es bei jeder Warum-Frage dermaßen viele konstatierte Ursachen geben kann, „daß die Frage, welche Ursache man für die wichtige hält, nicht zu entscheiden ist" (Luhmann 1988c, S. 130).

Wenn wir also kausal fragen, warum sich ein Problem entwickelt hat, dann müssen wir die Antwort immer relativieren und den Standpunkt, die Perspektive oder das kognitive Modell derjenigen erkunden, die hier Wirkungen und dort Ursachen unterscheiden. Davon abgesehen verleiten Warum-Fragen dazu, die nicht erfassbare psychosoziale Komplexität dermaßen rigide zu reduzieren, dass etwa in der Manier einer trivialisierten Psychoanalyse menschliche Problemlagen als Wirkungen objektiv analysierbarer Ursachen der Vergangenheit konstruiert werden. Die kausale Frage könnte deshalb in Fragestellungen umgewandelt werden, die sich explizit auf die systemrelativen kognitiven Modelle oder Wirklichkeitskonstruktionen der Klienten oder der Sozialarbeiter selbst beziehen – z. B.: Wie etwa *glauben* die Klienten ist ihr Problem entstanden? Was *meinen* die Sozialarbeiter, wie sich die Probleme eines Klientensystems konstituieren? Darüber hinaus könnten die Sozialarbeiter sich und ihre Klienten fragen, *welche Funktion bzw. welchen Sinn* problematische oder symptomatische Verhaltensweisen innerhalb des konkreten problembelasteten sozialen Kontextes haben könnten – z. B.: Wozu *könnten* die Probleme nützlich sein?

Da wir auf derartige Wie- und Wozu-Fragen zurückkommen werden, möchte ich ausdrücklich betonen, dass uns solche Fragestellungen mit Sicherheit niemals etwas über die wirkliche Entstehung oder Funktion eines Problems vermitteln. Vielmehr offenbaren uns die dadurch gewonnenen Antworten einzig die kommunizierten Unterscheidungen der Befragten. Darüber hinaus können die Fragen der Berater dazu führen, dass sich Klienten neue Wirklichkeiten konstruieren, die bestenfalls passender sind als die alten, weil sie eventuell alternative Wahrnehmungen ermöglichen, die das bisher problemkonstituierende Verhalten überflüssig werden lassen. Diesbezüglich findet die in der Einleitung zitierte Feststellung von Fritjof Capra (1991, S, VIII): „Erst wenn wir die Welt anders wahrnehmen, werden wir anders handeln können" in der konstruktivistischen Beratung ihre praktische Umsetzung. *Handeln und Erkennen gelten hier zugleich als Anfang und Ende eines selbstreferentiellen Zirkels, so dass „anderes Handeln", sofern es passt, die „andere Weltsicht" bestätigen wird.* Passen würde in diesem Zusammenhang bedeuten, dass die neu erprobten Verhaltensweisen zur Erreichung der konkreten Ziele der Klienten brauchbarer sind als die alten.

Kontrolle und Macht – ein kleiner Exkurs

Wie ist nun aber eine Hilfe zu verstehen, die von Klienten nicht freiwillig gewählt wird, die etwa – wie dies im Kontext der Kinder- und Jugendhilfe oder der Sozialpsychiatrie häufig zu beobachten ist – u.a. durch Kontrolle zu verhindern versucht, dass Menschen sich selbst oder andere (etwa ihre Kinder) gefährden? Grundsätzlich kann davon ausgegangen werden, dass auch in einem solchen Zwangskontext Hilfe dann ihre Erfolgschancen erhöht, wenn sie von den Klienten als sinnvoll angenommen wird. Manchmal kann es dann passend sein, den Willen des Klienten, keine Hilfe zu wollen, zu akzeptieren und ihm dabei zu helfen, die von außen (etwa von einem Jugendamt angeordnete Hilfe) wieder loszuwerden (vgl. ausführlich dazu Conen 2007; siehe auch Hampe-Grosser 2006). *„Wie kann ich Ihnen dabei helfen, dass Sie die (in diesem Fremd- oder Selbstgefährdungskontext ethisch angezeigte und gesetzlich legitimierte) Hilfe wieder loswerden?“* – so lautet etwa die Frage, die die Haltung der Professionellen in solchen Fällen bestimmt.

▸ Beispiel

Nehmen wir den nicht seltenen Fall an, dass in der Kinder-, Jugend- und Familienhilfe Klienten bei sich selber keine Probleme sehen, dass lediglich andere Beteiligte – z. B. Schulen, Kindertageseinrichtungen und von diesen alarmiert auch die Sozialarbeiterinnen im Allgemeinen Sozialpädagogischen Dienst des Jugendamtes – Probleme beobachten, etwa in der erzieherischen Interaktion von Eltern und ihren Kindern. Die Frage ist, ob in solchen Fällen ebenfalls orientiert an der Autopoiesis-Theorie, die die Selbststeuerung, ja den Willen der Klienten ernst nimmt, gearbeitet werden kann. Wenn das Jugendamt nach ausführlichem Recherchen zu dem Ergebnis gelangt, dass es sich in einem solchen Fall um eine familiäre Situation handelt, die eine Gefährdung des Kindeswohls verdeutlicht oder ein solcher Verdacht nahe liegt, dann kann durchaus vom Willen der Klienten (hier der Eltern) ausgegangen werden. Dies setzt allerdings eine klare Rollenaufteilung im Hilfeplanverfahren und während der Hilfe voraus: Das Jugendamt hat in einem Fall von Kindeswohlgefährdung oder bei einem Verdacht einer solchen Gefährdung sein gesetzliches Wächteramt auszufüllen und den Eltern gegenüber klar zu signalisieren, aufgrund welcher Ereignisse es sich Sorgen um die Entwicklung der Kinder macht. Die Rolle des Jugendamtes ist hier eindeutig die der kontrollierenden und kinderschutzorientierten staatlichen Institution, die transparent macht, warum sie tätig wird und welche Hilfen sie zur Veränderung des festgestellten Zustandes vorschlägt. Auch müssen die Konsequenzen klar sein, die auf die Eltern zukommen, wenn sich der aktuell beobachtete Zustand nicht verändert bzw. wenn er mit professioneller Unterstützung nicht verändert wird. Klar erkennbar ist an diesem Punkt zumindest, dass die Sozialarbeiterinnen des Jugendamtes vordergründig keineswegs die Aufgabe erfüllen können, dem Willen der Klienten, hier der Eltern zu entsprechen. Denn dieser Wille könnte ja (verständlicherweise) darin bestehen, das sich einmischende Amt wieder los werden, die unbequeme Einmischerei einer staatlichen Institution abzuschütteln. *Wenn es in einer solchen Situation jedoch gelingt, einen freien Träger zu beauftragen, neben dem Jugendamt (mit dessen Rolle als Kontroll- und Kinderschutzinstanz) einen Auftrag zu realisieren, der auf Kooperation mit den Eltern, also eindeutig auf Hilfe hinausläuft, dann kann dieser Träger vom Willen der Eltern, von deren Motivation ausgehen.* Die nun tätigen Fachkräfte können mit den Eltern daran arbeiten, *das Jugendamt wieder los zu werden.* Sicherlich ist auch denkbar, dass innerhalb des Jugendamtes eine Sozialarbeiterin die Rolle der Kontrolleurin und Kinderschützerin und eine andere die Rolle der kooperativen Helferin übernimmt oder dass eine Sozialarbeiterin versucht, die beiden Rollen in ihrer eigenen Person zu vereinen. Sie müsste dann das Springen zwischen diesen Rollen markieren und den Klienten gegenüber wirksam zum Ausdruck bringen können. Am günstigsten ist es allerdings, wenn zwei unterschiedliche Organisationen sich diese Rollen klar und transparent aufteilen und dies den Klienten gegenüber auch glaubwürdig vermitteln können.

Wenn es in helfenden Beziehungen um Kontrolle geht, dann spielt freilich auch der *Machtaspekt* eine Rolle. Die Soziale Arbeit hilft dann nicht nur, sondern fordert bestimmtes Verhalten von Klienten (etwa hinsichtlich der Betreuung und Erziehung ihrer Kinder) und droht Sanktionen an (etwa das Einschalten des Familiengerichtes), die dann eintreten, wenn dieses Verhalten nicht gezeigt wird. Diese Sanktionen können möglicherweise sogar die Autopoiesis eines Systems in Frage stellen, etwa des Systems Familie, wenn beispielsweise befürchtet wird, dass ein vom Jugendamt angerufenes Familiengericht die Fremdunterbringung von Kindern anordnet.

Und manchmal sieht es für einen Beobachter in einem solchen Kontext tatsächlich so aus, als ob die Kommunikationen des Hilfesystems zielgerichtet und determinierend auf ein Klientensystem einwirken, nämlich dann, wenn das Klientensystem tatsächlich so reagiert, wie es vom Hilfesystem erwartet, gewissermaßen „befohlen“ wird, z. B. indem nun die Kinder anders, d. h. angemessener betreut und erzogen werden. Fritz B. Simon (2006, S. 54) beschreibt sehr genau, wie ein solches Phänomen, das hinsichtlich autopoietischer, nicht-trivialer Systeme ja zunächst überraschend ist, verstanden werden kann: „Hier zeigt sich in der Struktur und Dynamik autopoietischer Systeme ein merkwürdiger Widerspruch: Sie können zwar nicht gesteuert werden, aber sie können zerstört werden. Manchmal verhalten sie sich so, als würden sie gesteuert, um zu verhindern, dass sie zerstört werden. Das ist die Grundlage von Machtbeziehungen.“ In dieser Hinsicht ist Macht ein durchaus übliches und nicht selten eingesetztes Mittel von Kommunikation in sozialen Systemen.

Vier Schritte helfender Kommunikation

Wie ich einleitend erwähnt habe, verweist der Konstruktivismus hin und wieder auf buddhistische Traditionen (siehe ausführlicher Varela u.a. 1991; Vogd 1996). Das wird auch an dieser Stelle deutlich. Denn die im Folgenden beschriebenen vier Schritte helfender Kommunikation gleichen den eminent praktischen und existentiellen *vier heiligen Wahrheiten des Buddhismus*, beziehen sie sich doch auf die Frage nach dem Beenden von Leiden. So formuliert der Dalai Lama (1991, S. 26) in seinen Harvard-Vorlesungen zur *Einführung in den Buddhismus*, „dass das Leben im Daseinskreislauf seiner Natur nach leidhaft ist". Genau von diesem Leiden und seinem Ende handeln die vier edlen buddhistischen Wahrheiten (ebd., S. 24):

- *erstens:* vom Leiden,
- *zweitens:* von den Ursprüngen des Leidens,
- *drittens:* von der Beendigung des Leides und
- *viertens:* von den Pfaden bzw. Wegen zur Beendigung des Leidens.

Demnach sind jeweils „ganz bestimmte Ursachen für Leid verantwortlich [...], die sich so aufheben lassen, dass eine Beendigung des Leides erreicht wird" (ebd., S. 26). Wer dies erkannt hat, bei dem werde sich der „Wunsch entwickeln, den Pfad zu suchen, der aus dem Leid herausführt, und ebenso der Wunsch, in diesen Pfad einzutreten" (ebd.). Es waren Paul Watzlawick, John H. Weakland und Richard Fisch (1974, S. 135), die erkannten, dass die vier von ihnen erarbeiteten Schritte der „Praxis des Wandels" nahezu identisch sind mit den vier edlen Wahrheiten des Buddhismus, nämlich

- *erstens:* die klare, konkrete und von den Sichten der Klienten und den anderen Beteiligten ausgehende Darstellung und Definition der Probleme (vom Leiden) – kurz: Probleme,
- *zweitens:* die Untersuchung der kognitiven Modelle, Hypothesen, Sichtweisen (kurz: der Landkarten) und kommunikativen Interaktionsmuster der Klienten, die mit ihren bisherigen und erfolglosen, ihre Probleme zumeist verschlimmernden Lösungsversuchen einhergehen (von den Ursprüngen des Leidens) – kurz: Modelle,
- *drittens:* eine klare, von den Klienten und den anderen Beteiligten ausgehende Bestimmung des Ziels bzw. der Lösung (von den Beendigungen des Leidens) – kurz: Ziele und
- *viertens:* die Erarbeitung und die Realisierung eines Weges zur Herbeiführung des Ziels bzw. der Lösung (von den Wegen zur Beendigung des Leidens) – kurz: Handlungen.

Im Verfahren des *Systemischen Case Management* bilden diese vier Phasen des Lösungsprozesses – eingerahmt von der Kontextualisierung als erstem Schritt und der Evaluation/Dokumentation als sechstem und letztem Schritt sowie erweitert durch eine ausführliche Ressourcenanalyse – den methodischen Kern (vgl. Kleve/Haye/Hampe-Grosser/Müller 2003). Auch für die professionelle Kommunikation im Rahmen der Fallarbeit innerhalb der Sozialraumorientierung können diese Schritte Markierungspunkte liefern, um die Gespräche so auszurichten, dass sie sich jeweils auf den Willen der Klienten und der anderen Beteiligten beziehen. Dies soll nun in der Reihenfolge der benannten Schritte veranschaulicht werden. Vorausschicken möchte ich allerdings, dass ich nur kurze und wenige Schlaglichter auf einige der vielen Verfahren zur lösungs- und kompetenzorientierten Fallarbeit werfen kann. Wenn diese Schlaglichter Appetit auf tiefere Einblicke in diese Methodik machen, dann sollten die Leserinnen und Leser die von mir im Folgenden zitierte Literatur von Paul Watzlawick, Insoo Kim Berg, Steve de Shazer und Insa Sparrer gründlich studieren. Aber nun zu den vier Schritten:

1. Probleme – Konkrete Definition der Problem-Sichten

In dieser ersten Phase geht die Orientierung sozusagen vom *phänomenalen Erkenntnisinteresse* aus. Es stellt sich also die Frage: *Was ist los?* Allerdings ermöglicht uns diese Fragestellung nicht viel mehr, als Auskünfte über Erscheinungsbilder einzuholen, die sich durch sinnhafte Beobachtungen systemrelativ konstituieren. Deshalb können wir durch die Betrachtung der „oberflächlichen Erscheinungsbild[er]" (Eberhard 1987, S. 17) entgegen Eberhards Intention niemals auf „Wesenseigenschaften" (ebd., S. 17/89 f.) von Phänomenen schließen. Alle Beschreibungen oder Schlussfolgerungen sind selbstreferentiell und offenbaren lediglich die Eigenschaften der Beobachter, d. h. die Unterscheidungen, mit denen diese beobachten und beschreiben.

Da Sozialarbeiter und Klienten von unterschiedlichen Standpunkten aus beobachten und wahrscheinlich andere Unterscheidungen treffen, stellen sich konkrete Phänomene beiden in anderer Weise dar.

▸ **Beispiel**

Während ein dauerhaft unaufgeräumtes Kinderzimmer eine Sozialarbeiterin vom Jugendamt eventuell auf ein soziales Problem schließen lässt, weil ihr ein solches „Chaos" nicht „normal" erscheint, empfindet die betreffende Familie den gleichen Sachverhalt als übliche Kreativitätsförderung für ihr Kind, das sich – z. B. nach Ansicht der Mutter – in seinem Zimmer sehr wohl fühle.

Spätestens in einer individualisierten, lebensweltlich pluralisierten und funktional ausdifferenzierten Gesellschaft ist erkennbar, dass Probleme nicht objektiv, nicht Beobachter unabhängig gegeben, sondern dass sie abhängig sind von denen, die sie für sich selbst, auf andere bezogen oder mit anderen zusammen beschreiben. Ob ein Sachverhalt als Problem bewertet und beschrieben wird oder nicht, hängt ab vom Einsatz einer beobachtungsleitenden Differenz, der Differenz problemlos/Problem. Der Wechsel von der problemlosen Seite der Differenz zum Problem setzt die Wahrnehmung eines Unterschieds im bisherigen Beobachtungsstrom voraus. Erst wenn dieser Unterschied auch sozial wirksam wird, wenn er also kommuniziert wird und wenn weitere Kommunikationen sich auf ihn beziehen, entsteht das, was wir Problem nennen: *die Beschreibung eines offensichtlich unerwünschten Zustandes, der in Richtung einer Lösung verändert werden soll.*

Helfer sollten, wollen sie die Kontingenz von Wirklichkeitskonstruktionen ernst nehmen, zunächst von *Dissens* hinsichtlich der Problem-Sichten ausgehen. Diesbezüglich ist es ihnen während der Gespräche mit den Klienten verwehrt, die gleichen Verständnisse, Werte oder Bedeutungen vorauszusetzen. Es gilt also, die Klienten mit ihren Einschätzungen bezüglich der Probleme ernst zu nehmen, auch wenn diese Sichtweisen denen der Helfer widersprechen.

In der professionellen Kommunikation sollte genau dies zunächst akzeptiert werden. Dann ist es möglich, durch *offene Aufforderungen und Fragen* die Klienten und gegebenenfalls auch die anderen Beteiligten einzuladen, ihre Problem-Sichten zu artikulieren. Es geht im ersten Schritt darum, zunächst einmal *aus der Sicht und in der Sprache des Klienten und anderer relevanter Personen* etwas zu erfahren von den Problemwahrnehmungen und Problemkommunikationen. In dieser Hinsicht führt Insoo Kim Berg (1992, S. 45) aus, dass es während der Kommunikation über das Problem außerordentlich wichtig ist, „nahe an der Problemdefinition der KlientIn zu bleiben, denn schließlich ist sie es, die die notwendigen Veränderungen vollziehen soll".

Das wahrscheinlich eleganteste Verfahren, um dies zu realisieren, ist die klientenzentrierte Gesprächsführung nach Carl Rogers. Hier werden die Gesprächspartner angeregt, ihre Sichten zu verbalisieren, bzw. einfach davon zu erzählen, was sie bedrückt, was sie als schwierig und problematisch empfinden. So wird es möglich, etwas zu erfahren von den persönlichen Beschreibungen, Erklärungen und Bewertungen des Gegenübers.

Die Klienten zentrierte Gesprächsführung bietet Techniken an, die – passend eingesetzt – erzählgenerierend wirken können: das *offene Fragen* und das *bewertungsfreie Paraphrasieren (Spiegeln)* des Gesagten. Offene Fragen sind Fragen, die es ermöglichen, dass Antworten gegeben werden, die mehr als „Ja" oder „Nein" herausfordern, die nämlich die Wahrscheinlichkeit erhöhen, dass die Befragten ins Erzählen kommen. Solches Fragen kann zunächst – gewissermaßen auf einer horizontalen Ebene – dafür genutzt werden, um unterschiedlichste und vielfältige mit dem Problem einhergehende Themen zu erhellen. Des Weiteren ist es dann möglich – gewissermaßen in vertikaler Richtung –, in die Tiefe zu fragen. Die Auswahl, bei welchen Themen in die Tiefe gegangen wird, obliegt jedoch dem Gesprächspartner, also dem Klienten. Der Berater hat die Aufgabe, aufmerksam die verbalisierten Themen zu verfolgen, zu paraphrasieren und den Klienten bzw. Gesprächspartner zu bitten, Themen auszuwählen, die näher betrachtet werden sollen und von diesen zu erzählen.

▸ **Beispiel**

Offene Aufforderungen/Einladungen, z. B.: *Erzählen Sie doch mal ...! Beschreiben Sie doch mal ...! Gibt es noch mehr ...?*
Offene Fragen, z. B.: *Was ist Ihnen wichtig? Was wünschen Sie sich? Wie stellen Sie sich das vor? Können Sie das noch genauer beschreiben? Was denken Sie, wenn...? Was wäre sonst noch dazu zu sagen?*

Diese erste Phase des offenen Fragens geht von dem Postulat aus, *bei dem zu bleiben, was die Gesprächspartner verbalisieren.* Nur so ist das möglich, was intendiert wird: die subjektiven Sichten zu erhellen und den Klienten bzw. den Beteiligten zu ermöglichen, mit dem, was sie bewegt, gehört zu werden. Neben der Intention, etwas von der individuellen Wirklichkeit der Gesprächspartner zu erfahren, geht es in dieser Phase nicht zuletzt auch um die Erhöhung der Wahrscheinlichkeit, dass die Hilfe erfolgreich wird. Denn dieser Erfolg hängt in einem nicht unerheblichen Maße von der *Qualität der Beziehung* zwischen den Beteiligten (den Professionellen, den Klienten und den relevanten Dritten) ab. Diese Qualität lässt sich erhöhen durch das, was Rogers (etwa 1942) Beratervariablen genannt hat. Wenn es dem professionellen Berater gelingt, auf den Klienten *empathisch/einfühlend, akzeptierend/wertschätzend, authentisch/echt* zu wirken, dann ist die Grundlage geschaffen, dass die professionelle Beziehung konstruktiv wird.

Gerade in dieser Phase der Erkundung der Problemsichten bestehen die besten Möglichkeiten, die Qualität der professionellen Beziehung zu gestalten, und zwar durch das, was mit dem klientenzentrierten Beratungsansatz empfohlen werden kann: *die Würdigung des Gegenübers und seiner Weltwahrnehmungen.*

Am Ende des Gesprächs über die Probleme sollten Definitionen stehen, die so spezifisch wie möglich das zu lösende Problem eingrenzen. Deshalb ist es wichtig, darüber zu kommunizieren, in welcher ganz konkreten Weise sich den Klienten ihre Probleme offenbaren. Wenn etwa eine Person als problematisch charakterisiert wird und ihr Eigenschaften wie etwa „faul", „böswillig", „unaufrichtig“, „lügnerisch“ etc. zugeschrieben werden, so wäre *zum einen* nach den wahrgenommenen Verhaltensweisen zu fragen, die derartigen Zuschreibungen zugrunde liegen, und *zum anderen* nach den Situationen, in denen die Person dermaßen wahrgenommen wird.

Zunächst bleibt festzuhalten: *Je mehr Beteiligte das Problemsystem konstituieren, desto vielfältiger werden die verschiedenen Wirklichkeitskonstruktionen sein, die dem als Problem thematisierten sozialen Sachverhalt unterschiedliche Bedeutungen zuschreiben.* Und da es keine objektiven Definitionen geben kann, die etwa als psychosoziale Diagnosen firmieren und das einem Problem innewohnende Wesen beschreiben, sind die kognitiven Modelle (Beschreibungen, Deutungen, Konstruktionen) der Beteiligten für die Hilfe ausschlaggebend.

2. Modelle – Erkundung der Modelle, Hypothesen, Sichtweisen und Interaktionsmuster hinsichtlich der bisherigen Versuche, das Problem zu lösen.
Im konstruktivistischen Sinne sind es die kognitiven Modelle, also die Wirklichkeitskonstruktionen, welche die Ausbildung und Stabilisierung von konkreten sozialen Problemen bedingen. Damit sich die Helfer über die wahrnehmungs- und handlungsleitenden Modelle ein Bild konstruieren können, bietet es sich an, mit den Klienten über ihre bisherigen Lösungsversuche bezüglich des Problems zu sprechen. Diesbezüglich könnte beispielsweise gefragt werden: *Wie verhalten Sie sich, wenn sie das Problem(-verhalten) wahrnehmen?*

Aber bereits die Antworten auf die offenen Fragen des ersten Schrittes können die Modelle, Hypothesen, Sichtweisen und Interaktionsmuster der Klienten und der anderen Beteiligten hinsichtlich der Probleme offenbaren und verdeutlichen, was bisher getan wurde, um das Problem zu lösen. Bei Klienten, die mit der Sozialen Arbeit konfrontiert sind, kann davon ausgegangen werden, dass das, was bisher als Problemlösung versucht wurde, nicht erfolgreich war – im Gegenteil: Oft hat es die Probleme eher verschärft, zementiert oder zum Eskalieren gebracht. Der häufigste Fehler beim Problemlösen ist die Anwendung der Strategie „mehr desselben“ (vgl. Watzlawick/Weakland/Fisch 1974, S. 51ff.): Die Beteiligten versuchen, das Problem mit einer nicht tauglichen Strategie zu lösen, und wenn sie merken, dass diese Strategie erfolglos bleibt, dann intensivieren sie deren Einsatz, obwohl es sinnvoller wäre, etwas anderes zu versuchen.

▸ **Beispiel**
Schauen Sie sich bitte beide folgenden Zahlenreihen (A und B) an und versuchen Sie herauszufinden, nach welcher Regel die Zahlenreihe B geordnet ist (vgl. Hampe-Grosser 2006, S. 153).

A: 1, 2, 3, 4, 5, 6, 7, 8, 9.
B: 8, 3, 1, 5, 9, 6, 7, 4, 2.
Auf der Grundlage welchen Modells, welcher Hypothese oder Sichtweise suchen Sie die Lösung für die Aufgabe, die Regel der Reihe B herauszufinden? Ist diese Strategie erfolgreich?
Bitte betrachten Sie die Lösung in der Fußnote[1] erst, wenn Sie ein paar Minuten versucht haben, die Aufgabe zu lösen.

Nach Watzlawick (1992, S. 137) können die Berater durch die Betrachtung der „versuchten Lösungen [...] sehr genaue Schlüsse auf die Wirklichkeit zweiter Ordnung ziehen, in der diese Lösungsversuche die scheinbar einzig möglichen, sinnvollen, logischen oder erlaubten sind". So führt häufig gerade das permanente und erfolglose Anwenden eines Lösungsversuchs nach der Manier vom „Mehr-desselben" dieses Versuchs zur Stabilisierung des Problems. „Die versuchten Lösungen sind also jene Mechanismen, die das Problem nicht nur nicht lösen, sondern es vielmehr erhalten und vertiefen" (Watzlawick 1992, S. 137).

▸ **Beispiel**

Aus meiner Tätigkeit als sozialpädagogischer Familienhelfer ist mir der folgende Fall einer „Mehr-desselben"-Lösung bekannt: Ein alleinerziehender und kranker Vater versuchte das Problem des Schuleschwänzens seines Sohnes damit zu lösen, dass er den Jungen mit Stubenarrest bestrafte. Während sich der Sohn nun zu Hause aufhielt, häuften sich die Konflikte mit seinem Vater, der sich durch das akute Auftreten von Krankheitssymptomen wie Herzschmerzen der angespannten Situation zu entziehen versuchte. Der Junge empfand große Verantwortung für seinen Vater und pflegte den am nächsten Vormittag sich sehr unwohl fühlenden Mann; allerdings gegen seinen verbal zum Ausdruck gebrachten Willen. Nach einer folgenden Beschwerde der Schule wegen unentschuldigtem Fehlen erhöhte der Vater die Strafe des Stubenarrestes auf zwei Tage. Die Konflikte begannen von vorn: Die Krankheitssymptome äußerten sich, der Junge ging auch am nächsten Tag nicht zur Schule etc. Es entfaltete sich sozusagen der selbstreferentielle Zirkel eines „Spiels ohne Ende".

Die Modelle, Hypothesen, Sichtweisen und Interaktionsmuster der Klienten und der anderen Beteiligten hinsichtlich des Problems zu erfragen, ist also sinnvoll, um etwas von den bisher versuchten erfolglosen Lösungen zu erfahren. Oft sind

1 Lösung des Zahlenrätsel: Die Zahlen in Reihe B sind alphatisch geordnet, d. h. nach den Anfangsbuchstaben der Ziffernworte (**A**cht, **D**rei, **E**ins etc.)

es diese versuchten Lösungen, die sich auf bestimmte Hypothesen, Sichtweisen oder Weltmodelle der Klienten beziehen oder die deutlich werden, wenn wir uns beschreiben lassen, was die Klienten bisher wann, mit wem, wie und wo getan haben, um das Problem zu lösen (*Interaktionsmuster*), welche das Problem auf Dauer stellen, es weiter zum Eskalieren bringen. So könnte man in gewisser Weise davon sprechen, dass diese versuchten Lösungen „Ursachen" für die derzeitigen Probleme sind. Daher besteht ein erster Schritt, in Richtung von Lösungen zu arbeiten, darin, diese erfolglosen Lösungsversuche zu verstören – beispielsweise dadurch, dass die Klienten dafür sensibilisiert werden, nicht weiterhin das zu wiederholen, was nicht funktioniert. Vielmehr können sie ermutigt werden, hinsichtlich ihrer Probleme einmal andere Hypothesen, Sichtweisen und Interaktionsmuster zu erproben. Denn, wie Insoo Kim Berg (1991, S. 31) treffend formuliert: *„Wiederhole nicht, was nicht funktioniert. Mach' etwas anderes!"*

Die Diagnose eines „Mehr-desselben-Problems" ist natürlich genauso selbstreferentiell wie jede andere Beschreibung von Problemen. Es ist die systemische Sichtweise, die eine derartige Problembeschreibung herausfordert. So ermöglicht das Stellen von Fragen bezüglich der kognitiven Modelle, also der versuchten Lösungen, niemals Aufschlüsse über die „wirklichen" Entstehungsbedingungen eines Problems. Vielmehr bieten die sozialarbeiterischen Beschreibungen eines Problemsystems, welche so relativ und hypothetisch wie möglich konstruiert sein sollten, im günstigsten Fall ein passendes Modell, das zur hilfreichen Verstörung anregt. Darüber hinaus werden etwa durch Wie- oder Wozu-Fragen nicht nur Lösungsmodelle erschlossen, sondern das Klientensystem wird auch häufig zu neuen Sichtweisen angeregt. So gibt Kersting (1991, S. 118) einige Beispiele von irritierenden Fragen, die neue Sichtweisen provozieren: *„Wozu halten Sie sich das Problem, Herr/Frau Ratsucher/in? Was haben Sie davon? Welchen Profit bietet Ihnen Ihr Problem? Was bringt es Ihnen für einen Nutzen im Hinblick auf Ihre Umgebung ein? Was wollen Sie eigentlich mit Ihrem Problem erreichen, vermeiden, nicht ans Tageslicht kommen lassen? Oder: Wie funktioniert Ihr Problem? Wie leben oder kosten Sie Ihre problematische Situation aus? Wie genießen Sie Ihr Problem? Wie agieren Sie Ihr Problem aus? Wie heißt das Spiel und welche Regel hat wer für dieses Spiel festgelegt?"*

Durch derartige Fragen und allgemein während des helfenden Kommunizierens wird Sinn erzeugt. Indem Sozialarbeiter und Klienten miteinander reden, konstruieren die Kommunikationen derselben ein sinnhaft strukturiertes soziales System. Und wie wir im letzten Kapitel sahen, perturbieren Kommunikationen innerhalb sozialer Systeme die strukturell gekoppelten psychischen Systeme, so dass sich z. B. die Selbstbeschreibungen, Problemwahrnehmungen oder Wirklichkeitsdeutungen von Personen entsprechend ihrer autopoietischen Struktur verändern können. Damit kann es zu sogenannten Umdeutungen kommen, d. h. zu Unterschieden, die Unterschiede in den Wirklichkeitskonstruktionen der Klienten ausmachen.

▸ **Beispiel**
Eine erfolgreiche Umdeutung hätte sich beispielsweise schon manifestiert, wenn ein Klient den für ihn zuständigen Sozialarbeiter nicht mehr als eine Amtsperson betrachtet, in deren Gegenwart er sich als „Bittsteller" oder „Almosenempfänger" empfindet, sondern diesen nunmehr als Erbringer einer Dienstleistung sieht, welche allen Menschen, die sich in krisenhaften Lebenslagen befinden, rechtmäßig zusteht. Diese andere Sichtweise wird vermutlich die Wahrnehmungen und Verhaltensweisen des Klienten bezüglich des Sozialarbeiters modifizieren: Der Klient tritt mit seinem neuen Weltbild möglicherweise selbstsicherer und bestimmter auf, während er zuvor versucht hat, seine Ziele dadurch zu erreichen, dass er sich so mitleiderregend wie möglich gab.

Wie Kersting (1991, S. 116) bemerkt, kann „bei einer erfolgreichen Umdeutung [...] mit einer Änderung des Befindens und des Verhaltens gerechnet werden". In diesem Sinne ist „die Umdeutung das brauchbare Basiskonstrukt schlechthin für jede psychosoziale Veränderung und nicht eigentlich eine Methode" (ebd.). Mit dem Umdeuten erklärt sich Kersting (ebd.) „die Wirksamkeit aller psychotherapeutischer und supervisorischer Verfahren". Dennoch ist die aktiv angewandte „sanfte Kunst des Umdeutens" (vgl. Watzlawick u.a. 1974, S. 116 ff.) eine eminent konstruktivistische Intervention, welche die Klienten mit der „Möglichkeit des Andersseins", also mit der Kontingenz von Wirklichkeitskonstrukten konfrontiert; dazu Watzlawick (1977, S. 91): „Wir haben es [...] immer nur mit Bildern der Wirklichkeit, also mit Deutungen [zu tun]. Die Zahl der jeweils möglichen Deutungen ist groß, subjektiv aber durch das Weltbild des Betreffenden meist nur auf eine einzige scheinbar mögliche, vernünftige und erlaubte begrenzt. Auf Grund dieser einen Deutung gibt es meist auch nur eine scheinbar mögliche, vernünftige oder erlaubte Lösung, und wenn diese Lösung nicht zum Ziele führt, versucht man typischerweise mehr desselben. Hier nun setzt die Umdeutung an und ist dann erfolgreich, wenn es ihr gelingt, einem bestimmten Sachverhalt einen neuen, ebenso zutreffenden oder sogar noch überzeugenderen Sinn zu verleihen, als der Patient selbst ihm bisher gab".

Dass Klienten aus den problemgenerierenden Mustern „aussteigen" können, hat also etwas zu tun mit einer Veränderung des *Aufmerksamkeitsfokus*. Während die Klienten und auch die anderen Beteiligten ihre gesamte Aufmerksamkeit häufig dem Problem und bislang missglückter Lösungsversuche widmen, kann es schließlich sinnvoll sein, den Blick in Richtung *möglicher Lösungen* zu richten. Denn im konstruktivistischen Sinne können wir davon sprechen, dass das Reden über Probleme eine Wirklichkeit konstruiert, die sozial (*in kommunikativer Hinsicht*), die psychisch (*in gedanklicher Hinsicht*) und die biologisch (*in körperlicher Hinsicht*) Problematisches erzeugt – etwa soziale Kommunikationen, die nicht um mögliche Lösungen oder Ziele, sondern um Defizite kreisen, psychische Gedankenläufe, die das Negative, Schwierige, Problematische etc. fokussieren und damit auch biologische Auswirkungen haben können, z.B. Gefühle von körperlicher Schwere, ängstlichem Herzklopfen, Kopf- oder Bauchschmerzen hervorrufen (vgl. de Shazer 1994, S. 86f.).

▸ **Beispiel**
Wenn Sie dies einmal testen wollen, dann beantworten Sie für sich selbst die folgenden Fragen: *Welches Problem belastet Sie derzeit am meisten? Wo und wann zeigt sich dieses Problem? Wer ist noch beteiligt? Woran merken andere, dass das Problem wieder aktuell ist? Wenn Sie sich vorstellen, dass das Schlimmste, was Ihnen hinsichtlich des Problems passieren könnte, passiert, was und wie wäre das?*
Nehmen Sie sich nun ein Blatt Papier zur Hand und schreiben Sie auf, welche Gefühle sich bei Ihnen eingestellt haben, wie und wo sie diese im Körper spüren.

Spätestens mit den nächsten beiden Schritten wird der soziale und psychische Aufmerksamkeitsfokus in Richtung positiver Ziele, Visionen und Lösungen des Klienten verändert. Genau dies kann nachhaltige Wirkungen haben.

3. Ziele – Klienten und Beteiligten orientierte Bestimmung des Ziels bzw. der Lösung
Sowohl im jetzt thematisierten dritten als auch im nachfolgend betrachteten vierten Schritt, bilden vor allem die theoretischen und methodischen Arbeiten von Steve de Shazer (z.B. 1988; 1991; 1994) und Insoo Kim Berg (z.B. 1991; de Jong/Berg 2002) vom *Brief Family Therapy Center Milwaukee* den konzeptionellen Hintergrund. Denn diese theoretische und methodische Orientierung der Beratung hat am ausführlichsten und eingängigsten die bereits angerissene konstruktivistische These immer wieder erneut praxisnah beschrieben sowie empirisch gesättigt dargestellt und erprobt: *dass der Fokus der Aufmerksamkeit während eines Beratungsgesprächs mitbestimmt, ob und wie es möglich wird, passende, umsetzbare und am Willen der Klienten und den anderen Beteiligten orientierte Ziele und Lösungen zu konstruieren und zu realisieren.* Auf der Basis dieses Ansatzes lassen sich Weltmodelle dekonstruieren, also hinsichtlich pro-

blemstabilisierender Sichtweisen und Annahmen verstören und etwas erreichen, was als ein Weg beschrieben werden kann, der zu Zielen und Lösungen führt, die dem Willen des Klienten bzw. anderer Beteiligter entsprechen.

Ausgangspunkt für diese Zielarbeit ist die Unterscheidung von vier Fragerichtungen und die Konzentration auf zwei dieser Differenzierungen:[2]

- *Erstens:* Fragen nach Defiziten und Problemen in der Vergangenheit.
- *Zweitens:* Fragen nach Lösungen und verwirklichten Zielen in der Vergangenheit.
- *Drittens:* Fragen nach möglichen Defiziten und Problemen in der Zukunft.
- *Viertens:* Fragen nach möglichen Zielen und Lösungen in der Zukunft.

Wie schnell erkennbar ist, gehen wir in der Beratung (in klassisch psychoanalytischer Diktion) oft in *die erste Fragerichtung*. Wir fragen, ausgehend von der Gegenwart, nach Defiziten und Problemen in der Vergangenheit. Oder wir befürchten Defizite und Probleme in der Zukunft und bringen diese Befürchtungen in den Blick (*dritte Fragerichtung*). Es geht in der lösungs- und ressourcenorientierten (konstruktivistischen) Gesprächsführung jedoch vor allem darum, den Klienten und anderen Beteiligten zu ermöglichen, in der Vergangenheit bereits erlebte und gelebte Lösungen und Ziele wahrzunehmen (*zweite Fragerichtung*). Oder Klienten und andere Beteiligte werden angeregt, über mögliche in der Zukunft bereits realisierte bzw. erreichte Ziele und Lösungen nachzudenken (*vierte Fragerichtung*).

Insoo Kim Berg und Steve de Shazer haben für die Erarbeitung von Zielvisionen, also für einen problemfreien Zustand nach einer Lösung eine sehr brauchbare Frageform entwickelt, die *Wunderfrage* (siehe grundlegend dazu de Shazer 1988, S. 24ff.). Mit der Wunderfrage werden die Klienten oder auch andere Beteiligte angeregt, sich einen problemfreien Zustand in der Zukunft vorzustellen, also einen Zustand, in dem das Problem, um das es geht, bereits gelöst ist.

▸ **Beispiel**

Die Wunderfrage in einer ausführlichen und sehr passend eingeleiteten Version von Insa Sparrer (2004, S. 58):

„Ich stelle Ihnen jetzt eine vielleicht etwas merkwürdige und schwierige Frage. Es braucht etwas Phantasie, sie zu beantworten. Wenn Sie nach dieser Sitzung nach Hause gehen – und anschließend noch mit Ihrer Familie sprechen, zu Abend essen und eventuell noch etwas unternehmen, und irgend-

2 Ich danke Käthi Vögtli, Professorin für Soziale Arbeit, insbesondere für lösungs- und kompetenzorientierte Beratung an der Hochschule Luzern, für den Hinweis, dass therapeutische bzw. beraterische Fragerichtungen so unterschieden werden können.

wann werden Sie müde und legen sich schlafen, und irgendwann schlafen Sie ein, und, angenommen, in dieser Nacht geschähe ein Wunder, und das bestünde darin, dass alle Probleme, die sie heute hierher geführt haben, gelöst sind, auf einen Schlag, einfach so, und das wäre ja wirklich ein Wunder, nicht wahr?
Und wenn Sie morgen früh aufwachen, und niemand sagt Ihnen, dass dieses Wunder geschehen ist, woran könnten Sie dann erkennen, dass dieses Wunder eingetreten ist?"
Was ist nach Eintreten des Wunders anders?

Es handelt sich bei dieser Frage, um die kommunikative und kognitive Erarbeitung einer *vollendeten problemfreien Zukunft*. Mit der Wunderfrage erfolgt eine Unterbrechung des problemzentrierten Interaktionsmusters, des Problemgesprächs, das auch während der Beratung bisher gewirkt bzw. sich ausgewirkt hat. Allein dies kann positive Wirkungen haben, kann Erleichterung, neuen Mut und Motivation für alternative Lösungsversuche generieren.

▸ **Beispiel**
Wenn Sie einmal testen möchten, welche Wirkung diese Frage hinsichtlich Ihrer Gefühle zu einem Problem hat, dann gehen Sie noch einmal von dem oben (unter dem ersten Schritt) thematisierten eigenen Problem aus, stellen sich die Wunderfrage und erforschen Ihre Gefühle, nachdem Sie die Antworten auf diese Frage gut durchdacht haben.

Die Wunderfrage zeitigt insbesondere vier Wirkungen: *erstens* verschiebt sie den kommunikativen und kognitiven Aufmerksamkeitsfokus weg von den Problemen und hin zu Lösungen; dies hat *zweitens* einen emotional erleichternden Effekt, wodurch sich *drittens* schneller und ergiebiger Ziele und Lösungen erarbeiten lassen. *Viertens* wird aber vor allem das höchstpersönliche Bild, die ganz eigene Lösungs- und Ziel-Idee eines Klienten bzw. eines anderen Beteiligten, dem diese Frage gestellt wurde, erhellt.

Es handelt sich beim Ergebnis der Wunderfrage um eine Zielvision, die dem Willen des Gesprächspartners entspricht. So kann Insa Sparrer (2004, S. 89) zurecht formulieren, dass „die Wunderfrage zur Lösungsfindung auf viel grundlegendere Weise [beiträgt] als die Frage nach Zielen [...], denn erst mit der Wunderfrage wird deutlich, was die Klientin wirklich will und wie die Verwirklichung ihres Ziels in ihrem Alltag aussieht". Daher ist es sehr sinnvoll, das Wunder bzw. den überlegten problemfreien Zustand ausführlich zu erhellen, lange genug darüber zu sprechen und immer wieder erneut mit offenen Fragen die Gesprächspartner einzuladen, mehr und ausführlich über das, was nach dem

Wunder beobachtbar, fühlbar und machbar ist, zu erzählen (siehe ausführlich zur Arbeit mit der Wunderfrage anhand transkribierter Beratungssequenzen de Shazer 1994, S. 137ff.).

„Es ist unmöglich, jemanden zu einer Veränderung zu bringen, wenn er/sie es selbst nicht will" (Berg 1992, S. 74). Deshalb ist es wichtig, dass die definierten Ziele für die Klienten bedeutsam sind. Nicht nur für die Erreichung des Globalziels der Hilfe, also der Nichtmehrhilfe ist es entscheidend, dass die Klienten sehen, dass die Lösung des Problems „nützliche und positive Ergebnisse nach sich zieht" (ebd.).

Fruchtbar kann weiterhin sein, mit den Klienten zu erarbeiten, welche ihrer Bedürfnisse mit dem artikulierten Wunder, mit dem problemfreien Zustand befriedigt werden. So lassen sich auch bei noch so unrealistischen Visionen, die Klienten möglicherweise nach der Wunderfrage äußern, nachvollziehbare und berechtigte Bedürfnisse erhellen (z. B. akzeptiert zu werden; Sicherheit zu erfahren; sich selbst zu verwirklichen; eine gute Mutter oder ein guter Vater zu sein), an deren Befriedigung gearbeitet werden kann. Schließlich ist eine Grunderkenntnis lösungs- und ressourcenorientierten Arbeitens, dass Ziele vor allem dann attraktiv und umsetzbar sind, wenn sie von den Bedürfnissen der Personen ausgehen, die diese Ziele erreichen wollen oder sollen. Wie nun aber der Weg zu Erreichung der Ziele aussehen kann, wird im vierten Schritt skizziert.

4. Handlungen – Bestimmung und Realisierung eines Weges zur Erreichung des Ziels bzw. der Lösung

Hier geht es sozusagen um die aktionale Frage: *Was ist zu tun?* Wie die vorigen Punkte verdeutlichten, bestehen die handlungsleitenden Strategien der Helfer insbesondere aus intervenierenden Kommunikationen wie verstörenden Fragestellungen. Und wie bereits mehrfach in unterschiedlichen Zusammenhängen angeführt, determiniert allein die Struktur der (autopoietischen) Klientensysteme, in welcher Art und Weise die Interventionen wirken. Deshalb können die „strategischen Aktionen" der Sozialarbeiter entgegen Eberhards (1987, S. 19) Meinung niemals „Ursache für beabsichtigte Wirkungen" sein. Vielmehr sollten die Handlungen der Helfer im konstruktivistischen Sinne die Kontingenz der Problemlösungsmöglichkeiten nicht mehr als unvermeidlich einschränken, damit sich die Autopoiesis eines intervenierten Systems so frei wie möglich in eine für es passendere Homöostase einregulieren kann. Um die Komplexität der Handlungsmöglichkeiten nicht unnötig zu reduzieren, ist eine Sensibilität vonnöten, welche die wirklichkeitsschaffenden Potentiale etwa von sich selbsterfüllenden Prophezeiungen oder von psychologischen Sprachschöpfungen als für den Erfolg der Hilfe außerordentlich bedeutend wertet.

Überdies scheint die Effektivität der Hilfe zu steigen, wenn die Helfer den Klienten mit positiven Erwartungen begegnen und dieselben auf Handlungen orientieren, welche sie bereits in Ausnahmesituationen ohne problematisches Verhalten praktizieren (vgl. Berg 1992, S. 30). Um genau diese Handlungen zu erhellen, bietet sich die zweite zentrale Methode der lösungsorientierten Beratung an, die *Fragen nach Ausnahmen vom Problemzustand* (vgl. grundsätzlich dazu etwa de Shazer 1991, S. 99ff.). Solche Fragen fokussieren die zweite oben differenzierte Fragerichtung, sie fragen nach Lösungen und verwirklichten Zielen in der Vergangenheit; oder sie gehen ausgehend von den Schilderungen nach der Wunderfrage in die Vergangenheit und erhellen Zeiten oder Situationen, in denen Teile des Wunders oder mit dem Wunder angesprochene Bedürfnisse bereits einmal realisiert bzw. befriedigend werden konnten.

▸ **Beispiel**

Frage nach Ausnahmen, die im Anschluss an die Wunderfrage gestellt werden kann: *Sie haben mir jetzt ausführlich von dem problemfreien Zustand nach dem Wunder erzählt. Ich möchte jetzt davon ausgehend eine etwas andere Fragen stellen: Gab es in Ihrem Leben bereits Zeiten und Situationen, in denen Sie Teile des Wunders bereits erlebt haben? ... Erzählen Sie mir davon! ... Wie haben Sie das geschafft? ... Was haben Sie gemacht, um das zu erreichen?*

Die Idee, die mit dieser Fragetechnik einhergeht, ist, dass Klienten das am ehesten erreichen können, was sie in ähnlicher Weise bereits erlebt, was sie erfolgreich schon einmal umgesetzt haben. Hierbei wird also versucht, *Ressourcen, Stärken* bzw. *Kompetenzen* der Klienten in den Blick zu bringen, die sie in der Vergangenheit bereits einsetzen konnten, um erfolgreich etwas zu erreichen. Daher wird darauf fokussiert, die Klienten dafür zu sensibilisieren, was *sie selbst* getan haben, um die Ausnahmen vom Problemzustand zu verwirklichen.

Am Ende des dritten und vierten Schrittes stehen bestenfalls Ideen der Klienten, die sie befähigen, *selbstwirksam* zu sein. Die Klienten haben dann die nötige Energie, die Vision und den Mut, etwas zu tun, um die erarbeiteten Ziele und Lösungen anzustreben. Die Ziele sind schließlich so konkret und spezifisch erarbeitet worden, dass ihre Erreichung von den Klienten und anderen Beteiligten *sichtbar* („messbar") werden kann, dass sie für den spezifischen Kontext bzw. der jeweiligen Lebenswelt *realistisch* und *attraktiv*, für das Hilfesystem (z. B. für ein beteiligtes Jugendamt) *akzeptabel* sowie hinsichtlich der *zeitlichen* Perspektive *überschaubar* sind.

Der Unmöglichkeit instruktiven Intervenierens wird hier also dadurch entsprochen, dass ausdrücklich allein das Klientensystem spezifiziert, welche ihm bereits bekannten problemlösenden Handlungen es erproben möchte. Es würde der konstruktivistischen Ethik widersprechen und auch erfolglos bleiben, wenn versucht würde, den Klienten von außen eine Lösung aufzuzwingen. Dagegen wäre in diesem Schritt eine Beratung sinnvoll, die sich gegen die problemkonstituierenden „Mehr-desselben"-Lösungen richtet. Hierzu könnten sich die Helfer während der Kommunikation mit den Klientensystemen an drei von Berg (1992, S. 30f.) vorgeschlagenen Regeln orientieren

- *Erstens:* Repariere nicht, was nicht kaputt ist!
- *Zweitens:* Wenn du weißt, was funktioniert, mach mehr davon!
- *Drittens:* Wiederhole nicht, was nicht funktioniert. Mach' etwas anderes!

Bezüglich der ersten Regel wäre den Klienten zu empfehlen, einmal genau zu beobachten, wann und bei welchen Themen etwa die problembelastete Beziehung zu einer anderen Person „funktioniert" und daher keiner fundamentalen „Reparatur" bedarf. In diesen Situationen erleben die Klienten sich möglicherweise als selbstbewusst, kompetent oder verantwortlich. Deshalb ist es im Hinblick auf die zweite Regel die Aufgabe der Helfer, derartige positive Verhaltensweisen im Gespräch hervorzuheben, denn es ist für die Klienten „einfacher, jene Augenblicke auszudehnen, in denen Erfolge sichtbar sind, als neue und andere Verhaltensweisen zu erlernen" (ebd., S. 31). Die dritte Regel bezieht sich explizit auf die Verstörung des „Mehr-desselben"-Prinzips problemstabilisierender „Lösungen".

▸ **Beispiel**

Wenn eine Sozialarbeiterin etwa den oben angeführten alleinerziehenden Vater fragen würde, was er mit der Verstärkung seiner Strafe des Stubenarrestes bewirken möchte, würde dieser vielleicht antworten, dass er erreichen möchte, dass sein Sohn regelmäßig zur Schule geht. In der Strafe und dem nachfolgenden Unwohlsein sieht er die einzige Möglichkeit, auf das Verhalten des Jungen zu reagieren. Dass beide Beteiligte gewissermaßen ein problemkonstituierendes Eigenverhalten konstruieren, sehen möglicherweise nur systemisch geschulte und außenstehende Beobachter. So könnte eine Sozialarbeiterin versuchen, dieses „Spiel ohne Ende" zu verstören, indem sie mit dem Vater darüber verhandelt, ob er nicht beim nächsten Schule Schwänzen einmal vom Stubenarrest absieht, um zu beobachten, ob sich dadurch im Verhalten des Jungen etwas verändert. Wenn nun diese Intervention für das Klientensystem sinnvoll ist, so dass die Konflikte zwischen Vater und Sohn ausbleiben und der erste nicht mehr krank wird, sähe der Junge möglicherweise am nächsten Tag keinen Anlass mehr, die Schule nicht zu besuchen.

Am problemkonstituierenden Eigenverhalten hätte sich somit etwas verändert, was für die Beteiligten ein Erfolg wäre.

Die Ausführungen des hier vorgeschlagenen Vier-Schritte-Rhythmus für die Beratung erheben selbstverständlich keinen Anspruch auf Vollständigkeit. Zu komplex sind die ausgesprochen konstruktivistischen Strategien, welche angefangen vom *zirkulären Fragen*, den *paradoxen Interventionen* bis hin zu *Symptom-Verschreibungen* oder *positiven Konnotationen* besonders von systemischen Therapeuten entwickelt wurden, als dass ich diese hier veranschaulichen könnte (siehe dazu etwa Simon/Stierlin 1984; Böse/Schiepek 1989; Weiss/Haertel-Weiss 1991).

Überdies erfordert die professionelle Anwendung derartiger Interventionen langjährige Praxiserfahrungen systemisch geschulter Helfer, die ihre Handlungsstrategien permanent mit Hilfe von Supervision oder Selbstevaluation reflektieren. Und vor allem die supervisorische Beratung erscheint aus der konstruktivistischen Perspektive als ein unentbehrlicher Bestandteil jeder psychosozialen Arbeit.

Supervision

Supervision lässt sich als ein durch Kontrakt bzw. einen Auftrag verbindlich geregeltes Lehr- und Lernverfahren definieren. Während der Supervision geht es in erster Linie um Erfahrungslernen, durch welches die Fachlichkeit und die Persönlichkeit der Supervisanden sowie die Koordinationsfähigkeit von Arbeitsgruppen (Teams) kontrolliert und entwickelt werden soll.

Die im Mittelpunkt der Supervision stehenden Supervisanden sind handelnde BerufsrollenträgerInnen, also Sozialarbeiter, Therapeuten, sozialpädagogische FamilienhelferInnen, Erzieher etc., welche einzeln, in Gruppen bestehend aus Helfern unterschiedlicher Arbeitszusammenhänge oder als Arbeitsteam das berufliche Handeln reflektieren (vgl. Kersting 1992, S. 15). Daher können wir Supervisionsprozesse in Form von Einzel-, Gruppen- und Teamsupervisionen unterscheiden, in denen erfahrene Kollegen als Supervisoren (vgl. Bardmann u.a. 1992, S. 89) mit entsprechender Zusatzausbildung die supervisorische Beratung übernehmen. In dieser Hinsicht ist Supervision ein Beratungssystem, in dem mindestens eine Person in ihrer Funktion als professioneller Helfer Beratung sucht und eine andere Person (Supervisor) Beratung anbietet (vgl. Neumann-Wirsig 1992, S. 18).

Nach Heinz J. Kersting (1992, S. 15) bezieht sich die Reflexion während der Supervision von psychosozialen Helfern insbesondere auf drei Schwerpunkte – *erstens:* auf ihre konkreten Interventionen, *zweitens:* auf die Gefühle, die ihr

Handeln begleiten und *drittens:* auf den Werthorizont, die Deutungsmuster, welche sich in ihren Haltungen und Einstellungen den Klienten, den Kollegen und sich selbst gegenüber ausdrücken. Letztlich können allerdings alle Sachverhalte, die die Supervisanden hinsichtlich ihrer Arbeit, den Beziehungen zu den Klienten oder den Kollegen als für sie problematisch werten, Themen der Supervision sein.

Insbesondere in den Schriften des *Instituts für Beratung und Supervision Aachen* (IBS) (z.B. Kersting 1992; Kersting/Neumann-Wirsig 1992; IBS 1995) ist Supervision als eine an systemtheoretisch-konstruktivistischen Prämissen ausgerichtete Beratungsmethode zur Reflexion professionellen Handelns in der psychosozialen Praxis konzipiert. Demnach definiert etwa Heidi Neumann-Wirsig (1992, S. 18) Supervision als „ein soziales System, das über Kommunikation (verbal und nonverbal) seiner Mitglieder entsteht". Etwas präziser formuliert können wir Supervision als Interaktionssystem (siehe dazu Luhmann 1984, 551 ff.) verstehen, das durch die Axiome der pragmatischen Kommunikationstheorie nach Watzlawick u.a. (1969) beschrieben werden kann (siehe dazu Kersting 1992, S. 25 ff.).

In Einzel-, Gruppen- und Teamsupervisionen lässt sich analog zur sozialen Hilfe Kommunikation als Medium der Intervention betrachten. Daher decken sich die Interventionsstrategien einer konstruktivistisch modellierten Supervision mit denen der sozialarbeiterischen Beratung, wie sie in diesem Buch konzipiert ist. Auch in Supervisionsprozessen heißt das Postulat: *Irritation (Perturbation, Verstörung) unbrauchbarer Wirklichkeiten* (vgl. Kersting 1992, S. 73ff.). Demzufolge kann der vorgestellte Vier-Schritte-Rhythmus helfender Beratung auch das Denken und die Kommunikationen von Supervisoren strukturieren.

Dagegen unterscheidet sich Supervision von der sozialarbeiterischen Beratung, weil es den Supervisionsteilnehmern nicht direkt um die Bearbeitung psychosozialer Problemlagen von Menschen geht, die für ihre Probleme im Alltag, in Beziehungen oder in Lebenskrisen Rat suchen (vgl. Bardmann u.a 1992, S. 88). Vielmehr geht es den Helfern während der Supervision um die Betrachtung und Verstörung eigener Wirklichkeitskonstruktionen und Handlungsweisen, die in ihrem beruflichen Alltag problematisch, d.h. unpassend bzw. unbrauchbar geworden sind. Deshalb ist der Supervisionsprozess im Gegensatz zur sozialarbeiterischen Beratung, in der die Selbstreferenz der personalen und sozialen Phänomene in der Regel nur implizit – etwa über die systemrelativen Fragen – zur Sprache kommt, explizit selbstreferentiell angelegt.

Im supervisorischen Prozess beschäftigen sich psychosoziale Praktiker unter Anleitung anderer professioneller Helfer ausdrücklich mit sich selbst. Und so konfrontieren sich etwa Sozialarbeiter in der Supervision mit der von Bernd Woltmann (1991, S. 100) konstatierten „epistemologische[n] Konsequenz", die sich durch die praktische Umsetzung der konstruktivistischen Erkenntnis- und Kognitionstheorie ergibt: „Der Sozialpädagoge muß sich selbst in den Mittelpunkt seiner eigenen Reflexionen stellen. Als ‚kognitiver' Erzeuger oder Konstrukteur seiner eigenen beruflichen (wie privaten!) Wirklichkeit geht ihm eine vielleicht nicht immer bestätigende, so zumindest doch stets zur Rechtfertigung geeignete objektive Welt verloren, und er muß stärker als bisher Verantwortung für seine Konstruktionen, d. h. für seine subjektgebundene Welt übernehmen" (ebd.).

Indem Sozialarbeiter während der Supervision ihr Tun und Denken reflektieren, operieren sie als Beobachter zweiter Ordnung: Sie beobachten ihr eigenes Beobachten, das hinsichtlich der Klientensysteme mit für sie als problematisch bezeichneten Unterscheidungen operiert. Dementsprechend ist Supervision genauso wie die im nächsten Abschnitt beschriebene Selbstevaluation eine eminent konstruktivistische Methode. Und speziell diesen Aspekt supervisorischer Praxis in der Sozialen Arbeit würdigt Theodor M. Bardmann (zit. nach IBS 1995, S. 6), wenn er schreibt: „Es ist bemerkenswert, daß die berufliche Sozialarbeit als erste die Beobachtung des Beobachters in Form von Supervision professionell institutionalisiert hat."

Besonders weil die Supervision seit ihrer langjährigen Geschichte in der Sozialen Arbeit (vgl. Kersting 1992, S. 13) klinisch-psychologische, psychoanalytische, gesprächstherapeutische, personen- und institutionszentrierte, gruppendynamische, kommunikationstheoretische und schließlich system- und kulturanalytische Perspektiven am eigenen Leib (vgl. Bardmann in IBS 1995, S. 6) durchgetestet hat, ist ihr „die Beobachterabhängigkeit und Relativität von Beschreibungen (Diagnosen, Anamnesen und Theoriekonzepten)" (ebd.) mittlerweile sehr vertraut. So können sich Helfer in Supervisionsprozessen vor allem mit einem, wie Bardmann (ebd.) schreibt, „*‚systematisch unsystematischen' sprich: ‚respektlosen' und ‚offensiv eklektizistischen' Umgang mit Beschreibungen*" konfrontieren, der immer dann erfolgreich ist, wenn er die Komplexität der psychosozialen Praxis erkennbar werden lässt und damit die kritische Prüfung alter (wenig komplexer) Sichtweisen herausfordert, sowie die Konstruktion neuer (komplexerer) Deutungsmuster fördert.

Bei einem derart konzipierten konstruktivistischen Verständnis von Supervision kann es also keinesfalls um richtige, wirkliche oder objektive Beschreibungen der psychosozialen Praxis gehen. Vielmehr soll die Konstruktion von Beschreibungen angeregt werden, durch welche die Supervisanden „im Dickicht arbeitsweltlicher Zusammenhänge effektiver operieren" (ebd.) können. Diesbezüglich nutzt eine konstruktivistisch orientierte Supervision die vielfältigen Möglichkeiten der kommunikativen Perturbation und Konstruktion von psychischen und sozialen Wirklichkeiten (Beschreibungen), die insbesondere aus der systemischen Therapie, dem Neurolinguistischen Programmieren (NLP) oder der Organisationsentwicklung stammen (siehe z. B. Kersting/Wirsing-Neumann (Hrsg.) 1992; Vogel u.a. 1994; Kersting u.a. 1995).

Da es in den supervisorischen Interventionen letztlich immer um die Aufdeckung der Komplexität von Wirklichkeit geht, werden wir im folgenden diesen Aspekt, der gleichfalls als Kontingenz- und Relativitätserfahrung einhergeht, etwas näher betrachten.

Komplexitäts-, Relativitäts- und Kontingenzerfahrung
Wie bei allen bereits betrachteten sozialen oder individuellen Prozessen, die der Problembearbeitung bzw. -lösung dienen, muss auch in der Supervision jener Sachverhalt, der thematisiert werden soll, „vom Supervisanden, der Supervisionsgruppe oder dem Team, das Supervision erhält, als Problem anerkannt und als solches [kommunikativ; H.K.] definiert werden“ (Kersting 1992, S. 19). Ein Problem soll auch hier in konstruktivistischer Sichtweise als eine unbrauchbare Wirklichkeitskonstruktion bzw. als ein kognitives Modell verstanden werden, das starre und problemerzeugende Handlungsmuster des beratenen Systems bedingt.

Wie bereits ausgeführt, können die auf Problemlösung zielenden Definitionen, Deutungen oder Handlungen der Sozialarbeiter etwa in Bezug auf die Gestaltung einer konkreten sozialen Hilfe im Sinne von Watzlawick u.a. (1974 bzw. 1985b) möglicherweise selbst zum Problem geworden sein.

▸ Beispiel

Es wäre etwa denkbar, dass eine sozialpädagogische Familienhelferin ihre helfenden Interventionen als sehr problematisch reflektiert, wenn sich bei ihr das Gefühl von Überforderung einstellt, weil etwa eine Klientenfamilie nach mehrmonatiger Hilfe nicht selbständiger erscheint, sondern immer zeitaufwendigere Ansprüche an die Helferin richtet, denen sie meint entsprechen zu müssen. Das Überforderungsgefühl verstärkt sich möglicherweise noch dadurch, dass sich die Helferin (ganz im Sinne der deterministisch-instruktiven Steuerungsillusion) einredet, sie habe durch ihre „falschen“ Interventionen in der Familie einen „schlimmeren“ Zustand als vor Beginn der Hilfe verursacht. Wenn ein derartiger Fall zum Thema perturbierender Kommunikation in der Supervision wird, hätten die Perturbationen der Supervisorin bzw. des Supervisors oder – im Falle einer Gruppensupervision – der anderen Supervisanden bestenfalls den Effekt, eine (Selbst-) Veränderung des emotionalen und kognitiven Befindens der Familienhelferin anzuregen. Diesbezüglich wäre es beispielsweise möglich, dass eine Supervisorin das von der oben angeführten Familienhelferin kommunizierte Problem folgendermaßen umdeutet: „Die gestiegenen Ansprüche der Familie offenbaren das angewachsene Selbstwertgefühl der Familienmitglieder, denen durch die Arbeit der Familienhelferin ein entwicklungsfördernder Rahmen gesetzt wurde. Dementsprechend ist die Familie seit einiger Zeit viel eher dazu in der Lage, ihre Bedürfnisse klar und deutlich zu artikulieren. Nun hätte die Helferin zu entscheiden, ob sie allmählich Konsequenzen aus der neuen Situation zieht und vielleicht nicht jedem zeitlichen Wunsch der Familie entspricht, sondern z. B. den Familienmitgliedern das Vertrauen schenkt, dass diese auch ohne ihre aufwendige Hilfe ihre Probleme lösen". Vielleicht, so kann die professionelle Perturbatorin sprich: die Supervisorin nur hoffen, konstatiert die Familienhelferin im Gefolge einer solchen Umdeutung die Relativität ihrer bis dahin unausweichlich und völlig logisch erscheinenden Wirklichkeitskonstruktion. Angenommen, dies wäre der Fall, könnte die Familienhelferin bestenfalls ihre „Mehr-desselben"-Strategie bezüglich einer zeitaufwendigen Betreuung der Familie aufgeben und neue, weniger problematische Hilfe-Strategien konstruieren. Außerdem hätte sich der Helferin die Komplexität möglicher Sichtweisen offenbart, was überdies eine Kontingenzerfahrung („Alles kann auch ganz anders sein!") ermöglicht.

Besonders die Fallbeispiele, welche wir im ersten Kapitel des Buches unter dem Gesichtspunkt sich selbst erfüllender Prophezeiungen betrachteten, hätten vermutlich unter regelmäßiger und intensiver supervisorischer Begleitung weniger problemstabilisierende Bedingungen für die Klienten geschaffen. So ließe sich meines Erachtens auch das problemkonstituierende Handeln des im ersten Kapitel beispielhaft angeführten Familienhelfers, der seine Interventionen ausschließlich nach wenig reflektierten und vereinfachten psychoanalytischen Theoriekonstrukten ausrichtet und damit Bedingungen schafft, die die familiären Selbstorganisationspotentiale hemmen, in einer Supervision unterbrechen.

▸ **Beispiel**
So könnten einem Familienhelfer während der supervisorischen Beratung empfohlen werden, bis zum folgenden Supervisionstermin alle Verhaltensweisen der Familienmitglieder zu notieren, die ihm bei den nächsten Treffen mit der Familie als positiv hinsichtlich des Erziehungsverhaltens auffallen. Sobald dieser Helfer trotz der vielleicht von einer Sozialarbeiterin konstatierten „traumatischen Vergangenheit" der Eltern bisher kaum thematisierte Ressourcen entdeckt, wird sich sein Modell von der familiären Situation mit Sicherheit ändern. Und wie wir im dritten Kapitel und im letzten Abschnitt untersuchten, sind Ausnahmen von problematischen Verhaltensweisen mit verändernden sozialen Kontexten sehr wahrscheinlich, denn eine „nicht-

triviale“ Maschine wie etwa ein menschliches Individuum kann unzählige personale Identitäten ausbilden. Könnte der Helfer derartige Unterschiede in der familiären Organisation beobachten, würde dies bestenfalls zu Unterschieden in seinen Konstruktionen führen, die ihn in die Lage versetzen, der Familie mit positiveren Erwartungen gegenüberzutreten. So wäre es ihm leichter möglich, das nötige Vertrauen in die Selbstorganisationspotentiale des Klientensystems zu entwickeln, welches für jede soziale Hilfe notwendig erscheint.

In der Supervision werden insbesondere diejenigen Wirklichkeitskonstrukte perturbiert, die aus der Perspektive der supervidierten Helfer z. B. für die Arbeit mit einem Klientensystem fragwürdig erscheinen. Allerdings sind es gerade die für einen selbst unsichtbar bleibenden „blinden Flecken“, die das Beobachten ermöglichen und andere vielleicht brauchbarere Unterscheidungen ausgrenzen. Deshalb sind die kommunizierten Sichtweisen der Supervisoren oder der anderen Supervisionsteilnehmer, die sich wahrscheinlich auf andere Unterscheidungen stützen, eine besonders günstige Voraussetzung für die Perturbation der psychischen Wirklichkeiten der Helfer. Somit prozessiert die Einzel-, Gruppen- oder Teamsupervision geradezu unter dem Motto: *„Ich sehe was, was Du nicht siehst“* und regt damit die Kommunikation über die unterschiedlichsten Unterscheidungen, also Deutungen oder Modelle an. Häufig besitzen speziell die für die Supervisanden äußerst ungewohnt erscheinenden Deutungen den höchsten Störeffekt (vgl. Kersting 1992, S. 20).

Diesbezüglich können die von der Supervisorin oder dem Supervisor bzw. den Supervisanden in die Kommunikation eingebrachten Sichtweisen, Beobachtungen oder Deutungen sogar einen provokativen Effekt haben (vgl. Kersting 1991, S. 123ff.). Insbesondere die Supervision als Ort, an dem sich professionelle Helfer treffen, um ihre unpassend gewordenen Wirklichkeitskonstruktionen verstören zu lassen, erscheint mir geeignet, auch gesellschaftlich tabuisierte oder unübliche Sicht- oder Verhaltensweisen auszuprobieren. Gerade im ersten Moment schockierende aber nicht bedrohliche Deutungen haben nicht selten das Potential, neue Konstruktionen der Helfer etwa bezüglich eines Klientensystems herauszufordern. Nach Kersting (ebd., S. 123) können provozierende Strategien supervisorisch Ratsuchende „aus der Reserve locken“; sie dermaßen etwa mit Übertreibung, Spott, Entstellung, Sarkasmus, Witz, Nachahmung des Verhaltens etc. irritieren, dass es zur Konstruktion von neuen, möglicherweise passenderen Wirklichkeiten kommt.

Selbstverständlich dürfen derartige Provokationen keinesfalls mit Zynismus einhergehen bzw. nicht die Würde der Supervisanden verletzen. Vielmehr ist es eine Voraussetzung für die Wirkung provozierender Interventionen, dass „sie mit liebevoller Akzeptanz verbunden sind“ (vgl. ebd.). Damit wird sozusagen ein supervisorischer *Double-Bind*, eine paradoxe Kommunikationssituation (siehe dazu Watzlawick u.a. 1969, S. 171ff.) geschaffen: Die betreffenden Supervisanden werden einerseits – möglicherweise bis zur Wut – provoziert, während sie andererseits mit Empathie und liebevoller Zuwendung bedacht werden.

Obwohl in alltäglichen Situationen solche Paradoxien von Verletzung und Liebe wohl zum Abbruch der Kommunikation führen würden, kann in der beratenden Situation, die sich ja explizit durch Achtung und Akzeptanz in Bezug auf die Ratsuchenden auszeichnet, eher ein kreativ-perturbierender Effekt konstatiert werden. Nach der Meinung und Erfahrung von Kersting (ebd., S. 124) ist die Provokation eine „außergewöhnliche Irritation“, die etwas „ganz Entscheidendes“ herausfordert: „Der provozierte Klient (Ratsuchender, Supervisand, Lernende) hat die Möglichkeit, im Wehren gegen die Provokation seine Abwehrkräfte zu aktivieren und ein hohes Maß an eigener Leistung zu erbringen“ (vgl. ebd.). Indem sich die Supervisanden von einer gezielt übertriebenen Deutung des Supervisors oder der Supervisorin distanzieren, können sie zu neuen, ihrer eigenen psychischen Autopoiesis entsprechenden Deutung gelangen. Mit anderen Worten: „Unbrauchbare eigene und übersteigert unbrauchbare Deutungen des Beraters wurden abgewiesen. In der Entwicklung einer neuen eigenen Deutung wurde die Irritation ausgeglichen, das heißt, die Irritation wurde als eigenes Systemdatum im selbstreferentiellen Kreislauf erarbeitet. [...] Die Situation erhielt einen neuen Namen“ (Kersting 1991, S. 124).

Möglicherweise stellt sich nun das besprochene Problem in einem neuen Kontext weniger oder weitaus komplizierter dar als zuvor. Zumindest offenbarte sich die Relativität einer Sichtweise, d.h., die Abhängigkeit von Wirklichkeitskonstruktionen, Sichtweisen, Problemdefinitionen etc. vom Kontext oder Rahmen, in dem dieselben betrachtet werden. Dermaßen wurde die Komplexität der Wirklichkeit wieder augenscheinlich. Und gerade in dieser Hinsicht erfüllt die Supervision ihr Ziel: *neuerliche Reduktion von Komplexität, wodurch eine andere (kontingente) Wirklichkeitskonstruktion entsteht.* „Der Weg geht also vom Reduzierten zum Komplexen und dann wieder zu einer neuen, hoffentlich brauchbareren Reduktion“ (IBS 1995, S. 7).

Wenn beispielsweise dem oben angeführten Familienhelfer plötzlich die Kontingenz der psychoanalytischen Sichtweise von der erkennbaren Vergangenheitsdetermination auffällt, weil er erkennt, dass andere theoretische Deutungen andere Beobachtungen und Handlungen ermöglichen, wäre die supervisorische Perturbation erfolgreich. Der Helfer merkt möglicherweise, dass die schon lange dem Jugendamt als Eltern einer „Multiproblemfamilie“ bekannten Personen sich in bestimmten Situationen trotz der langjährigen Problemlast dennoch so verhalten, dass sich daraus Problemlösungsstrategien entwickeln lassen.

Dementsprechend wird deutlich, um dies zusammenfassend noch einmal zu betonen, dass die supervisorische Perturbation dann erfolgreich ist, „wenn die Komplexität menschlicher Erfahrungsmöglichkeiten wieder sichtbar wird und vom [Helfer-]System andere, vielleicht brauchbarere Deutungen gefunden werden“ (Kersting 1992, S. 18). Da Komplexität in diesem Zusammenhang bedeutet, dass es „mehr als nur eine Deutung für eine Situation und das Handeln in der Situation“ (ebd.) gibt, ist sie Voraussetzung für die Kontingenzerfahrung, also für die Möglichkeit, andere Modelle zu konstruieren und damit anders zu handeln.

Wie überall im zwischenmenschlichen Kontext, wo Nichttrivialität herrscht, können auch in der Sozialen Arbeit erst die nachfolgenden Handlungen bezüglich des Klientensystems die Brauchbarkeit einer in der Supervision konstruierten Sichtweise bestätigen oder erneut infrage stellen. Da die „blinden Flecken“ der Helfer-Wirklichkeiten in der Reflexion niemals aufgehellt werden können, ohne neue „blinde Flecken“ zu produzieren, sind die in der Hoffnung der Supervisanden brauchbareren (supervisorisch konstruierten) Wirklichkeiten möglicherweise die unbrauchbaren Wirklichkeiten der nächsten Reflexion. Deshalb ist eine kontinuierliche supervisorische Begleitung die Voraussetzung dafür, dass Modelle oder Deutungen, die sich in der sozialen Praxis als wenig nützlich erwiesen haben, oder sogar ein Problem vergrößerten, wiederum professionell perturbiert werden können (vgl. Kersting 1992, S. 20f.).

Die permanente Betrachtung, Prüfung oder Reflexion der eigenen Handlungsstrategien als Helfer lässt sich nicht vermeiden, weil die autopoietische Organisation aller psychosozialen Prozesse es nicht zulässt, von vornherein zu wissen, was eine praktisch brauchbare Orientierung ist. Da es immer unzählige und häufig gegensätzlich erscheinende Handlungsmöglichkeiten geben kann, die als Problemlösung passen, ist es für die Supervisanden eine hilfreiche Erfahrung, dass die Unterscheidung „richtig/falsch“ für das sozialarbeiterische Handeln unbrauchbar ist (vgl. Kersting 1992, S. 21).

Diese Einsicht kann den Supervisanden aber niemals in einem instruktiven Sinne durch die Supervisoren verabreicht werden. Vielmehr verlangt eine konstruktivistisch modellierte Supervision eine Haltung und Selbstbewertung der Supervisoren, die mit Autorität, Dogmatismus oder Besserwisserei nichts gemein hat.

Haltung, Selbstverständnis und Beobachtungspositionen

Wie allen Berater (Sozialarbeiter, Therapeuten etc.), die sich an der Erkenntnistheorie des Konstruktivismus orientieren, geht auch den Supervisoren die Annahme einer objektiven Wirklichkeit verloren, mit der sie die Supervisanden nur zu konfrontieren hätten, damit diese wieder lernen, die Welt, d.h. die

Probleme ihrer Klienten richtig zu sehen. Die Unterscheidungen, mit denen die Supervisoren beobachten, können für sich nicht das Recht beanspruchen, die Wirklichkeit besser in den Blick zu bekommen als die Unterscheidungen der Supervisanden. Sie können lediglich darauf hinweisen, dass durch das Treffen anderer Unterscheidungen anderes sichtbar wird.

Da wir mit unseren Unterscheidungen immer nur das beobachten können, was diese Unterscheidungen unterscheiden, bleibt für uns jenes unsichtbar, was andere Unterscheidungen offenbaren würden. Daher könnten andere Beobachter, die unser Beobachten mit ihren Unterscheidungen beobachten, beobachten, was wir nicht beobachten können, was uns also unsichtbar bleibt. Diesbezüglich sensibilisieren gerade Supervisoren die ratsuchenden Helfer dafür, zu beobachten, sprich: zu hören, was die verschiedenen Teilnehmer der Supervision sagen, wenn sie über die Beobachtungen (Unterscheidungen, Wahrnehmungen, Gefühle) sprechen, die sich bei ihnen einstellten, als sie die kommunizierten Beobachtungen ihrer Kollegen beobachteten, also hörten. Dass mit Hilfe eines solchen Vorgehens sehr viele verschiedene Beobachtungen bzw. Sichtweisen zu Tage gefördert werden, die die Vielheit (Komplexität) möglicher Deutungsmuster veranschaulichen, liegt vor allem dann auf der Hand, wenn wir konstruktivistisch von der Unwahrscheinlichkeit identischer Beobachtungsverhältnisse ausgehen: *Jedes beobachtende System selektiert entsprechend seiner spezifischen autopoietischen Struktur andere Unterschiede in seiner Umwelt, die für es systeminterne Unterschiede machen.*

Bezüglich der oben beschriebenen Weise supervisorischer Beratung, bei der die Supervisoren die Mitteilung aller möglichen oder unmöglichen Deutungsmuster anregen, können sich dieselben, wie Heinz J. Kersting (1992, S. 20) treffend formuliert, als „Ansichtenmakler“ verstehen. In dieser Hinsicht helfen die Supervisoren, die unterschiedlichen Sichtweisen zu erheben und zusammenzutragen, denn die „Aufklärung über die Komplexität menschlicher Wirklichkeit ist in der Regel das wirksamste Störinstrument, das der Supervisor besitzt“ (ebd., S. 20f.).

Damit eine derartige „Aufklärung“ gelingt, erscheinen spezifische Haltungen der Supervisoren fördernd zu wirken, von denen ich bezugnehmend auf Heinz J. Kersting (1992), Heidi Neumann-Wirsig (1992), Christine Lampert (1992) und Jürgen Linke (1994) die mir besonders bedeutend erscheinenden referiere.

Wenn die Supervisoren den ratsuchenden Helfersystemen mit einer *Wertschätzung* gegenübertreten, die darauf gründet, dass ihre Konstruktionen „genauso nützlich oder hinderlich“ (Neumann-Wirsig 1992, S. 18) sein können wie jene der Helfer, ist es den Supervisoren möglich, ihr (hoffentlich die supervisorische Kommunikation anregendes) Interesse an den Konstruktionen und Problemen der Supervisanden wach zu halten (vgl. ebd.). Dermaßen stehen die unterschiedlichen Sichtweisen des Supervisors bzw. der Supervisorin und diejenigen der Supervisanden gleichberechtigt nebeneinander, so dass etwa Belehrungen oder Instruktionen der Supervisoren, die sich auf ihre fachliche oder menschliche Autorität beziehen, inadäquat sind.

Die Supervisoren könnten sich eine solche *nicht-autoritäre Haltung* als Erleichterung einreden, zumal in den meisten Fällen, wie Kersting (1992, S. 27) zu berichten weiß, die in der Supervision kommunizierten „Probleme so gelagert [sind], daß auch der in der Praxis bestens bewanderte Supervisor auf Anhieb keine Lösung parat hätte". Wie Linke (1994, S. 87) ausführt, verzichten systemisch-konstruktivistische Supervisoren „auf die allwissende Expertenrolle"; stattdessen entwickeln sie „eine Haltung von Partnerschaft beim gemeinsamen Entdecken von Problemkonstruktionen und Lösungen" (ebd.). Daher sind Supervisoren darauf verwiesen, den psychischen und sozialen Selbstorganisationspotentialen zu vertrauen; was wohl am ehesten dazu führt, die Suchbewegungen des Supervisandensystems zu unterstützen, statt dasselbe instruieren zu wollen, welche die richtige Lösung für sein Problem zu sein hat (vgl. ebd.). Dementsprechend wäre die Aufgabe von Supervisoren darin zu sehen, zusammen, d. h. in Kommunikation mit den Supervisanden mögliche Lösungsmuster für die Praxis zu erarbeiten und nicht diese vorprogrammieren zu wollen (vgl. Kersting 1992, S. 27). „Was der Supervisor anbieten kann, ist die Anregung, die Praxissituation als Problem wahrzunehmen und es mit den Mitsupervisanden zu reflektieren, die dann durch Fragenstellen oder Anbieten von Lösungsmöglichkeiten neue, vielleicht brauchbarere Deutungen geben" (ebd.).

Welche der kommunizierten Deutungen die Supervisanden letztlich für sich aufgreifen und als brauchbar oder passend bewerten, ist abhängig von der *Anschlussfähigkeit* der betreffenden Deutungen an die autopoietische Struktur ihrer psychischen Systeme. Da es bei den Supervisanden selbst liegt, welche Informationen sie verstehen, wenn ihnen die anderen Supervisionsteilnehmern ihre Meinungen mitteilen, befinden sich die Supervisoren in einer Art „Hebammenfunktion" (Kersting 1992, S. 18), die beim „Gebären" der sich höchstwahrscheinlich auch widersprechenden Sichtweisen helfen. Aus diesem Grund entspricht konstruktivistischen Supervisoren, wie Linke (1994, S. 87) schreibt, *„eher eine ethnologische statt einer missionarischen Haltung"*.

Besonders die von den Supervisoren initiierten Änderungen des Beobachtungsfokus – etwa durch das Einführen anderer Unterscheidungen oder anderer Kontexte, mit deren Hilfe das kommunizierte Problem betrachtet wird – gehen mit einem *Ausbruch aus den Dogmen der zweiwertigen Logik* einher (vgl. Linke 1994, S. 87). In dieser Hinsicht sind konstruktivistisch orientierte Sozialarbeiter und Supervisoren die postmodernen Berater schlechthin. Sie machen sich zu *„Anwälten der Ambivalenz"* (vgl. Lampert 1992, S. 46), für die sowohl die eine als auch die andere Wirklichkeitskonstruktion ihre eigene Berechtigung hat (vgl. auch Linke 1994, S. 87). Eine solche Herangehensweise sprengt die ontologische Denktradition des alteuropäischen Realismus, denn dessen Vertreter gehen implizit oder explizit davon aus, dass die Wirklichkeit nur so, wie sie meinen, dass sie sich ihnen objektiv offenbare, aber nicht anders sein kann.

Um die postmoderne sozusagen antirealistische *Haltung des Sowohl-als-auch bzw. Weder-noch* durchzuhalten, sind Supervisoren auf den aus der systemischen Therapie kommenden Vorschlag der *Neutralität* (siehe Simon/Stierlin 1984, S. 256) zu verweisen (vgl. Lampert 1992, S. 46). „Neutral ist eine Supervisorin dann, wenn sie sich in der Position der außenstehenden Dritten, jenseits der Trennlinien des Entweder-Oder befindet" (ebd.). Als Mittel, um neutral zu bleiben, schlägt Lampert (ebd.) die *Allparteilichkeit* vor. Ebenfalls aus der systemischen Therapie kommend, meint Allparteilichkeit eine Haltung der Berater (Supervisanden, Sozialarbeiter, Therapeuten), sich empathisch in jede Person, die an einem Problemsystem (z. B. Supervision) beteiligt ist, einzufühlen (vgl. Simon/Stierlin 1984, S. 19). Diesbezüglich erscheint es notwendig, eine Unmöglichkeit zu versuchen: *die Position und die Probleme der zu beratenen Personen mit deren Augen zu sehen* – oder anders ausgedrückt: *einmal in die Schuhe von jeder oder jedem Ratsuchenden zu steigen* (vgl. Lampert 1992, S. 46). Leichter wird es für Supervisoren sein, die kommunizierten Beiträge der Supervisanden jeweils zustimmend aufzunehmen und für diese Partei zu ergreifen.

Um als Supervisor bzw. als Supervisorin auch für ungewöhnliche, zunächst einmal abwegige Deutungen und Wirklichkeitskonstruktionen offen zu bleiben, scheinen normative Konzepte, die suggerieren, wie der Mensch richtig zu leben, zu denken oder sich zu verhalten habe, als besonders hinderlich. Wer von Prinzipienfestigkeit oder dem Motto: „Vor allem eins: Dir selbst sei treu..." ausgeht, wird als konstruktivistische(r) Beraterin bzw. Berater kaum glücklich werden (zur Kunst, sich permanent unglücklich zu machen siehe insbesondere Watzlawick 1988).

Überdies verweise ich darauf, dass eine konstruktivistisch orientierte Supervision explizit davon ausgeht, dass unsere konsensuelle Realität durch Sprache konstruierte Wirklichkeit ist. Dementsprechend sensibilisieren konstruktivistische Supervisoren für die Zirkularität bzw. für die Selbstreferenz aller psychischen oder sozialen Erscheinungen (vgl. z. B. IBS 1995, S. 4). Mal mehr und mal weniger erfolgreich versuchen sie, sich und den Supervisanden zu verdeutlichen, sozusagen immer wieder erneut einzureden, dass alle konstatierten Kausalitäten lediglich sprachliche Unterscheidungen sind, die ausschließlich offenbaren, dass ein Phänomen mit Hilfe der Differenz von Ursache und Wirkung beobachtet bzw. beschrieben wird.

Die Supervision kann also dazu verhelfen, Probleme, die nicht nur durch die kausale Beobachtung, sondern auch durch psychologische (Defizite in den Blick nehmende) Sprachschöpfungen zementiert werden, zu verflüssigen. Deshalb tauschen konstruktivistische Supervisoren pathologische Begriffe durch alltägliche Beschreibungen aus (vgl. Lampert 1992, S. 48).

▸ **Beispiel**

Wenn etwa die Supervisorin den in die Supervision eingebrachten pathologischen Begriff „Depression" durch den Begriff „Trauer" ersetzt, eröffnet eine solche Umdeutung – vorausgesetzt die Supervisanden lassen sich darauf ein – die Türen zur Steigerung der Komplexität. An Trauer können sich völlig andersartige Unterscheidungen anschließen als an Depression. Nicht eine Psychopathologie rückt in den Fokus der Beobachtungen, sondern eine normale menschliche Reaktion auf konkrete (nachvollziehbare) Erfahrungen. Das Resultat ist möglicherweise: Ein schwieriger Klient wird nicht mehr als defizitäres, veränderungsbedürftiges oder gar zu heilendes Wesen betrachtet, sondern seine Verhaltensweisen erscheinen als in seiner Situation völlig sinnvolle Äußerungen seines Befindens.

Darüber hinaus sei festgehalten, dass sich Supervisoren als Metakommunikatoren verstehen können; *zum einen* kommunizieren sie mit den Supervision suchenden Helfersystemen über deren Kommunikation mit den Klientensystemen, und *zum anderen* kommunizieren sie mit den Helfern über die kommunizierten Sichtweisen innerhalb des Kommunikationssystems Supervision. Wenn Supervisoren etwa mit den Supervisanden über deren Handlungen bezüglich des Klientensystems kommunizieren, nehmen sie die Position von Beobachtern dritter Ordnung ein: *Sie beobachten die (kommunizierten) Beobachtungen der Supervisanden, die die (kommunizierten) Beobachtungen der Klienten beobachten.* Linke (1994, S. 86) charakterisiert dieses komplexe Beobachtungsverhältnis in Bezug auf die Leistung der psychischen Systeme von Supervisoren, wenn er formuliert: „Der Supervisor [...] entwickelt eine Landkarte [Modell, Wirklichkeitskonstruktion etc; H.K.], wie der Supervisand eine Landkarte des Klienten zeichnet, der sich in seinem Terrain, sprich Leben, orientieren muß, wobei er sich auch Landkarten von den Landkarten seiner Interaktionspartner zeichnet. Es wird deutlich, der Supervisor sollte einiges von der Landkartenkonstruktion verstehen".

Dass Supervisoren bei einer derart komplexen Reflexionsaufgabe ebenfalls nicht minder häufig als ihre Supervisanden und deren Klienten unbrauchbare Wirklichkeiten konstruieren, liegt auf der Hand. Daher bieten Supervisoren für ihre Kollegen sogenannte Kontrollsupervisionen an oder sie bilden gemeinsame

Supervisionsgruppen, in denen die Supervisionstätigkeit supervidiert werden kann (vgl. z. B. Kersting 1995). Da die Kontrollsupervision im Gegensatz zur Supervision noch nicht institutionalisiert ist, kann Kontrolle eigentlich nur Selbstkontrolle von Supervisoren bedeuten, die ihre Supervisionsausübung mit Hilfe ihrer Kollegen reflektieren. Beispielsweise könnten die Kollegen den sich in der Kontrollsupervision kontrollierenden Supervisoren dabei helfen, ihre Reflexionsstrategien und Unterscheidungen, mit denen sie die Supervisanden anregen, sich brauchbarere Wirklichkeiten für die helfenden Interventionen mit den Klienten zu konstruieren, in den Blick zu nehmen, also zu reflektieren. Allerdings wird es für die Kollegen in der Kontrollsupervision nicht gerade ein Kinderspiel sein, die Position von Beobachtern vierter Ordnung einzunehmen. Es bedarf schon einigen Reflexionsaufwandes zu beobachten, wie und was Supervisoren beobachten, wenn diese die Beobachtungen professioneller Helfer (Supervisanden) beobachten, welche Klientenbeobachtungen beobachten.

Neben der bereits betonten Unterschiedlichkeit von Supervision und praktischer sozialer Hilfe, die sich besonders durch die ausdrücklich selbstreferentielle Orientierung der Supervision zeigt, sei abschließend ausdrücklich auf die Ähnlichkeit der Rollen von Supervisor und Sozialarbeiter verwiesen. Sowohl Supervisoren als auch Sozialarbeiter wissen niemals, welche Lösungen für die Ratsuchenden (Supervisanden und Klienten) die Besten sind, obwohl beide Gruppen von Beratern das Beste für die ratsuchenden Systeme wollen. So kann sich ein problembelastetes System letztlich immer nur selbst helfen. Auf den Fahnen der Supervision steht also genauso wie auf denen der sozialarbeiterischen Beratung: *Hilfe zur Selbsthilfe!* Dermaßen resümiert Kersting (1992, S. 27): „Im Feld [der Praxis; H.K.] soll der Sozialarbeiter nicht anders agieren als der Supervisor oder seine impulssetzenden Mitsupervisanden, die auf diese Weise zu Mitsupervisoren werden. Er ‚füttert' das Klientensystem nicht mit seinen Lösungen, sondern setzt Impulse oder greift Impulse aus dem Klientensystem verstärkend auf, damit die Lebenssituationen als Problem wahrgenommen und reflektiert werden können. Erst aus dieser Reflexion sind Aktionen zur Problemlösung möglich. Ziel der funktionalen Beziehung der Zusammenarbeit sind gewiß die Problemlösungen; diese haben jedoch nur Bestand, wenn die Klientensysteme die Fähigkeit zu Integration von Reflexion und Aktion, von Theorie und Praxis erworben haben."

Allerdings: Genauso wenig wie Menschen mit jeder ihrer individuell als Problem bewerteten (unbrauchbar gewordenen) Wirklichkeitskonstruktion zu Klienten der Sozialen Arbeit werden können, ist es Sozialarbeitern häufig – etwa aus institutionellen, finanziellen, zeitlichen oder anderen Gründen – nicht möglich, ihre Aktionen reflektorisch oder ihre Praktiken theoretisch mit Hilfe von Supervisoren zu integrieren. Dennoch sind psychosoziale Praktiker eigentlich permanent mit Aufgaben bezüglich der Klientensysteme beschäftigt, die es erfordern, über den Rand der eigenen Konstruktionen, hinter dem sich eine unermessliche Komplexität verbirgt, zu schauen. Wenn dies auch ausgeschlossen ist, da wir in unserer selbstkonstruierten Welt leben, aus der wir niemals ausbrechen können und die wir aufgrund des eigenen Handelns bzw. Operierens erst hervorbringen, ist es nicht abwegig, dass wir unsere Konstrukte bezüglich dieser Welt selbst verstören. Dazu möchte ich im folgenden Abschnitt einige Anregungen geben, die die Praxis der Evaluation als eine Form der *Selbstsupervision* deuten.

Evaluation

Der Begriff „Evaluation" kommt, wie auch Supervision, aus dem englisch-amerikanischen Fachwortschatz und bedeutet *Bewertung*. Speziell geht es in der Evaluation um Auswertung, Bewährungs-, Wirkungs- oder Erfolgskontrolle von Verfahren, Programmen oder Maßnahmen. Wie jeder andere Bereich auch kann die sozialarbeiterische Praxis allerdings erst evaluiert werden, wenn es Maßstäbe gibt, anhand derer etwa die Ergebnisse von sozialen Hilfen bzw. Beratungen verglichen werden können. Demzufolge stellt sich die Frage: *Wer gibt solche Maßstäbe vor?*

Da sich die Soziale Arbeit als ausdifferenziertes Funktionssystem der Gesellschaft selbstreferentiell geschlossen, d. h. autopoietisch reproduziert, kann es auch nur die Sozialarbeit/Sozialpädagogik selbst sein, die die Maßstäbe und Kriterien vorgibt, um die eigenen Ergebnisse, Maßnahmen oder Programme zu bewerten. So sei noch einmal betont, dass sich bei aller Hilfe, die Sozialarbeiter bezüglich ihrer Klienten kommunizieren, ein selbstreferentieller Zirkel schließt, der auf die Wirklichkeitskonstruktionen, d. h. Einstellungen, Problemdefinitionen oder theoretischen Prämissen der professionellen Helfer, ihrer Organisationen oder des Funktionssystems Soziale Arbeit zurückweist. Ein derartiges Prozessieren von Hilfe, das schwerlich auf „Normalisierung abweichenden Verhaltens" zielen kann, sondern ganz allgemein Nichtmehrhilfe anstrebt, hat selbst die Aufgabe, Kriterien bereitzustellen, mit denen Defizite (etwa Inklusionsprobleme) sozial thematisiert werden können.

Es kann demzufolge nicht darum gehen, sozialarbeiterische Resultate anhand von politischen, ökonomischen oder religiösen Maßstäben zu messen. Ausschließlich der eigene binäre Code von Helfen versus Nicht-Helfen des gesellschaftlichen Teilsystems Soziale Arbeit stattet dasselbe System mit Regeln aus, die es bezüglich des Beginns, der Art und Weise der Fortführung oder der Beendigung von sozialen Hilfen reflexionsfähig machen.

Aber keineswegs allein auf der gesellschaftlichen Ebene ist es ausgeschlossen, dass andere Systeme wie etwa Politik, Wirtschaft oder Religion instruktiv vorschreiben, wie geholfen oder nicht (mehr) geholfen werden soll. Auch auf der personellen Ebene können nur die betreffenden (psychischen) Systeme selbst, also die einzelnen Sozialarbeiter ihr Denken und Tun dermaßen bewerten, dass sich daraus neue, möglicherweise brauchbarere Sicht- und Handlungsweisen ergeben. Dies entspricht gleichzeitig der im letzten Abschnitt postulierten Forderung von Woltmann, dass Sozialarbeiter Verantwortung für ihre eigenen Konstruktionen übernehmen müssen, denn alle Wahrnehmungen (Beobachtungen, Beschreibungen, Verständnisse), die Sozialarbeiter hinsichtlich der sozialen Probleme der Klienten registrieren, sind untrennbar mit ihrer eigenen biologischen (neurophysiologischen) und psychischen Autopoiesis verbunden. Daher ist jede subjektive Wirklichkeit ausschließlich in Bezug auf die eigenen biologisch-psychischen Kreisläufe (selbstreferentiell) konstruierbar. Selbstverständlich bleibt dabei die Rolle der sozialen Realität nicht zu vergessen, welche ebenfalls ein selbstreferentiell erzeugtes Konstrukt darstellt, das die psychische Autopoiesis kommunikativ perturbiert und so deren Selbstorganisation als soziale Umwelt mehr oder weniger eingrenzt. Wie wir in den letzten Abschnitten sahen, wird das Phänomen der sozialen Konstruktion und Perturbation von Realität insbesondere in der sozialarbeiterischen Beratung sowie in Einzel-, Gruppen- und Teamsupervisionen genutzt.

Dennoch können wir festhalten, dass jedem psychischen System eine Wirklichkeit ausschließlich über operational geschlossene Selbstkontakte zugänglich ist. Anders formuliert, es sind systemeigene im Moment ihrer Ausführung nicht beobachtbare, also mit einem blinden Fleck operierende Beobachtungen, die systemeigene Beobachtungen beobachten, die systemeigene Beobachtungen beobachten usf. – kurz. Selbstbeobachtungen, welche psychische Realitäten konstituieren.

Aus diesem Grund erscheint es naheliegend, dass diese Realitäten auch nur über den Selbstbezug verändert werden können. Wenn also die Wirklichkeitskonstruktionen, d. h. Deutungen, Theorien etc., mit denen Sozialarbeiter die Klienten zu erkennen pflegen, praktisch unbrauchbar geworden sind, dann können ausschließlich die Helfer selbst neue und brauchbarere Konstruktionen erzeugen. Erst durch bewusste und zielgerichtete Reflexionen in der Praxis ist es den einzelnen Helfern möglich, jene blinden Flecken in den Blick zu nehmen, welche möglicherweise eine soziale Hilfe problematisch werden ließen, und aus diesen zu lernen. Dass dabei wiederum neue blinde Flecken entstehen, ist Bedingung der Möglichkeit für die Konstruktion von anderen Wirklichkeiten, welche für die konkrete Arbeit mit den Klientensystemen bestenfalls weniger problematisch sind. Eine Methode um dies anzuregen war die im letzten Abschnitt beschriebene Kommunikation in Supervisionsprozessen, eine andere ist die *Selbstevaluation*, welche ich mit Bezug auf Matthias Kroeger (vgl. Pfeifer-Schaupp 1995, S. 230) auch als *Selbstsupervision* bezeichnen möchte.

Nach Hiltrud von Spiegel (1994, S. 18) geht es in der Selbstevaluation um die „systematische Nach-, Denk- und Bewertungs-Hilfe", die dazu dienen soll, „Handlungen zu reflektieren, zu kontrollieren und die Kompetenz der Fachkräfte zu verbessern". Die Selbstevaluation ist wie die Supervision explizit selbstreflexiv konzipiert, so dass sich auch bei diesem Verfahren die professionellen Helfer selbst beobachten können, „um fachlich begründetes, situationsentsprechendes und persönlichkeitsadäquates Handeln" (ebd.) zu erlernen, um „Notwendigkeiten zur Veränderung [zu] erkennen und ein[zu]leiten" (ebd.) und um „die eigenen Arbeitsprozesse zu bewerten" (ebd.).

Dermaßen soll Evaluation in sozialen Organisationen nicht primär heißen, dass die Organisationsleitung die Handlungen der Helfer kontrolliert und bewertet (vgl. Pfeifer-Schaupp 1995, S. 228): Ob eine konkrete soziale Hilfe effizient und effektiv ist, ob die vereinbarten Ziele erreicht werden oder ob die Arbeit methodisch sinnvoll ist, können letztlich nur die betreffenden Helfer anhand ihrer eigenen Konstrukte und im kommunikativen Verbund mit den Klienten einschätzen. Gemäß Hans-Ulrich Pfeifer-Schaupp (ebd.), sollten deshalb die Mitarbeiter von sozialen Organisationen selbst damit beginnen, ihr eigenes Vorgehen gezielt zu reflektieren, zu bewerten und sich selber zu kontrollieren durch Fragen wie: *Was tue ich eigentlich? Wie gehe ich mit meiner Zeit um? Bin ich erfolgreich, d. h. erreiche ich die Ziele, die ich mir selber gesteckt habe?*

In dieser Hinsicht ist von professionellen Helfern gefordert, die Position von Beobachtern zweiter Ordnung einzunehmen, d. h. sich selbst zu beobachten, wie sie als Sozialarbeiter Klienten beobachten (vgl. auch Pfeifer-Schaupp 1994, S. 201; 1995, S. 234). Dementsprechend sind die Helfer angehalten, aus der Not, dass es unmöglich ist, unabhängig vom eigenen selbstreferentiellen Operieren als Beobachter Erkenntnisse aus einer objektiven Wirklichkeit abzuleiten, eine Tugend zu machen: *die Tugend der verantwortungsbewussten Selbstbeobachtung.* So ist ein konstruktivistischer Ansatz von Selbstevaluation oder -supervision dadurch gekennzeichnet, dass die Selbstreferenz nicht relativiert oder (was eigentlich unmöglich ist, aber in einigen empirischen Verfahren postuliert wird) ausgeschaltet werden soll. Daher will ich im folgenden einige Möglichkeiten veranschaulichen, wie die „Beobachtung der eigenen Befindlichkeit, der eigenen subjektiven Wahrnehmungen und Reaktionen zum zentralen Ausgangspunkt weiterer Reflexionsprozesse" (Heiner 1994, S. 8) gemacht werden kann.

Konstruktivistische Selbstevaluation

Zur Konzipierung eines konstruktivistischen Ansatzes von Selbstevaluation oder -supervision können wir uns insbesondere an Arbeiten von Pfeifer-Schaupp

(1994; 1995, S. 230ff.) anlehnen, welche veranschaulichen, wie die „Erforschung der eigenen subjektiven, emotionalen und kognitiven Deutungs- und Verhaltensmuster und das Experimentieren mit alternativen Verhaltensweisen [...] zum Ansatzpunkt für die Überprüfung fachlichen Handelns“ (Heiner 1994, S. 8) werden kann.

Pfeifer-Schaupp (1994; 1995) stellt einen *Evaluationsbogen* mit Fragen, Ideen und Anregungen zur Bilanzierung von Beratungen vor, der sich dazu nutzen lässt, „eine Außenperspektive zu institutionalisieren und damit sozusagen eine ständig verfügbare ‚Selbstsupervision' zu ermöglichen“ (Pfeifer-Schaupp 1995, S. 230). In diesem Sinne sollte die Selbstevaluation regelmäßig durchgeführt werden, um die bisherigen Beratungsbeziehungen zu bilanzieren und um zu reflektieren, wie es in Zukunft weitergehen soll. Außerdem kann die Beantwortung der folgenden Fragen besonders im Falle von eigener aktueller Betroffenheit, die sich etwa in einem dringenden Supervisionsbedürfnis äußert (ebd., S. 237), zur Initiierung neuer Sichtweisen, Deutungsmuster oder Ideen sehr hilfreich sein. So können also professionelle Helfer besonders dann von der Selbstevaluation profitieren, wenn ihnen ihre eigenen Beratungs-Wirklichkeiten kognitiv oder emotional als problematisch erscheinen und eine Einzel-, Gruppen- oder Teamsupervision aus unterschiedlichen (zeitlichen, sachlichen oder finanziellen) Gründen nicht auf der Tagesordnung steht.

Im einzelnen gliedert Pfeifer-Schaupp (1995, S. 231) seinen Evaluationsbogen in neun verschiedene Punkte, in denen Fragestellungen zusammengefasst sind, welche ich in leichter Abwandlung vorstelle und im Anschluss erläutere:

- *Erstens:* Welche Aufträge und Problemdefinitionen gibt es: (a) vom Klientensystem? (b) von anderen Auftraggebern (Angehörigen, Institutionen usw.)? Wie definiere ich selbst meinen Auftrag bzw. das soziale Problem? Welche Aufträge nehme ich an, welche definiere ich wie um?
- *Zweitens:* Welche anderen HelferInnen (Personen/Institutionen) beschäftigen sich außer mir noch mit dem Klientensystem? Was müßte ich tun, damit diese unzufrieden mit mir werden und damit es Probleme in der Zusammenarbeit gibt?
- *Drittens:* Welche Muster beobachte ich im Klientensystem? Welche Hypothesen habe ich bezüglich des symptomatischen Verhaltens?
- Viertens: Wie ist das zwischen mir und dem Klientensystem bestehende Muster zu beschreiben? Wozu werde ich eingeladen? Wozu möchte ich selber einladen?
- *Fünftens:* Was hat die Beratung bisher an Veränderungen angeregt? Sehe ich einen Unterschied zum Anfang? Angenommen, ich hätte nicht beraten, was wäre dann anders?

- *Sechstens:* Welche Ziele und Perspektiven habe ich? Woran würde ich merken, daß die Beratung erfolgreich war: (a) in einem Jahr? (b) in fünf Jahren?
- *Siebtens:* Was könnte ich tun, daß die Beratung scheitert oder das Klientensystem die Beratung abbricht?
- *Achtens:* Angenommen, es findet keine Veränderung statt, was ist dann in fünf Jahren? Was ist das Schlimmste, was passieren könnte? Was kann ich dazu beitragen, daß es eintritt?
- *Neuntens:* Welche Konsequenzen ziehe ich aus dieser Bilanz? Möchte ich zukünftig etwas anders machen? Was habe ich gelernt? Was würde ich anders machen, wenn ich nochmal von vorn anfangen könnte? Was hat funktioniert? Was soll auf jeden Fall so bleiben?

Im *Punkt 1* des Evaluationsbogens geht es um die Klärung der Auftragslage, d. h. um die Konkretisierung der Problemdefinition, die Ausgangspunkt für eine soziale Hilfe ist. Besonders nach den ersten Gesprächen mit den Klienten sind diese Fragen sehr hilfreich, um noch einmal auf den Punkt zu bringen, worum es eigentlich geht.

Der *Punkt 2* erlaubt eine „Analyse der institutionellen Verstrickungen" (Pfeifer-Schaupp 1995, S. 233). Die erste Frage gibt insbesondere Anregungen, um die konkreten Zuständigkeiten mit anderen Helfersystemen etwa in Form von HelferInnenkonferenzen abzusprechen, in denen vor allem die möglicherweise verschiedenartigen Deutungen oder Problemdefinitionen ausgetauscht und vereinheitlicht werden können. Die zweite Frage bietet eine Möglichkeit, um die Erwartungen von anderen Helfern bezüglich der Beratung abzuschätzen, welche aus der Sicht der reflektierenden Helfer an sie gerichtet werden.

Die *Punkte 3* und *4* erlauben eine Reflexion über Hypothesen der Helfer bezüglich des Klientensystems und seinen Problemen. Dabei sollten die reflektierenden Sozialarbeiter meines Erachtens besonders auf die theoretischen Konstrukte achten, die ihrem Denken und Handeln zugrunde liegen. Wie ich in den Kapiteln dieses Buches bereits mehrfach betont habe, macht es einen großen Unterschied bezüglich der Herangehensweise an psychosoziale Problemlagen, ob diese etwa durch eine psychoanalytische oder durch eine systemische Lupe beobachtet werden. Wenn wir also im konstruktivistischen Sinne davon ausgehen, dass die Muster, welche wir im Klientensystem beobachten, durch unser Operieren (Handeln) als Beobachter mit hervorgebracht werden, dann wäre z. B. die Frage interessant: *Welche Muster können im Klientensystem beobachtet und damit sozusagen (für mich als Beobachter) wirklich werden, die als Ausnahmen von problematischen Verhaltensweisen gelten könnten und an denen eine lösungs- und ressourcenorientierte Beratung anschließen kann?* Außerdem sensibilisiert dieser Punkt für mögliche „Lösungs"-Muster des Helfersystems, die im Sinne von Watzlawick u.a. (1974) selbst zum Problem geworden sind bzw. die Probleme des Klientensystems verstärken.

Mit Hilfe der Fragen von *Punkt 5* können wir den Anfang der Hilfe mit dem momentanen Stand der Problembearbeitung vergleichen. Und obwohl „Veränderungen [...] vielfach nicht beobachtbar [sind], weil sie [sich] in so kleinen Schritten – prozeßhaft" (Pfeifer-Schaupp 1995, S. 235) vollziehen, ist es ratsam, die Selbstevaluation wie „das Zentimetermaß an der Zimmertür [zu begreifen], anhand dessen das Wachstum kleiner Kinder deutlich wird, obwohl sie doch gar nicht zu wachsen scheinen" (ebd.).

Im *Punkt 6* geht es nicht so sehr um kontrollierbare Planvorgaben für die zukünftige soziale Hilfe. Vielmehr sollen die Fragen zu Konkretisierungen bezüglich unproblematischen Verhaltens von Klientensystemen anregen. *Wann* und *wo* müsste sich das Klientensystem *wie* verhalten, damit ich als Helfer die Beratung als erfolgreich ansehe? und damit die andere Seite der Differenz, welche erst die soziale Hilfe ermöglicht, aktiviere: die Nicht-Hilfe.

Mit der Frage im *Punkt 7* „wird gewissermaßen ein rotes Warn-Lämpchen installiert" (Pfeifer-Schaupp 1995, S. 235), welches dann blinken soll, wenn die Helfer gerade das tun, von dem sie mit ziemlicher Sicherheit annehmen, dass sie das Klientensystem nicht hilfreich verstören, sondern es sozusagen verschrecken oder schlimmstenfalls seine Autopoiesis gefährden. Es geht hier also darum, dass die Helfer reflektieren, was sie konkret tun könnten oder müssten, um einen aus ihrer Sicht für das Klientensystem wenig hilfreichen Abbruch der Hilfe zu provozieren.

Die Fragen im *Punkt 8* regen dazu an, dem Schlimmsten, was passieren könnte, in die Augen zu sehen und nicht dem lähmenden Gefühl drohenden Unheils ausgeliefert zu sein; dazu Pfeifer-Schaupp (ebd., S. 236): „Dies schafft überraschender Weise häufig Erleichterung. Die Übertreibung bei der Extrapolation von Trends in die Zukunft läßt mich die Gegenwart klarer sehen".

Der größte Nutzen der Selbstevaluation liegt im *Punkt 9*: Die Helfer müssen nicht so weiterarbeiten wie bisher, sondern bekommen neue Ideen für ihre Praxis, in der sie möglicherweise anderes sehen, weil sie anders, d. h. mit anderen Unterscheidungen sehen. In dieser Hinsicht nutzt die konstruktivistische Selbstevaluation die Komplexität der Wirklichkeit, d. h., es werden Kontingenzen sichtbar, die es ermöglichen, dass die reflektierenden Sozialarbeiter mögliche und praktisch-umsetzbare Unterschiede registrieren, die hinsichtlich ihres bisherigen Denkens und Handelns Unterschiede machen. Es entstehen also neue Beratungs-Wirklichkeiten. Selbstverständlich können die Resultate der Selbstevaluation auch darauf aufmerksam machen, was in den Beratungs- und Hilfeprozessen besonders gut funktioniert oder welche Interventionen sich als hilfreich und sinnvoll erweisen etc. (vgl. Pfeifer-Schaupp 1995, S. 233).

Festzuhalten bleibt vor allem, dass die Fragen der neun Punkte eine *Informationsgewinnung, also eine Erzeugung von Unterschieden, die Unterschiede machen* (Bateson) anregen. In dieser Hinsicht haben wir es mit *zirkulären Fragen* zu tun, die dazu dienen, neue oder bisher ungewohnte sowie verlorengegangene Sichtweisen und Perspektiven zu verdeutlichen. Zirkuläre Fragen sind ein Instrumentarium aus der systemischen Therapie und zielen darauf ab, Veränderungen von sozialen und psychischen Wirklichkeiten zu initiieren (vgl. Simon/ Stierlin 1984, S. 391f.).

Im Zusammenhang mit einer systemisch-konstruktivistischen Selbstevaluation können wir mit Pfeifer-Schaupp (1994, S. 196) zirkuläre Fragen folgendermaßen verstehen: „Sie fragen nicht [bzw. nur selten; H.K.] nach Ist-Zuständen oder Ergebnissen, denn das wirkt erfahrungsgemäß weniger verändernd und impulsgebend, sondern sie machen vielmehr den Frager selbst zum Akteur, indem sie vor allem nach den eigenen Anteilen der BeraterInnen an Interaktionsmustern fragen. Und diese Fragen lenken den Blick eher auf rekursive – d.h. auf sich selbst zurückwirkende [selbstreferentielle; H.K.] – Muster und weniger auf lineare Ursache-Wirkungs-Beziehungen".

Dermaßen geht es in der zirkulären Selbstevaluation (Pfeifer-Schaupp 1994; 1995, S. 226ff.) nicht in erster Linie um die Konstatierung von Ursachen in der Vergangenheit, von Erfolgen und Wirkungen von sozialen Hilfen oder um die Rechtfertigung der eigenen Handlungen im Sinne eines inneren Schulterklopfens (vgl. Pfeifer-Schaupp 1995, S. 230). Vielmehr dient der Evaluationsbogen als „ein brauchbares Instrument für eine begründungs- und prozeßorientierte Selbstevaluation (Heiner 1988; 1992), die vor allem darauf abzielt, eigene Deutungs- und Bewertungsmuster bewußt zu machen und aus unstrukturierten Problemen besser strukturierte zu machen, d.h. Interventionsziele zu entwickeln bzw. sie zu präzisieren, Ziele zu verändern bzw. fachlich begründet auf Interventionen zu verzichten" (ebd., S. 232). Außerdem bieten die neun Punkte des Evaluationsbogens eine Möglichkeit zum Vergleich der eigenen Verhaltensweisen der Helfer über eine längere Zeitspanne hinweg (vgl. ebd., S. 233). Indem sich die Sozialarbeiter die gleichen Fragen immer wieder stellen, können sie ihre helfenden Vorgehensweisen gezielter und leichter reflektieren und deren theoretische Ausgangspunkte kritisieren und verändern. Darüber hinaus können die zirkulären Fragen während der Selbstevaluation als eine Vorbereitungshilfe für Fallbesprechungen in Teamsitzungen oder Superversionen sehr nützlich sein.

Zusammenfassung und Ausblick

In den Abschnitten des vierten Kapitels haben wir einige wesentliche Aspekte betrachtet, die sich für eine konstruktivistisch gewendete sozialarbeiterische Praxis ergeben. So geht die konsequente Anwendung des Autopoiesis-Konzepts in der Sozialen Arbeit mit der Absage des Glaubens einher, dass die Resultate intervenierender Kommunikationen von den Intervenierenden gezielt planbar seien und das Verhalten von intervenierten Systemen determinieren könnten. Mit der Erkenntnis der kognitiven Autonomie jedes lebenden, psychischen oder sozialen Systems wird Sozialarbeitern die Basis für die Herausbildung einer Selbstüberschätzung genommen, welche sich durch die Annahme ausdrücken könnte, dass die professionellen Helfer am besten wüssten, welche Verhaltens- oder Denkweisen, Werte oder Lebensstile etc. für die Klientensysteme geeignet seien. Der Logik der Selbstreferenz zufolge kann jedes personale oder soziale System nur allein wissen, was für es am brauchbarsten ist.

In dieser Hinsicht ist den Klienten im Hilfeprozess *Eigenverantwortung* zuzubilligen. Erst eine von diesem (konstruktivistischen) Grundpostulat ausgehende soziale Hilfe wird ihrer Aufgabe gerecht, die Selbstorganisationspotentiale der Klientensysteme anzuregen. So ist es einer konstruktivistisch verstandenen Sozialen Arbeit verunmöglicht, Klienten mit instruktiven Interventionen verändern zu wollen. Vielmehr determinieren die Kommunikationen von Hilfe allein die Fortführung der Autopoiesis des Funktionssystems Soziale Arbeit und können Klientensysteme maximal bezüglich ihrer problemkonstituierenden Wirklichkeitskonstruktionen verstören. Bei dieser Verstörung könnten die vier Schritte der helfenden Kommunikation (Probleme, Modelle, Ziele und Handlungen) hilfreich sein. Aber letztlich können sich nur die Klienten selbst für die Lösung ihrer Probleme passende Wirklichkeiten konstruieren. Soziale Arbeit hat die Verantwortung die Kontexte, die Umwelt bzw. die *Ökologie dieser Veränderung* zu gestalten.

Für den professionellen Umgang mit einer derartigen Einsicht sind Sozialarbeiter auf selbstreflexive Verfahren wie Supervision und Selbstevaluation angewiesen, welche die Helfer immer wieder mit der Selbstreferenz und Kontingenz unserer Wirklichkeiten konfrontieren. Weiterhin erscheinen selbstreflexive Verfahren deshalb als ausgesprochen wichtig, weil die selbstreferentielle Konstitution von Wirklichkeit bedingt, dass in der konkreten Hilfe unbrauchbar gewordene Wirklichkeitskonstruktionen der Sozialarbeiter nur von diesen selbst verändert werden können. Darüber hinaus entsprechen Supervision und Selbstevaluation dem konstruktivistischen Postulat, dass Sozialarbeiter in eigener Verantwortung ihr Denken und Handeln derart selbst-beobachten, -bewerten,

-kontrollieren und -verändern, dass sie passende theoretische und kommunikative Methoden zur Perturbation von Klientensystemen entwickeln.

Schließlich bleibt festzuhalten, dass aufgrund der Kontingenz von Wirklichkeitskonstruktionen die problemlösenden kognitiven Modelle der Klientensysteme völlig verschiedenartig von denjenigen der Helfersysteme sein können. Daher ist von Sozialarbeitern Toleranz und Vertrauen gefordert – *Toleranz gegenüber der Vielzahl von Möglichkeiten, individuell und sozial passende Lebensstile zu konstruieren*, und *Vertrauen in das Potential der Klienten, während der helfenden Perturbationen selbstorganisiert einen Weg zur eigenverantwortlichen Lösung ihrer Probleme zu finden*. In diesem Sinne schließe ich dieses Kapitel mit einem Zitat von Niklas Luhmann (1987, S. 29), das noch einmal auf den Punkt bringt, wofür der Konstruktivismus nicht nur Sozialarbeiter oder Supervisoren sensibilisieren kann: „Zu wissen, wo es lang geht, zu wissen, was der Fall ist, und damit die Ansicht verbinden, man habe einen Zugang zur Realität und andere müßten dann folgen oder zuhören oder Autorität akzeptieren, das ist eine veraltete Mentalität, die in unserer Gesellschaft einfach nicht mehr adäquat ist.“

Epilog

Systemtheoretischer Konstruktivismus als konzeptionelle Basis einer Praxistheorie Sozialer Arbeit – ein Ausblick

> *Systemtheorie [...] sagt nicht, wie man es besser machen kann, aber sie erklärt, warum es nicht gegangen ist. Im Zeitalter der Grenzen des Wachstums und des Wachstums der Grenzen ist das nicht gerade wenig.*
>
> Alfred Treml (1994, S. 155)

Ich habe mit den Ausführungen dieser Arbeit versucht, konstruktivistisches Denken für die Reflexion theoretischer und praktischer Problemstellungen Sozialer Arbeit nutzbringend anzuwenden. Dabei bin ich von Funktionsproblemen Sozialer Arbeit ausgegangen, die in postmodernen Verhältnissen professionelle Helfer und ihre Organisationen mit den Phänomenen der Selbstreferenz und Kontingenz unmittelbar konfrontieren. Es ist deutlich geworden, dass eine konstruktivistische Reflexion der Sozialen Arbeit nicht nur den praktischen Umgang mit den Klienten tangiert, sondern gleichfalls den Umgang der Sozialarbeit/Sozialpädagogik mit sich selbst. So konnten etwa im letzten Kapitel die sozialarbeiterischen Handlungsmöglichkeiten bezüglich der professionellen Selbstbeobachtung konstruktivistisch erklärt werden. Darüber hinaus möchte ich am Schluss dieses Buches einige Eckpfeiler veranschaulichen, die aus meiner Sicht eine Praxistheorie Sozialer Arbeit systemtheoretisch-konstruktivistischen Zuschnitts stützen könnten (siehe zu Ausarbeitungen einer solchen Theorie bereits Kleve 1999/2003; 2000; 2007; Wirth 2005).

Die Notwendigkeit einer theoretischen Fundierung Sozialer Arbeit ergibt sich nicht zuletzt aus dem anwachsenden Professionalisierungs- und Legitimationsdruck der sozialen Organisationen, die in einer Zeit finanzpolitischer Sackgassen die Effektivität und Effizienz ihrer Programme besonders detailliert nachweisen müssen (vgl. etwa Puch 1994). Daher kommt meines Erachtens die professionelle Soziale Arbeit nicht umhin, ihren Gegenstandsbereich, nämlich das gesellschaftlich, organisatorisch und interaktionell bzw. personell zu bearbeitende soziale Problem, theoretisch in den Blick zu nehmen. So gehe ich von der These aus, dass nur eine wissenschaftlich begründete Soziale Arbeit, die moderne interdisziplinäre Entwicklungen aufgreift, deren Theorien aber keineswegs auf Soziologie, Psychologie oder Pädagogik reduzierbar wären, die Professionalität der praktischen sozialen Hilfe kenntlich machen kann. Diesbezüglich veranschaulichen die folgenden Zeilen lediglich einen sehr groben Rahmen, der in einer postmodernen Praxistheorie Sozialer Arbeit auszubauen, anzureichern und zu verfeinern wäre (siehe dazu noch einmal etwa Kleve 1999/2003).

Ausgehend von der Konstatierung einer selbstreferentiellen Organisation aller psychischen und sozialen Systeme erscheint die moderne Gesellschaft als funktional ausdifferenziertes und individuell pluralisiertes Sozialsystem, in dem die zu Beginn dieser Arbeit beschriebene Vielzahl von Lebensstilen, lebensweltlichen Orientierungen oder Wertvorstellungen beobachtet werden kann. Eine derartige gesellschaftliche Realität erzwingt „einen Verzicht auf Autorität [...] als Mittel des Oktroyierens einzigrichtiger, vernünftiger Beschreibungen" (Luhmann 1990b, S. 11).

Daher hätte eine Praxistheorie der Sozialen Arbeit einerseits darauf hinzuweisen, dass nur die Unterscheidungen der Klienten bestimmen können, welche Interventionen für sie sinnvoll sind und dass andererseits nur die Sozialarbeiter entscheiden können, welche intervenierenden Perturbationen ihnen zur Störung des Problemsystems am günstigsten erscheinen. Die damit einhergehende Verantwortung, die Sozialarbeiter und Klienten im Prozess der Hilfe jeweils tragen, ergibt sich aus dem Modell der Strukturdeterminiertheit autopoietischer Systeme.

Der Strukturdeterminismus legt gleichfalls nahe, „den pädagogischen Optimismus zu begrenzen" (Hollstein-Brinkmann 1993, S. 147), denn die von Sozialpädagogen erwarteten und angestrebten Resultate sind Konstrukte ihrer Selbstreferenz und nicht Kriterien, an denen sich die intervenierten Systeme gezielt ausrichten könnten. In dieser Hinsicht lassen sich bezüglich der Kommunikation von sozialer Hilfe die gleichen Bedingungen reflektieren, wie sie Niklas Luhmann (1984, S. 330f.) für die Pädagogik konstatiert: Helfende Interventionen verstören und können die Konstruktion von brauchbaren Wirklichkeiten zur Problemlösung anregen, „aber nicht unbedingt so, wie [vom Hilfesystem; H.K.] intendiert" (ebd., S. 330). Vielmehr gewinnt das Klientensystem bei der Kommunikation von Hilfe immer auch „die Freiheit, auf Distanz zu gehen oder gar die ‚andere Möglichkeit' zu suchen und zu finden". (ebd.). Da alle Zieldefinitionen während der Hilfe als „Konkretisierungen [...] mit Differenzen [aufgeladen sind,..] zeichnen [sie] etwa Erfolgslinien vor und begründen damit die Möglichkeit von Misserfolgen" (ebd.). Darüber hinaus wird mit allen Konkretisierungen wahrscheinlicher, dass Sozialarbeiter und Klient „verschiedene Differenzschemata, verschiedene Attributionen, verschiedene Vorzugseinstellungen innerhalb von Differenzschemata zu Grunde legen" (ebd., S. 331).

Weiterhin erzwingt die selbstreferentielle Konstitution von psychischen und sozialen Wirklichkeiten „den Verzicht auf traditionelle Semantiken und die Entwicklung neuer Beschreibungsformen“ (Luhmann 1990b, S. 11). Ein Beispiel für einen derartigen Verzicht auf eine traditionelle Orientierung wäre die im ersten Kapitel modifizierte Funktionsbestimmung Sozialer Arbeit. Nach einem konstruktivistisch-systemtheoretischen Verständnis erweist sich eine Soziale Arbeit, die von einem Selbstverständnis ausgeht, das Normalisierung von Abweichungen postuliert, in einer postmodernen sozialen Komplexität als eher erfolgloses Unterfangen. Passend erscheint vielmehr eine Ausrichtung, die Soziale Arbeit als gesamtgesellschaftliches Funktionssystem reflektiert, das anhand des eigenen semantischen Codes von Helfen versus Nicht-Helfen die vielfältigen Inklusionsprobleme von Personen in die Gesellschaft thematisiert.

Überdies lässt sich aus der konstruktivistischen Perspektive eine auch in diesem Buch aufgegriffene Tradition kritisieren, nämlich die Bezeichnung von hilfesuchenden Personen als „Klienten“. Zumindest diejenigen, welche die Bedeutung des lateinischen Wortstammes von „Klient“ kennen, würden möglicherweise darüber nachdenken, ob sich brauchbarere Alternativen zu diesem Begriff konstruieren lassen, denn das lateinische *cluens* bzw. *cliens* heißt „der Hörige“ oder „der Abhängige“ bzw. „der Schutzbefohlene“. Derartige Bedeutungen suggerieren nun gewiss nicht die aus der Autopoiesis ableitbare ethische Forderung nach Eigenverantwortung einer jeden Person. Außerdem hat Hörigkeit oder Abhängigkeit nichts mit einer selbstorganisierten Fähigkeit eines jeden Klientensystems gemein, die notwendigen Veränderungen zur Problemlösung selbst spezifizieren und vornehmen zu müssen und dies auch zu können.

Obwohl wahrscheinlich nicht nur mich das Wort „Klient“ eher an eine Person erinnert, die zielgerichtet und selbstbestimmt Beratung in Anspruch nimmt, wäre wohl zukünftig zu überlegen, ob hilfesuchende Bürger nicht mit einem Begriff angemessener bezeichnet werden könnten, der auch bei näherer Betrachtung seine Brauchbarkeit bewahrt.

Durch die Erkenntnis der kognitiven Autonomie des Individuums, die sich aus der operationalen Geschlossenheit psychischer und sozialer Systeme ergibt, erscheinen insbesondere sozialwissenschaftliche Positionen als fragwürdig, die sich normativ auf „den Menschen“ (im Singular!) beziehen und daraus allgemeingültige und intersubjektive Folgerungen ableiten. Schließlich gibt es mittlerweile über fünf Milliarden Menschen – oder präziser formuliert: Frauen und Männer, so dass „die Theorie anzugeben [hätte], wer denn gemeint ist“ (ebd., S. 234).

Da die in dieser Arbeit referierte konstruktivistische Sozialtheorie selbstreferentieller Systeme Kommunikation als konstitutives Element von sozialen Systemen modelliert, entgehen ihre Aussagen bezüglich des Sozialen der reduktionistischen Zurechnung auf „den Menschen“. Vielmehr erscheinen die sozialen Systeme, deren kommunikativer Gesamtzusammenhang die Gesellschaft formt, selbst als durch Kommunikation beobachtende Akteure. In dieser Hinsicht bricht der systemtheoretische Konstruktivismus mit der alteuropäischen humanistischen Tradition, „wenn unter Humanismus eine Semantik verstanden wird, die alles, auch die Gesellschaft, auf die Einheit und Perfektion des Menschen bezieht“ (Luhmann 1992, S. 131). Dagegen legt die konstruktivistische Konzeption der Selbstreferenz, wie Luhmann (1990b, S. 53 bzw. 1992, S. 131) provozierend und pointiert formuliert, eine „posthumanistische“ bzw. „antihumanistisch[e]“ Theorie nahe, die, weil sie zwischen strukturell gekoppelten – also nicht wechselseitig sich kausal determinierenden – biologischen, psychischen und sozialen Systemreferenzen differenziert, „im Unterschied zur humanistischen Tradition, das Individuum ernst nimmt“ (ebd.). Dies soll im folgenden knapp spezifiziert werden.

Erst eine Theorie, die wie der systemtheoretisch fundierte Konstruktivismus zwischen zwar gekoppelten, aber dennoch kognitiv (operational) autonomen Bewusstseins- und Kommunikationssystemen unterscheidet, kann die Differenz und Kontingenz der sich sowohl individuell-psychisch als auch gesellschaftlich-sozial repräsentierenden Realitäten verständlich machen. So ist das Verständnis der selbstreferentiellen Konstitution von Wirklichkeit durch die psychischen Prozesse von Individuen insbesondere deshalb möglich, weil der Konstruktivismus nicht nur den humanistischen Reduktionismus verabschiedet, sondern gleichfalls einen sozialen Reduktionismus für obsolet erklärt. Im Gegensatz etwa zum dialektischen und historischen Materialismus betrachtet die konstruktivistische Epistemologie die Wirklichkeit des Bewusstseins nicht als determiniert durch die gesellschaftlichen (Kommunikations-)Prozesse. Deshalb lässt sich vom konstruktivistischen Standpunkt aus die auch von Sozialarbeitern nicht selten geäußerte These von Karl Marx (orig. 1859; 1987, S. 503), dass „gesellschaftliches Sein [...] das [...] Bewußtsein bestimmt“, nicht mehr halten. Da Kommunikationen zur Umwelt der psychischen Systeme gehören (und umgekehrt), können kommunikative Ereignisse die individuelle Konstruktion von Wirklichkeit über Sozialisationsprozesse zwar eingrenzen, aber niemals kausal festschreiben, wie ein Individuum sich seine Wirklichkeit zu konstruieren hat. Allein die Autopoiesis der Psyche spezifiziert die Entwicklung einer konkreten individuellen Realität.

Praktisch gewendet bedeutet das Aufgeben der marxistischen Position, dass Helfer ihre Verantwortung für die kommunikative Gestaltung des Hilfeprozesses nicht mehr mit dem Argument schmälern können, dass Klientensysteme bei derart schlechten gesellschaftlichen, familiären oder finanziellen Bedingungen ja gar nicht anders könnten als die thematisierten Probleme zu entwickeln. Vielmehr stellt die These der autopoietischen Strukturkopplung von sozialen und psychischen Phänomenen die Komplexität und Unvorhersagbarkeit der menschlichen Existenz in den Mittelpunkt. Insofern bleibt helfenden Sozialarbeitern auch bei Bedingungen, die zu schlimmsten Befürchtungen Anlass geben, gar nichts anderes übrig, als auf die Selbstorganisationspotentiale der Klienten zu setzen und daran zu glauben, dass schon im nächsten Moment auch andere, günstigere Entwicklungen einsetzen könnten.

Schließlich verweise ich darauf, dass der Konstruktivismus mit der Betonung von Phänomenen wie Nichttrivialität, Kontingenz oder Komplexität, die auch biologisch oder (atom-)physikalisch, also naturwissenschaftlich begründet sind, das Potential zur Verfügung stellt, den Wissenschaftsstatus einer Praxistheorie Sozialer Arbeit zu untermauern. Auch speziell durch die Etablierung eines eigenständigen Funktionssystems Soziale Arbeit wird die Entwicklung einer sich nicht nur als modifizierte Soziologie oder Psychologie verstehenden Sozialarbeitswissenschaft dringend notwendig.

Die „Ganzheitlichkeit" sozialarbeiterischen Handelns erfordert theoretische Instrumente bezüglich der Helfer- als auch Klientensysteme, welche die sozialen bzw. gesellschaftlichen Phänomenbereiche genauso reflektieren können wie die individuell-personalen Ebenen. Deshalb müsste „eine Handlungstheorie Sozialer Arbeit, die [...] zugleich als Praxistheorie zu begreifen ist, also Interpretationen konkreter Handlungszusammenhänge und daraus abgeleitete Folgerungen für berufliches Handeln einschließt, [...] systemische Elemente zum Verständnis der funktionalen und strukturellen Dimensionen mit verstehenden Ansätzen des subjektiv Gemeinten und Gewollten [...] verbinden", wie ich Heino Hollstein-Brinkmann (1993, S. 193) zustimmen würde. Meiner Ansicht nach wird der Konstruktivismus, den ich in diesem Buch an personellen, organisatorischen und gesellschaftlichen Fragestellungen bezüglich sozialarbeiterischer Praxis exemplifiziert habe, diesem Theoriepostulat gerecht.

Außerdem scheint eine kontingente und komplexe Entwicklungen ernst nehmende konstruktivistische Reflexion Sozialer Arbeit einem veränderten Wissenschaftsanspruch, der mit der Etablierung „ganzheitlich-ökologischer" Paradigmen einhergeht (vgl. Capra 1991; 1992), am ehesten gerecht zu werden. Insbesondere durch den in diesem Jahrhundert forcierten Paradigmenwechsel in den Naturwissenschaften offenbarte sich für viele Wissenschaftler, was soziale Praktiker eigentlich schon immer wissen konnten: *Je komplexer die zu untersuchenden Prozesse werden, desto weniger lassen sich diese durch eine einseitige reduktionistisch-analytische und kausale Untersuchung der einzelnen Prozesselemente ohne Berücksichtigung ihrer wechselseitigen Interaktionen und Rückkopplungen (Selbstreferenzen) verstehen und erklären.* Daher kann Helmut Willke (1993, S. 4) konstatieren, dass „entgegen den Erwartungen positivistischer Soziologen und Erkenntnistheoretiker" besonders in der Gegenwart deutlich wird, dass „sich [...] nicht die Sozialwissenschaften den Naturwissenschaften an[nähern]". Vielmehr stellt Willke (ebd.) eine „ermutigende Entwicklung" fest, die dahin geht, dass auch vermehrt NaturwissenschaftlerInnen (z. B. Biologen oder Atomphysiker) genauso wie Soziologen, Psychologen, Psychiater oder Sozialpädagogen mit nicht-trivialen Prozessen zu tun haben (vgl. auch ebd., S. 223f.).

Seit dem experimentellen Vordringen in die kleinsten Zusammenhänge der Materie glauben beispielsweise auch die Physiker nicht mehr daran, objektive Kausalitäten feststellen zu können (vgl. Capra 1991, S. 77ff.). Auch diese „harten" Wissenschaftler können bezüglich hochkomplexer subatomarer Vorgänge „niemals voraussagen, wann und wie [sich] ein [...] Phänomen [...] ereignen wird" (ebd., S. 89f.). Sie können bestenfalls „seine Wahrscheinlichkeit voraussagen" (ebd., S. 90). Die Art und Weise, wie moderne Biologen die Nichttrivialität des Lebens reflektieren, nämlich mit dem Konzept lebender Systeme als autopoietische Systeme, ist in diesem Buch ausführlich im zweiten Kapitel als eine kognitionstheoretische Basis des modernen Konstruktivismus referiert worden.

Jedoch viele der bisher in der Sozialen Arbeit rezipierten Theoriekonstrukte (z. B. Psychoanalyse, humanistische Psychologie oder Marxismus) basieren auf möglicherweise überholten Paradigmen (vgl. Capra 1991). Sicherlich sind die Psychoanalyse, die humanistischen Psychologieschulen oder der Marxismus für die begrenzten Phänomenbereiche, auf welche sie sich explizit beziehen, sehr brauchbare Theorien. Aber im Bereich der Sozialen Arbeit sind die Praktiker auf passende Beschreibungen von hochkomplexen und kontingenten Zusammenhängen angewiesen, die über psychodynamische Prozesse, Individuations- und Selbsterfahrungsmöglichkeiten oder über ökonomische Gesellschaftsanalysen weit hinausgehen. Deshalb greifen psychoanalytische, humanistische oder marxistische Konzepte zur Anleitung und Reflexion psychosozialer Praxis augenscheinlich zu kurz; und dies vor allem dann, wenn sie von ihren Vertretern, die etwa vorgeben, das „Ganze" der sozialen Praxis objektiv beschreiben zu können, jeweils dogmatisch verwendet werden. Viele Praktiker oder Studenten Sozialer Arbeit, die sich nicht selten mit dem Vorwurf der Theoriefeindlichkeit konfrontiert sehen, scheinen den für die Betrachtung psychosozialer Phänomene unbrauchbaren Reduktionismus vieler Konzeptionen intuitiv zu spüren.

Eine am systemischen bzw. konstruktivistischen Paradigma ausgerichtete Soziale Arbeit schließt etwa psychoanalytische, humanistische oder marxistische Konzepte nicht aus, sondern ein. Allerdings erklärt die konstruktivistische Orientierung einen Dogmatismus für obsolet, mit dem die Anhänger der genannten Theorien jeweils einen Wahrheitsanspruch ihrer Methoden vertreten.

Vielmehr erscheint Konstruktivisten in Abhängigkeit vom örtlichen, zeitlichen oder sozialen Kontext, den sie beschreiben wollen, mal die oder mal jene Theorie als brauchbar. Dieser Relativismus verunmöglicht dann jedoch, dass Aussagen, die aus den jeweiligen theoretischen Rekonstruktionen gewonnen werden, für Beschreibungen einer objektiven Realität gehalten werden. Eher gilt die Feststellung von Albert Einstein (zit. nach Watzlawick 1995, S. 56), dass es „die Theorie [ist], die entscheidet, was man beobachten kann".

Der interdisziplinär angelegte Konstruktivismus reflektiert speziell die begrenzten und wirklichkeitsschaffenden Potentiale einer jeden Theorie. Deshalb postulieren konstruktivistische Ansätze vor allem eine Beobachtung zweiter Ordnung, welche Beobachter, die etwa theoriegeleitet ihre Umwelt beobachten und die deshalb nur das sehen, wofür die jeweilige Theorie Unterscheidungen bereitstellt, selbst in den Blick nimmt. Ein derartiges Beobachten wäre schon dann erfolgreich, wenn es die Praktiker dahingehend perturbiert, dass es immer mehr als nur eine (theoretische) Handlungs- oder Deutungsmöglichkeit gibt, weil die Komplexität der Praxis immer größer ist als jene unserer Wirklichkeitskonstruktionen. So müsste sich eine von professionellen Helfern konstruierte Sozialarbeitswissenschaft daran messen, „inwieweit sie die Komplexität ihres [...] Gegenstandsbereiches nicht künstlich – [...] bis zur Trivialität ihrer Fragestellungen – reduziert, sondern diese Komplexität ernst nimmt und kontrollierbare Verfahren zur Bearbeitung dieser Komplexität entwickelt" (Willke 1993, S. 4).

Anhang

I Konstruktivismus und Systemtheorie – Überblick zu Grundlagen und Geschichte

1 Was ist ein System?

1.1 Der Begriff des „Systems“ wird in unterschiedlichen Wissenschaften (z. B. der Technik/Ingenieurwissenschaft, Biologie, Psychologie, Soziologie, Soziale Arbeit) verwendet, um beobachtete technische/maschinelle, biologische (organismische), psychische und soziale Phänomene zu beschreiben und zu erklären. Demnach können wir (nach Luhmann) zwischen folgenden Systemen unterscheiden: Maschinen, biologische Systeme (Organismen bzw. Körper), psychische Systeme (menschliches Bewusstsein), soziale Systeme (Interaktionen, Organisationen, Gesellschaften).

1.2 Für die Human-, Geistes- und Sozialwissenschaften sind insbesondere die organismischen (= biologischen = lebenden), sozialen und psychischen Systeme sowohl in ihrer jeweiligen Eigenständigkeit als auch in ihrer gegenseitigen Wechselwirkung relevant.

1.3 Biologische, psychische und soziale Systeme können jeweils als Einheiten beschrieben werden, die aus Elementen bestehen, die wechselseitig miteinander verkettet sind und sich so von einer Umwelt nicht dazugehöriger Elemente unterscheiden/abgrenzen. Um ein System zu erkennen, muss ein Beobachter (das kann auch das System selbst sein) die Unterscheidung System/Umwelt seinen Beobachtungen zugrunde legen, also Elemente beobachten, die von nicht dazugehörigen Elementen (der Umwelt) unterschieden werden. Insofern ist die Bestimmung eines Systems in Abgrenzung zu einer Umwelt immer auch ein Konstruktionsprozess eines Beobachters, eines Unterscheiders (das System selbst kann dieser Beobachter/Unterscheider sein).

1.4 Soziale Systeme lassen sich nochmals differenzieren in Interaktionssysteme (Sozialsysteme der *face-to-face*-Kommunikation), Organisationssysteme (Sozialsysteme, die rechtlich kodifiziert und bürokratisch verwaltet sind, z. B. sozialarbeiterische Einrichtungen wie ein Jugendamt oder ein freier Träger) und

Gesellschaftssysteme (z. B. Urgesellschaft, feudalistische Gesellschaft, kapitalistische Gesellschaft, in Schichten differenzierte Gesellschaft, in Funktionssysteme differenzierte Gesellschaft etc.).

2 Mit welchen Systemen beschäftigt sich die Soziale Arbeit?

2.1 Die Soziale Arbeit beschäftigt sich insbesondere mit sozialen Systemen und deren Auswirkungen auf psychische und organismische Systeme bzw. mit den Wirkungen von psychischen und organismischem Systemen auf soziale Systeme. (Die Einheit der Differenz von psychischem System und organismischem System bildet den Menschen: psychisches System + organismisches System = Mensch.)

2.2 Die Soziale Arbeit selbst kann hinsichtlich der drei unterschiedlichen sozialen Systemklassen differenziert werden. So lässt sich die Soziale Arbeit *erstens* als ein (Funktions-) System in unserer Gesellschaft beobachten und beschreiben; es können *zweitens* unterschiedliche sozialarbeiterische Organisationssysteme (z. B. sozialarbeiterische Einrichtungen, öffentliche und freie Träger etc.) betrachtet werden und *drittens* zeigen sich unendlich viele sozialarbeiterische Interaktionssysteme (z. B. Arbeitsteams, Sozialarbeiter-Klient-Beziehungen etc.). Weiterhin können die Systeme unterschieden werden, auf die sich die Soziale Arbeit bezieht: unterschiedliche Klientensysteme, z. B. Familien, Gruppen etc.

2.3 Die Systemtheorie ermöglicht es, die inneren Prozesse der genannten Systeme (etwa die Wechselwirkungen zwischen den Systemelementen) und die äußeren Prozesse (die Beziehungen) zwischen verschiedenen Systemen zu beschreiben und zu erklären.

3 Wie kann man sich Systemanamnese, -diagnose, -behandlung/ -intervention in der Sozialen Arbeit vorstellen?

3.1 In der Regel geht die Systemanamnese, -diagnose und -behandlung/-intervention in der Sozialen Arbeit von den jeweils relevanten sozialen Systemen aus, fragt nach Regeln bzw. Mustern innerhalb dieser Systeme und nach den Auswirkungen auf die psychischen und biologischen Systeme (Menschen), die am jeweiligen sozialen Systemen teilhaben (inkludieren) und wie diese wiederum auf das soziale System wirken.

3.2 In der *System-Anamnese* wird die phänomenale Frage gestellt, worum es überhaupt geht, welches Problem bezogen auf welches System betrachtet wird.

Weiterhin geht es darum, die relevanten Personen, die durch ihre wechselseitig aufeinander bezogenen Verhaltensweisen das soziale Systeme bilden (inkludierte System-Mitglieder), auszuwählen. Als Hilfsmittel für die System-Anamnese können Sozio- und/oder Genogramme oder auch Systemische Aufstellungen dienen.

3.3 Nach der System-Anamnese kann eine *System-Diagnose* erfolgen. Hierbei wird gefragt, wie der jeweilige Zustand des Systems oder seiner Mitglieder (z. B. relevante Probleme oder Symptome) erklärt werden könnte. Es wird nach den (Verhaltens-)Regeln und Mustern des Systems geforscht sowie danach, wie diese das Verhalten des Systems und seiner Mitglieder bedingen. Da alles was in Systemen passiert, eine Funktion für das System (z. B. die Erhaltung oder Weiterentwicklung des Systems) oder seiner Mitglieder (z. B. die Erhaltung, Sicherung oder Ausweitung einer bestimmten Position, Rolle oder Beziehung) erfüllt, wird nach dieser Funktion bzw. nach dem „Sinn" des Problems für das System und seiner Mitglieder geforscht.

3.4 Die *System-Behandlung/Intervention* geschieht bereits während der System-Anamnese und -Diagnose. Sobald das System konfrontiert wird mit neuen Informationen, die während der Anamnese und vor allem während der Diagnose durch Fremdbeobachter (etwa durch Sozialarbeiter) gewonnen/konstruiert werden, können diese auf das System und seine Mitglieder wirken und das Systemverhalten beeinflussen.

Wichtig: Systeme reagieren immer selbstbestimmt, nur entsprechend ihrer Möglichkeiten; sie können von außen zwar angeregt werden, sich zu ändern, aber wie sie sich dann ändern, das hängt von ihren eigenen Regeln, Potentialen ab. Hiermit wird auch systemtheoretisch plausibel, dass Hilfe immer nur Hilfe zur Selbsthilfe, zur Selbstveränderung sein kann.

4 Welche Ursprünge hat die Systemtheorie?

4.1 Die aktuelle Systemtheorie, wie sie heute in unterschiedlichen Wissens- und Praxisgebieten Anwendung findet, hat unterschiedliche und vielfältige Wurzeln, die auf philosophische, psychologische, sozialwissenschaftliche, aber auch auf ingenieurwissenschaftliche (vor allem kybernetische) und naturwissenschaftliche (vor allem biologische) Forschungen und Theorien zurück gehen. Daher ist es kaum möglich, die gesamte Breite der Ursprünge des systemtheoretischen Denkens zu überblicken; lediglich eine kleine Auswahl geschichtlicher Wurzeln kann betrachtet werden.

4.2 *Ein philosophischer Ursprung:* Systeme werden oft mit einem Satz des griechischen Philosophen Aristoteles (384-322 vor unserer Zeitrechnung) beschrieben: *Das Ganze ist mehr als die Summe seiner Teile.*

4.2.1 Demnach versteht man Systeme als Ganzheiten, die man nicht adäquat erklären kann, wenn man lediglich die einzelnen Teile (Elemente) des Systems analysiert. Vielmehr wird betont, dass es darauf ankommt, die Beziehungen und Wechselwirkungen der Systemelemente untereinander zu betrachten, um einerseits zu verstehen, warum die Teile (Elemente) so reagieren, wie sie reagieren, und um andererseits zu verstehen, warum das System als Ganzes sich so gestaltet, wie es sich gestaltet.

4.2.2 Oft wird der Begriff der „Emergenz“ benutzt, um zu verdeutlichen, dass Systeme durch Wechselwirkungen und Beziehungen der Teile untereinander Eigenschaften hervorbringen, die erst dadurch entstehen, dass sich die Systemelemente wechselseitig aufeinander beziehen und dass sie dadurch Regeln, Muster, Strukturen ausbilden, die nicht auf die einzelnen Teile, sondern auf die *Beziehungen zwischen den Teilen* zurückgeführt werden können.

4.2.3 Aktuelle Ansätze der philosophischen Erkenntnistheorie, die unter dem Stichwort „Konstruktivismus“ zusammen gefasst werden, sind häufig (auch) systemtheoretisch unterfüttert. Demnach konstruiert jedes System, wenn es sich von einer Umwelt (als System) unterscheidet, Wirklichkeit; die erste konstruierte Wirklichkeit ist die Unterscheidung von System/Umwelt.

4.3 *Ein biologischer Ursprung:* In der Biologie hat man sich immer wieder gefragt, wie man die Funktionsweise und Entwicklung von Lebewesen beschreiben und erklären kann. Ist es etwa möglich, Organismen dadurch zu verstehen, dass man sie analysiert, dass man sie also auf ihre einzelnen Bestandteile zurückführt, dass man die einzelnen Glieder und Organe betrachtet, z. B. dadurch, dass man einen toten Organismus seziert. Besonders zu Beginn des 20. Jahrhunderts wurde deutlich, dass es, um die Funktionsweise von lebenden Organismen zu verstehen, nicht ausreicht, die Bestandteile, Organe etc. der Organismen zu betrachten. Vielmehr kommt es darauf an, *erstens:* die Beziehungen zwischen den Organen, *zweitens:* ihre jeweiligen Funktionen für den ganzen Organismus und *drittens:* den Austausch des Organismus und seiner Teile mit der Umwelt zu betrachten.

4.3.1 Der ganze Organismus kann als ein System betrachtet werden, das man nur verstehen kann, wenn die Wechselwirkungen der einzelnen Organe, ihr Bezug zum ganzen Organismus und der Austausch mit der Umwelt in den Blick genommen werden.

4.3.2 Nach diesem Denken können Krankheiten, Dysfunktionen des Organismus nicht (nur) auf die Bestandteile/Organe zurückgeführt werden, die die Krankheit zeigen, sondern sollten aus der Wechselwirkung der Bestandteile des gesamten Organismus erklärt werden. Somit reicht es nicht aus, einzelne kranke Organe medizinisch zu behandeln, sondern es ist passender, auf die Wechselwirkungen und Beziehungen der Organe untereinander einzuwirken, mithin die Beziehungen zwischen den Elementen des Organismus zu „heilen". Besonders die Konzepte der alternativen bzw. „ganzheitlichen" Medizin setzen so oder ähnlich an, z. B. Homöopathie, chinesische Medizin (etwa Akupunktur) etc.

4.3.3 Seit Ende der 1960er Jahre ist insbesondere der chilenische Biologe Humberto Maturana (und sein Kollege Francisco Varela) als Systemtheoretiker bekannt geworden. Er hat ein neues Modell entwickelt, um lebende Systeme zu verstehen, und zwar das Modell der „Autopoiesis", das erklärt, wie sich ein Organismus aus den Bestandteilen, aus denen er besteht (z. B. Zellen, Organe) permanent selbst reproduziert und organisiert, seinen Austausch mit der Umwelt regelt und sich in dieser erkennend orientiert. Das Modell der Autopoiesis ist inzwischen zu einem zentralen Denkmodell auch psychologischer und sozialwissenschaftlicher, etwa soziologischer Systemansätze geworden.

4.4 *Ein ingenieurwissenschaftlicher/kybernetischer Ursprung:* Seit den 1940er Jahren hat sich in der Ingenieurwissenschaft, insbesondere im militärtechnischen Zweig, eine neue Wissenschaft entwickelt: die Kybernetik. Der Begriff Kybernetik kommt aus dem Griechischen und bedeutet wörtlich „Steuermann". Die Kybernetik beschäftigte sich zunächst mit Prozessen der Selbststeuerung, wie z. B. eine Rakete so fliegen und ihr Ziel anvisieren kann, dass sie Hindernisse umgehen oder sich verändernden Zielpositionen eigenständig anpassen kann. Ein geläufigeres Beispiel einer kybernetischen Steuerung ist ein klassischer Thermostat, z. B. an einer Heizung oder an einem Bügeleisen. Dieser Thermostat hat die Aufgabe, eine bestimmte Temperatur zu erreichen und, wenn diese erreicht wird, die Heizung auszuschalten. Sobald die Temperatur wieder abfällt, wird die Heizung wieder eingeschaltet. Es kommt also zu einer Selbststeuerung, und zwar aufgrund eines kybernetischen Kreislaufs: Messung der Temperatur → Einschalten der Heizung bei einer Temperatur, die unter dem (eingestellten) Sollwert liegt / Ausschalten der Heizung, wenn die gemessene Ist-Temperatur mit der Soll-Temperatur übereinstimmt oder höher ist → Messung der Temperatur → Einschalten der Heizung bei einer Temperatur, die unter dem (eingestellten) Sollwert liegt / Ausschalten der Heizung, wenn die gemessene Ist-Temperatur mit der Soll-Temperatur übereinstimmt oder höher ist → usw. usf.

Ein solcher Kreislauf wurde ebenfalls mit dem Begriff des Systems bezeichnet; und man stellte fest, dass auch in der Natur und der Gesellschaft viele Prozesse derartige kybernetische Kreislaufstrukturen aufweisen, die dazu führen, dass bestimmte Zustände (im Beispiel: die Temperatur) konstant gehalten werden.

4.4.1 Heute wird die beschriebene Kybernetik als Kybernetik 1. Ordnung verstanden und man beschäftigt sich zunehmend mit einer Kybernetik 2. Ordnung. Die Kybernetik 2. Ordnung beschreibt nicht Kreislaufstrukturen bzw. Systeme, sondern richtet den Blick auf diejenigen, die beschreiben und beobachten und fragt nach den Bedingungen und Möglichkeiten von Erkenntnis und Beobachtung, wie es also kommt, dass Beobachter so beobachten, wie sie beobachten und ob sie nicht auch anders beobachten könnten. Die Kybernetik 2. Ordnung ist genaugenommen Philosophie, philosophische Erkenntnistheorie.

4.5 *Ein psychologischer/psychiatrischer Ursprung:* Seit den Anfängen der Psychologie und Psychiatrie hat man bei individuellen Symptomen vor allem versucht, die betroffenen Individuen zu behandeln, individuelle Psychen zu beeinflussen und zu therapieren. Zwar wurde schon früh (vor allem auch bereits in der frühen Sozialarbeit und Sozialpsychologie) gesehen, dass individuelles Verhalten von den sozialen Bedingungen abhängig ist, in denen dieses Verhalten gezeigt wird, aber dennoch wurde vor allem versucht, das Verhalten zu beeinflussen über die Arbeit mit dem Individuum.

4.5.1 In den 1940 und 1950er Jahren entwickelte sich vor allem in den USA eine alternative Sichtweise, und zwar dass individuelle Verhaltensweisen stärker mit den sozialen Beziehungen zusammen hängen als man dies bisher angenommen hatte. Besonders die Forschungen des Kommunikationswissenschaftlers Gregory Bateson (1904-1980) sind in diesem Zusammenhang erwähnenswert. Bateson entdeckte, dass schizophrene Verhaltensweisen von Menschen ihre Geschichte haben in „verrückten" zwischenmenschlichen Beziehungssystemen, und zwar in Familiensystemen, in denen vor allem widersprüchliche Kommunikationen, sogenannte „Double Binds" vorherrschen. Daraus wurde geschlussfolgert: Wenn man individuelles Verhalten verstehen will, dann muss man sich anschauen, in welchen Kontexten es erworben und ursprünglich gezeigt wurde; wenn man dies macht, entdeckt man, dass selbst vermeintlich verrücktes, nicht nachvollziehbares Verhalten einen Sinn hat, eine Funktion erfüllt, und zwar für den Kontext, in dem es erworben oder gezeigt wird/wurde.

4.5.2 Besonders die Kommunikationstherapie und -theorie von Paul Watzlawick und die Familientherapie (die eng mit den Arbeiten Watzlawicks zusammen hängt) haben sich die Erkenntnisse der Forschungen von Bateson zunutze gemacht. In der Familientherapie werden individuelle Symptome und Probleme immer auf den ganzen familiären Kontext bezogen. Individuelles Verhalten wird als Teil eines größeren Systems (der Familie) verstanden, und es wird nach dem Sinn, nach der Funktion des Verhaltens (auch von Symptomen und Problemen) gesucht.

4.5.3 Außerdem führte die Erfahrung, dass Klienten zwar in einer helfenden Beziehung oder in einer stationären Einrichtung ihre Symptome lindern bzw. ihre Probleme lösen konnten, dass aber diese Symptome/Probleme wieder in anderen (z. B. familiären) Kontexten auftreten, zu der Auffassung, dass man die größeren Systeme, an denen Menschen teilnehmen und welche das Verhalten stark bedingen, ebenfalls in die Arbeit mit einbeziehen muss. So entstand allmählich die systemische Perspektive in der psycho-sozialen Praxis – also jene Perspektive, die sich für die *Beziehungen zwischen den Menschen* interessiert und jedes individuelle Verhalten immer als Teil eines sozialen (Beziehungs-) Systems betrachtet.

4.6 *Ein soziologischer/sozialwissenschaftlicher Ursprung:* Die Soziologie ist die Wissenschaft vom Sozialen, also von den *Beziehungen zwischen den Menschen* und von den Ordnungen, die sich zwischen Menschen etablieren, wenn Menschen zusammenleben. In dieser Hinsicht ist die Soziologie eigentlich die systemische Wissenschaft schlechthin. Sie interessiert sich nämlich nicht für die einzelnen Menschen, sondern für das, was entsteht, wenn Menschen zueinander in Beziehung treten, nämlich für soziale Gebilde, d. h. für Institutionen, Kultur, Werte und Normen und auch für Probleme, die durch Sozialität entstehen. Bereits die frühe Soziologie kann demnach als systemisch betrachtet werden. So äußerte beispielsweise ein Gründervater der Soziologie, Emile Durkheim (1858-1917), dass es der Soziologie darauf ankäme, Soziales aus Sozialem zu erklären. Genau dies könnte auch als Motto der sozialwissenschaftlichen Systemtheorie angesehen werden: Verhalten, das immer eine soziale Tatsache ist, das immer auch als eine Kommunikation aufgefasst werden kann, zu erklären durch den Rückbezug auf die sozialen Kontexte, in denen es gezeigt wird.

4.6.1 In den letzten Jahrzehnten ist in den Human-, Geistes- und Sozialwissenschaften insbesondere der Soziologe Niklas Luhmann (1927-1998) als Weiterentwickler und Promoter einer sehr versierten, vielfältig anwendbaren Systemtheorie bekannt geworden. Luhmann bezieht sich auf ältere soziologische

Systemtheorien, z. B. auf die Theorie des amerikanischen Soziologen Talcott Parsons (1902-1979), aber auch auf biologische, kybernetische und philosophische Erkenntnisse.

5 Die Aktualität des Systemdenkens in der Sozialen Arbeit

In der Sozialen Arbeit hat die Systemtheorie in den letzten Jahrzehnten breite Beachtung und Anwendung gefunden; sicher auch deshalb, weil Soziale Arbeit ein äußerst vielschichtiges und komplexes Geschehen ist, das in unterschiedlichsten systemischen Zusammenhängen stattfindet. Schließlich benötigt die Soziale Arbeit unterschiedlichste Wissensgebiete für ihre Praxis und Theorie; gerade die Systemtheorie bietet hier Begriffe und Instrumente an, mit denen die unterschiedlichsten Systeme gleichermaßen beschrieben werden können (etwa soziale Systeme, Psychen und Organismen), ohne deren Eigenheiten zu verkennen. Genau dies ist Thema des vorliegenden Buches.

II Definitionen zentraler Grundbegriffe – Auszüge aus einem Glossar von Bernd Woltmann-Zingsheim und Hans-Christoph Vogel

Ich danke Bernd Woltmann-Zingsheim und Hans-Christoph Vogel dafür, dass sie es mir gestatten, aus ihrem Glossar (vgl. dies. 1997, S. 373ff.) ausgewählte Begriffe in diesem Buch abzudrucken.

Autonomie,
(griechisch „Selbstgesetz"), im konstruktivistischen Denken wird operativ geschlossenen Systemen insofern Autonomie zugeschrieben, als dass sie prinzipiell „selbstentscheidende" System sind. Es gibt keine Möglichkeit, diese „von außen" zu bestimmen (vgl. Stichwort „Perturbation"). Stets ist es ihr augenblicklicher Zustand, der über die Art und Weise ihrer strukturellen Veränderungen entscheidet. Maturana nennt diese grundlegende Eigenschaft biologischer Systeme auch „strukturelle Determination". Autopoiesis und Autonomie verhalten sich damit folgendermaßen zueinander:

Lebende Systeme sind eine Form autonomer, strukturdeterminierter Systeme, aber nicht jedes autonome System ist ein autopoietisches, lebendes System. Autonomie ist also systematisch betrachtet der Überbegriff.

Autonomie darf schließlich nicht mit Autarkie verwechselt werden. Während letztere die absolute Eigenständigkeit von Systemen im Sinne von Selbstgenügsamkeit meint, sind autonome, autopoietische Systeme notwendig an ein Medium gekoppelt. Auch wenn dieses Medium kognitiv unzugänglich ist, also prinzipiell nicht erkannt werden kann, stellt es quasi ihre „materielle" Voraussetzung dar (siehe Stichwort "Kopplung, strukturelle").

Autopoiesis,
(auch: Autopoiese, griechisch „Selbsterzeugung"), von Maturana eingeführter Name für seine Definition biologischer Systeme. Sie steht im Gegensatz zu traditionellen Erklärungsansätzen der Biologie, die „Leben" durch die Aufzählung „notwendiger Kriterien" bestimmen wollen (z. B. Stoffwechsel, Bewegung, Reproduktionsfähigkeit). Autopoiesis versteht sich also als hinreichende und allgemeine Definition aller Organismen: „Unser Vorschlag ist, daß Lebewesen sich dadurch charakterisieren, daß sie sich – buchstäblich – andauernd selbst-

erzeugen. Darauf beziehen wir uns, wenn wir die sie definierende Organisation autopoietische Organisation nennen" (Maturana/Varela 1984, S. 50f.). „Organisation" meint also hier gewissermaßen das formgebende Prinzip, nicht aber eine konkrete Ausgestaltung dieser Form. Diese wird erst durch die jeweilige Struktur festgelegt. Aus diesem Grund kann auch von organisationeller Geschlossenheit und struktureller Plastizität gesprochen werden.

Über Luhmann gelangte das Konzept der Autopoiesis in die (soziologische) Systemtheorie. Dies geschah jedoch nicht durch unmittelbare Übertragung der biologischen Theorie, sondern erst auf dem Wege einer Umformulierung der Autopoiesis in ein allgemeines Systemprinzip, welches bei Luhmann nun eine soziologische Anwendung findet.

Beobachter,
letztlich einziger „Bezugspunkt" im konstruktivistischen Denken. Die Entwicklung autopoietischer Systeme verläuft selbstorganisiert, also nicht einem äußeren Ziel oder Weg entsprechend. Gleichwohl „muss" das System die Komplexität seiner jeweils möglichen Aktivitäten auf ein tatsächliches Verhalten reduzieren. Es schließt also mit jeder „neuen" Operation an die vorherige an, ohne dass jene den auf sie folgenden Zustand bestimmen kann. Gewissermaßen „beobachtet" also eine Operation den eigenen Vorgänger (an ihn muss sie anschließen!) und markiert gleichzeitig durch den eigenen „Vollzug" für den potentiellen Nachfolger einen Bereich von Möglichkeiten (aus denen muss er wiederum wählen, usw.!). Einzeloperationen eines Systems sind also aneinander gekoppelt (siehe Stichwort „Determination, strukturelle"), ohne je identisch sein zu können: genau dies würde ja die operationale Einheit zerstören!

Für Maturana ist jeder Mensch Beobachter der eigenen (und nur der eigenen) Aktivität. Auf zellulärer Ebene vollzieht sich seine Autopoiesis als ein Prozess fortgesetzter Operationen, ohne dass ihm die dafür nötigen „Unterschiede" bewusst sind. In einem sprachlichen Bereich aber ist er durchaus in der Lage, den Verlauf der eigenen Operationen (auch der zellulären) zu beobachten, d. h. Beschreibungen davon anzufertigen. Diese Beschreibungen sind ihrerseits auf (begriffliche, grammatikalische usw.) Unterschiede angewiesen. Letztlich ist die phänomenale Welt, die uns einzig zugänglich ist, Resultat unseres sprachlichen Unterscheidens, d. h. Beobachtens. Und selbst die Beobachtung einer von uns unabhängigen Wirklichkeit im Unterschied zu dem, was wir üblicherweise Selbsterfahrung nennen, ist nichts anderes als Selbst-Beobachtung (Maturana: „Alles Gesagte wird von einem Beobachter gesagt.").

Der **blinde Fleck**
lässt sich anhand eines Wahrnehmungstest verdeutlichen (den Heinz von Foerster häufig benutzt): Wenn man ein Auge geschlossen hält und mit dem anderen ein Blatt mit zwei Punkten betrachtet, verschwindet, bei einer bestimmten Distanz zum Blatt der eine der beiden Punkte. Diese Blindheit entsteht an der Stelle unserer Retina, an der die Sehfasern zum Sehnerv gebündelt werden. Wenn ein Objekt auf diesen Punkt projiziert wird, kann es nicht wahrgenommen werden.

Blinde Flecken gibt es auch beim Beobachten: Wenn man Beobachten in eine Operation (Aktivität, Verfahren) und eine Unterscheidung trennt, derer sich diese Operation bedient, so kann diese Operation die Beobachtung nur hervorbringen, indem sie die benutzte Unterscheidung blind benutzt; denn, wenn sie die benutzte Unterscheidung auch beobachten wollte, würde sie gleichzeitig etwas beobachten und beobachten, wie dieses Beobachten verläuft. Das aber ist nicht möglich.

Also: Beobachten verläuft immer unmittelbar, immer blind für die benutzte Unterscheidung. Wenn man, im nächsten Augenblick, beobachtet, wie man selbst oder wie andere beobachtete(n) – man nennt dies „Beobachtung 2. Ordnung“ – kann man zwar zur Aufhellung des blinden Flecks der „ersten“ (unmittelbaren) Beobachtung beitragen, doch auch diese Beobachtung 2. Ordnung ist wiederum blind für die von ihr benutzte Unterscheidung. Anders gesagt: Wir verfahren als Beobachter in der Operation des Beobachtens unkritisch und naiv bezüglich anderer Unterscheidungen, wir sind blind für unseren Eigenanteil.

Anders gesagt: Wir können nicht sehen, was wir nicht sehen können.

Anders gesagt: Als irdische, nicht-göttliche Wesen, müssen wir uns mit unvollkommenen Sichten begnügen. Nur Überirdische verfügen (vergnügen sich) über die (der) Fähigkeit der Gleichzeitigkeit von Handeln und dessen Beobachtung.

Die **Differenztheorie**
geht auf George Spencer-Brown (*Laws of Form*, New York 1979) zurück. Es handelt sich um ein Kalkül der Logik, mit dem Spencer-Brown grundlegende Aussagen zu Aussagesystemen (der Algebra, der Arithmetik, der Logik) aufstellt. Sie wird in jüngster Zeit häufig von Vertretern der Systemtheorie bzw. des Konstruktivismus verwendet, weil sie aufzeigt, wie Systeme konstruiert werden, und zwar durch das Treffen von (das Operieren mit) Unterscheidungen, was er Bezeichnen nennt. Jedes Bezeichnen verwendet eine Unterscheidung, die ein Innen schafft (z. B. das System) und ein Außen (die Umwelt). Diese Theorie geht von der Paradoxie aus (die andere Theorien zu verbannen suchen), indem sie unterstellt, dass alles Erkennen in Form des bezeichneten (markierten) Raums mit einem Verdunkeln (Nicht-Erkennen) des abgeschiedenen Raums verbunden ist.

Wird der zunächst nicht-markierte Raum (die Umwelt) mittels einer Unterscheidung beobachtet, so bildet der Beobachter den unmarkierten Raum, blendet sich also aus.

Beide Räume zusammengenommen ergeben eine jeweilige Form, das ist die Einheit (der beiden Räume). Diese Einheit ist als Einheit nicht beobachtbar, weil nicht zugleich ein Unterschied gebraucht und nicht gebraucht werden kann. Doch diese Form kann als Zweiseitenform innerhalb der Form bzw. auf dem „Boden" der markierten Seite dieser Form beobachtet werden. Dieser Wiedereintritt der Form in die Form, als „Re-entry" bezeichnet, ermöglicht dem System sich im Unterschied zur Umwelt, zum Ausgeschlossenen zu sehen. Es sieht, wie und wodurch es sich von seiner Umwelt abgrenzt. Man könnte sozialarbeiterische Beratung und Supervision als Orte bezeichnen, die diese Reflexion erlauben und die zu Veränderungen führen, weil das Sehen der beiden Seiten (die Sicht der Paradoxie) die Sicht der einen Seite „relativiert".

Geschlossenheit (oder Offenheit?),
mit Hilfe der Theorie autopoietischer Systeme lässt sich die schon klassische Frage, ob Systeme nun (umwelt)offen oder geschlossen sind, formal und sehr differenziert folgendermaßen beantworten: Prinzipiell beschreibt Autopoiesis ein Systemprinzip absoluter „organisationeller Geschlossenheit", d.h. sie versteht sich selbst als vollständige Erklärung: Jedes Phänomen kann nur innerhalb dieser allgemeinen Systemdefinition beschrieben werden oder es kann eben nicht(s) beschrieben werden. „Autopoiesis oder nichts" heißt gewissermaßen die Devise!

Davon zu unterscheiden ist die „operationale Geschlossenheit" autopoietischer System, d.h. für Luhmann lebender, psychischer und sozialer Systeme. Sie resultiert aus den verschiedenen Operationsweisen dieser Systemtypen. Während biologische Systeme ausschließlich Materie und Energie verarbeiten und auf diese Weise „Leben" produzieren, sind die beiden anderen Typen „sinnverarbeitende" Systeme. Diese beiden unterscheiden sich wieder hinsichtlich ihrer „Bestandteile": Während psychische Systeme aus (und nur aus) Bewusstseinsereignissen bestehen, sind Elemente sozialer Systeme stets und ausschließlich Kommunikationen. Und ihre operationale Geschlossenheit beruht auf genau dieser Ausschließlichkeit: Psychische Systeme z.B. können „Sinn" nur in Form von Bewusstsein verarbeiten. Sie können also weder „Leben" noch „Kommunikation" hervorbringen. Selbst wenn sie es „denken", denken sie eben nur und „leben" bzw. „kommunizieren" nicht! „Bewusstsein" stellt also ihre totale phänomenale Wirklichkeit dar, die durch nichts zu überschreiten ist. Analog gilt dies auch für lebende und soziale Systeme. Sie alle können grundsätzlich nicht Zustände außerhalb ihrer eigenen Aktivität oder Struktur erzeugen. Was trivial erscheint, hat große Folgen: So sind diese verschiedenen Systeme füreinander völlig intransparent. Sie stellen jeweils „Umwelt" für die anderen dar und sind „bestenfalls" strukturell gekoppelt (siehe Stichwort „Kopplung, strukturelle").

„Strukturelle Offenheit" ist für autopoietische Systeme nur im Rahmen ihrer Autonomie (siehe Stichwort „Autonomie") möglich, d.h. wenn überhaupt „etwas" in das System gelangen kann, dann nicht als umweltdeterminierter „Input", sonder nur nach alleiniger Entscheidung des Systems („Unterscheidung eines Beobachters"). Lebende Systeme etwa lassen sich bezüglich ihrer „materiell-energetischen" Grundlage als „thermodynamisch offen" beschreiben und soziale Systeme sind bezüglich ihrer Sinnhaftigkeit „informationell offen". Diese Phänomene sind aber prinzipiell nur als „Perturbation" (siehe Stichwort „Perturbation") möglich, d.h. diese „Offenheit" besteht lediglich für (und beschreibt letztlich!) nur den Beobachter (siehe Stichwort „Beobachter").

Kognition,
dem traditionellen psychologischen Verständnis nach das Phänomen des Erkennens von Umweltereignissen und eigenem Verhalten. „Handlungsplanung" und „Reflexion" beispielsweise werden gar als „höhere" kognitive Funktionen verstanden, die den Menschen vor anderen Lebewesen auszeichnen und ihm einen „Überlebensvorteil" sichern. Mit der Theorie autopoietischer Systeme ist diese Vorstellung nicht verträglich, geht sie doch gerade davon aus, dass allen Organismen aufgrund ihrer (neuro-)physiologischen Struktur gleichermaßen ein erkenntnismäßiger, kognitiver Zugang zu einer Realität außerhalb ihrer Erfahrung versagt bleibt. Der Bereich unserer Handlungs- bzw. Erkenntnismöglichkeiten definiert vollständig eine geschlossene kognitive Wirklichkeit, die wir nicht überschreiten können (Maturana: „Erkennen ist Tun, Tun ist Erkennen"). Jede Aussage z.B. über den Wert oder die Funktionalität eines Verhaltens ist prinzipiell an einen Beobachter gebunden, der selbst System ist und somit kognitiv geschlossen operiert (siehe Stichwort „Beobachter").

Kommunikation,
in der Luhmannschen Theorie stellen Kommunikationen die Elemente dar, die die Einheit eines sozialen Systems bilden (im Gegensatz zum Denken, das das Bewusstsein hervorbringt). Die Kommunikation ist ein selektiver Prozess, der dieses jeweilige System herstellt, im Gegensatz zu anderen sozialen Systemen.

Luhmann differenziert diese Kommunikation in drei Aspekte: die Information, die Mitteilung und das Verstehen, die ihrerseits wiederum Selektionen darstellen (dieser Inhalt und nicht jener, diese Form der Mitteilung und nicht jene, Verstehen versus Nicht-Verstehen).

Wenn man diese drei Teile als eine Einheit betrachtet, so entsteht Verbindung zwischen den Elementen der Kommunikation: Annahme oder Ablehnung der Kommunikation.

Die Kommunikation ist ein andauernder, symmetrischer Prozess, ohne Anfang, ohne Ende, solange wie das System existent ist. Die Kommunikation interpunktiert diese Symmetrie, setzt Anfänge und Ende, unterteilt in Ursachen und Wirkungen. Die Kommunikation begnügt sich auch in aller Regel nicht mit einem anonymisierten „es kommuniziert“, sondern rechnet Kommunikation auf Handlungen zu. Sie unterstellt Motive, Absichten, Interessen, unterteilt in ein „passives“ Erleben und ein „aktives“ Handeln. Sie differenziert Akteure und rechnet Verantwortlichkeiten zu. Sie „vergisst“ dabei in aller Regel, dass sie es ist, die solchermaßen Unterscheidungen trifft, dass sie sich selbst von ihrem beobachteten „Objekt“ getrennt hat und rechnet dann das, was sie beobachtet, den beobachteten Phänomenen zu.

Kontingenz,
der Begriff taucht in zweierlei Bedeutung auf, *zum einen* als „Abhängigkeit von“, zum anderen als „Zufälligkeit“. Die erste Bedeutung findet sich z.B. in der Organisationslehre in Ansätzen, die nach empirisch fundierten Zusammenhängen (Regelmäßigkeiten) zwischen Aufgaben- bzw. Personalmerkmalen und Strukturformeln suchen („Situative Ansätze“ bzw. „Kontingenzansätze“). In der Systemtheorie meint Kontingenz, dass Beobachtungen bzw. getroffene Unterscheidungen zwar eine spezifische Form gefunden haben, dass sie aber jederzeit anders hätten ausfallen können und prinzipiell auch zukünftig anders ausfallen können.

Ontologie,
(griechisch „Seinswissenschaft“) philosophische Denkschule, die allgemeine Aussagen über den Realitätsgehalt der Dinge in der Welt treffen und sie danach bewerten sollte. Ihrem neueren Verständnis nach versucht sie das Verhältnis zwischen erkennendem Geist (Subjekt) und der „restlichen Welt“ zu bestimmen (siehe auch Stichwort „Paradoxie“). Die uns erscheinende Welt ist hier also nicht subjektabhängige Konstruktion, sondern außerhalb des Erkennenden, sie besitzt also eine autonome Seinsqualität.

Paradoxie,
(aus griechisch „para“ = „gegen“ und „doxa“ = „Meinung“) Begriff der klassischen Logik. Ein Satz ist paradox, wenn er offenbar sinnlos oder unverständlich ist, aber doch in irgendeiner Weise eine „tiefgründinge“ inhaltliche Aussage oder Deutung ermöglicht. Für die Theorie autopoietischer Systeme z.B.

Paradoxien gar konstitutiv, d. h. ihre Plausibilität und Systematik bezieht sie aus genau solchen Sätzen, die dem „gesunden Menschenverstand“ (besser: der traditionellen Denkweise) zunächst widersprechen. Beispielsweise stellt die systemgenerierende „System/Umwelt-Differenz“ in Luhmanns Konzept insofern eine Paradoxie dar, als dass sie stets nur im bzw. vom System selbst erzeugt werden kann. „Umwelt“ ist als nichts „Äußeres“, sondern fungiert als interne „Fremdreferenz“. Dem System ist es so (und nur so) möglich, „eigene“ Operationen zu erkennen (von „fremden“ zu unterscheiden!) und damit aus sich heraus eine operative Grenze (Differenz) zu definieren. Die „Einheit“ (Identität) eines solchen Systems ist damit aber stets kontingent: Sie könnte auch immer anders ausfallen (oder auch ganz „ausfallen“), denn es gibt keinen Mechanismus, der es „von außen“ sichert. Eine solche konstitutive Paradoxie ist nicht auflösbar, sie kann nur systematisch „über-sehen“ („Invisibilisierung“) werden: Das System „unterschlägt“ dann einfach die Tatsache, dass es auch und gerade ihre Umwelt (als „Rand“ der eigenen Operationen) selbst erzeugt und kann dann ihre „Fremdreferenz“ wie eine unabhängige Außenwelt behandeln.

Perturbation („Verstörung“, „Irritation“),
nach Maturana die Zustandsveränderung eines Systems, deren Auslöser (nicht Ursache) außerhalb des Systems liegt. Bei strukturell determinierten Systemen, wie z. B. autopoietischen Systemen, beschränkt sich also die wechselseitige „Einflussmöglichkeit“ darauf, (mehr oder weniger systematisch) „Umweltereignisse“ zu produzieren, an die von einem anderen System nach dessen Möglichkeiten „angeschlossen“ werden kann (siehe Stichwort „Kopplung, strukturelle“. Prinzipiell ist nur ein Beobachter in der Lage, (eigenes) Verhalten als Umweltereignis (für einen anderen – und umgekehrt!) zu beschreiben bzw. Perturbationen von intern ausgelösten Zustandsveränderungen zu unterscheiden. Dafür finden sich in der Literatur auch die Bezeichnungen „(Ver-)Störung“ und „Irritation“ (siehe Stichwort „Beobachter“).

Re-Entry,
die Differenztheorie von Spencer-Brown trennt einen markierten von einem nicht-markierten von einem nicht-markierten Raum. Systeme bilden sich durch Unterscheidungen, die einem inneren, bezeichneten (markierten) Raum von einem äußeren, nicht bezeichneten Raum trennen. Beide Teile gemeinsam ergeben die Form. Re-Entry bezeichnet die Situation, in der diese Form – das ausgeschlossene Dritte – in die markierte Kommunikation wieder-eingeführt wird. Ein Zustand ist wahr und zugleich nicht wahr, ein Zeichen meint etwas und meint es zugleich nicht. Dieser Moment kann nur ein Moment des Augenblicks sein, weil Wahrnehmung immer an eine Seite einer Unterscheidung gebunden ist. Doch

der Übergang kommt nicht ohne Zeit aus. Er braucht Zeit, ist durch Zeit hervorgerufen. In ihm wird die „ursprüngliche“ Paradoxie, die Beidseitigkeit offenbar. Sie verwirrt den Wahrnehmenden, paralysiert ihn, vor allem wenn es zu einem Oszillieren („Flimmern“) zwischen den beiden gegensätzlichen Werten kommt. Aber gerade darin kann auch die Anregung zu neuen Unterscheidungen liegen.

Selbstreferenz („Selbstbezug“),
dieser Begriff beschreibt die grundlegende Zirkularität (siehe Stichwort „Geschlossenheit“) autopoietischer Systeme. Luhmann nennt dieses Phänomen deshalb auch „basale Selbstreferenz“. Prinzipiell kann ein solches, operational geschlossenes System nur mit seinen eigenen Zuständen agieren. Jede Aktivität ist eine Aktivität des Systems! Auch bei den „sinnverarbeitenden“ psychischen und sozialen Systemen gibt es davon keine Ausnahme. Sogar deren Unterscheidung von „Selbst“- und „Fremdreferenz“ kann nur ein Beobachter treffen, der selbst wiederum System ist (siehe Stichwort „Paradoxie“). Selbstreferenz wird also im konstruktivistisch-systemtheoretischen Denken jedem operational geschlossenen System (siehe Stichwort „Geschlossenheit“) zugeschrieben. Dies steht im Gegensatz zur abendländischen Tradition, die dieses Phänomen als besondere und exklusive Eigenschaft für das „Subjekt“ reserviert hält: Die Selbstreferenz seines Bewusstseins zeichnet nach dieser Auffassung den („freien Geist des“) Menschen vor allen anderen Phänomenen der objektiven Welt aus und begründet erst seine Erkenntnisfähigkeit.

Kopplung, strukturelle,
ist ein zentraler Begriff der Theorie autopoietischer Systeme. Er beschreibt insbesondere die Beziehung zwischen solchen Systemen untereinander. Wesentlich dabei ist, dass eine solche Kopplung die Autonomie der beteiligten Systeme nicht unterläuft und so auch nicht als (zumindest) begrenztes „Offensein füreinander“ verstanden werden kann. Eine strukturelle Kopplung ist also keine „Schleuse“ oder kein „Zugang“ in bzw. für ein System, sondern umgrenzt lediglich den Rahmen ihrer strukturellen Möglichkeiten. In diesem Sinne kontrolliert etwa ein Organismus als Ganzes nicht die Prozesse der „in ihm“ gekoppelten Zellen und Organe (einschließlich des Gehirns). Vielmehr ist seine Einheit das Resultat der strukturell gekoppelten Aktivität seiner autonomen Bestandteile. So wissen diese Elemente eben prinzipiell nicht, was sie „für die anderen“ zu tun haben. Sie machen, was sie gemäß ihrer Struktur machen können, und beschränken (und erweitern!) sich dabei (ohne es zu „wissen“) wechselseitig in ihren Möglichkeiten. Nur für einen Beobachter ist diese fortgesetzte Korrelation als operationale Einheit zu erkennen. Und nur ein Beobachter ist dann (gemäß seiner Unterscheidungen) in der Lage, z. B. „konstruktives und hilfreiches Ver-

halten“ von „schädlichem und destruktivem“ zu unterscheiden. Das bedeutet, dass in jeder Interaktion zwei Einheiten/Systeme aufeinander wirken, und zwar unter Beibehaltung ihrer „Struktur“, etwa bei einer Zelle, unter Beibehaltung ihrer typischen Art und Weise, wie sie Zellstoffe aufnimmt, verarbeitet und abgibt. Diese Einheit (hier: die Zelle) lässt sich nur „stören“ („perturbieren“). Andernfalls wird sie zerstört und hört auf zu existieren. Das heißt, dass ein „Milieu“ nur perturbieren kann, nicht in bestimmter Weise das betreffende System determinieren, instruieren oder beeinflussen kann.

Umgekehrt kann dieses System sein Milieu (z. B. andere Zellen) auch nur „perturbieren“. Wenn nun das System und sein Milieu sich wechselseitig immer wieder stören und bei dieser Störung auf vorherige Störungen Bezug nehmen (rekurrieren), entsteht eine „strukturelle Kopplung“. Die strukturelle Kopplung muss immer durch einen Beobachter „zum Leben erweckt“ (gemacht) werden. Er ist es, der Verbindung (Korrelation) herstellt zwischen Veränderungen im Milieu und Veränderungen im betrachteten System. Das Mittel der Kopplung ist die Sprache. Wenn also zwei Individuen miteinander „sprechen“ und ihre Beobachtungen sprachlich koordinieren, abstimmen und sprachlich aufeinander Bezug nehmen (eine gemeinsame Sprache für ihr jeweiliges Koordinieren) entwickeln, schaffen sie sich eine gemeinsame Welt. Diese Welt ist ein emergentes, also ein neu entwickeltes System, das nicht auf eines der beiden beteiligten Individuen, d. h. nicht auf ihre „Kognitionssysteme“ (Bewusstseinssysteme) zurückgeführt, nicht aus ihnen abgeleitet werden kann. Luhmann nimmt nicht die Individuen als Elemente des Kognitionssystems wie des sozialen Systems, sondern trennt das Kognitionssystem vom sozialen System. Kognitionssysteme bilden sich durch das Denken (das Bewusstsein), soziale Systeme durch Kommunikation. Da wir in Sprache denken und Sprache auch das wesentliche Medium der Kommunikation darstellt, bildet die Sprache das Verbindungsmedium zwischen Kognition und Kommunikation. Für das Bewusstsein ist Kommunikation „Umwelt“, für Kommunikation ist das Bewusstsein Umwelt. Somit ergeben sich verschiedene Formen struktureller Kopplung – *erstens:* zwischen Bewusstseinssystem und Bewusstseinssystem, *zweitens:* zwischen Kommunikationssystem und Kommunikationssystem und *drittens:* zwischen Bewusstseinssystem und Kommunikationssystem.

Im letztgenannten Fall treffen sich in der Person zwei Systeme bzw. laufen nebeneinander (strukturgekoppelt) her. Die Beteiligten denken sich „ihren Teil“ und kommunizieren miteinander. Sie sagen auch gelegentlich, was sie denken, aber das, was sie äußern, „gehört“ in diesem Moment schon nicht mehr zur Person, sondern ist Teil der Kommunikation.

System
bedeutet Zusammenhang zwischen Elementen eines Systems, aber auch Zusammenhang zwischen Zuständen des Gesamtsystems. Man kann diesen Zusammenhang auch als „Muster“ oder „Identität“ eines Systems bezeichnen. Die „Autopoiesis“ beschreibt ein Bauprinzip von Systemen, deren Elemente das Ganze erzeugen und das Ganze zugleich als Voraussetzung für die Elemente abgibt. Unterteilt man verschiedene Klassen von Systemen (wie „organische Systeme“, „Bewusstseins-Systeme“ und „soziale Systeme“), so müssen auch die Elemente unterschiedlich sein (Austausch von Stoffen/Gedanken/Kommunikation). Systeme grenzen sich von ihrer „Umwelt“ ab. Ohne diese Unterscheidung/Abgrenzung kann ein System sich nicht erkennen. Das trifft für das System „Person“ bzw. „Bewusstsein“ zu wie für die „Kommunikation“. Jedes System ist für das andere Umwelt, jedes System kann darum auch die Umwelt nur auf systemeigene Weise aufnehmen.

Literatur

Ackermann, T. (2007): Fallstricke Sozialer Arbeit. Systemtheoretische, psychoanalytische und marxistische Perspektiven. Heidelberg: Carl-Auer-Systeme.

Baecker, D. (Hrsg.) (1993): Probleme der Form. Frankfurt/M.: Suhrkamp.

Baecker, D. (1994): Soziale Hilfe als Funktionssystem der Gesellschaft. In: Zeitschrift für Soziologie Jg. 23: S. 93-110.

Baecker, J., Borg-Laufs, M., Duda, L., Matthies, E. (1992): Sozialer Konstruktivismus – eine neue Perspektive in der Psychologie. In: Schmidt, S. J. (Hrsg.): Kognition und Gesellschaft. Der Diskurs des Radikalen Konstruktivismus 2. Frankfurt/M.: Suhrkamp: S. 116-145.

Bango, J. (2001): Sozialarbeitswissenschaft heute. Wissen, Bezugswissenschaften und Grundbegriffe. Stuttgart: Lucius & Lucius: Stuttgart (UTB).

Bardmann, Th. M. (1991): Der zweite Doppelpunkt. Systemtheoretische und gesellschaftstheoretische Anmerkungen zur politischen Steuerung. In: ders., Kersting, H. J. u.a.: Irritation als Plan: Konstruktivistische Einredungen. Aachen: Kerstung-IBS: S. 10-31.

Bardmann, Th. M., Kersting, H. J., Vogel, H.-C. (1992): Das gepfefferte Ferkel. Lesebuch für Sozialarbeiter und andere Konstruktivisten. Aachen: Kersting-IBS.

Bateson, G. (1981): Ökologie des Geistes. Anthropologische, psychologische, biologische und epistemologische Perspektiven. Frankfurt/M.: Suhrkamp.

Bateson, G. (1982): Geist und Natur. Eine notwendige Einheit. Frankfurt/M.: Suhrkamp.

Beck, U. (1986): Risikogesellschaft. Auf dem Weg in eine andere Moderne. Frankfurt/M.: Suhrkamp.

Berg, I. K. (1992): Familien-Zusammenhalt(en): Ein kurz-therapeutisches und lösungsorientiertes Arbeitsbuch. Dortmund: modernes lernen.

Böse, R., Schiepek, G. (1989): Systemische Theorie und Therapie. Ein Handwörterbuch. Heidelberg: Asanger.

Capra, F. (1991): Wendezeit. Bausteine für ein neues Weltbild. München: dtv.

Capra, F. (1992): Das neue Denken. Ein ganzheitliches Weltbild im Spannungsfeld zwischen Naturwissenschaft und Mystik. Begegnungen Reflexionen. München: dtv.

Castaneda, C. (1976): Reise nach Ixtlan. Die Lehre des Don Juan. Frankfurt/M.: Fischer.

Conen, M.-L. (1996): Wie können wir Ihnen helfen, uns wieder loszuwerden?, in: Zeitschrift für systemische Therapie, Heft 3, S. 178-185.

Conen, M.-L. (2007): Wie kann ich Ihnen helfen, mich wieder loszuwerden. In: Dies./ Cecchin, G.: Wie kann ich Ihnen helfen, mich wieder loszuwerden? Therapie und Beratung in Zwangskontexten. Heidelberg: Carl-Auer-Systeme, S. 15-176.

Dalei Lama (1991): Einführung in den Buddhismus. Die Harvard-Vorlesungen. Freiburg/ Br.: Herder (1993).
De Jong, P.; Berg, I. K. (2002): Lösungen (er-)finden. Das Werkstatthandbuch der lösungsorientierten Kurztherapie. Dortmund: modernes lernen (2003).
De Shazer, St. (1988): Der Dreh. Überraschende Wendungen und Lösungen in der Kurzzeittherapie. Heidelberg: Carl-Auer-Systeme (1995).
De Shazer, St. (1991): Das Spiel mit Unterschieden. Wie therapeutische Lösungen lösen. Heidelberg: Carl-Auer-Systeme (1994).
De Shazer, St. (1994): „... Worte waren ursprünglich Zauber". Lösungsorientierte Therapie und in Theorie und Praxis. Dortmund: modernes lernen (1996).
Dethlefsen, T. (1979): Schicksal als Chance. Das Urwissen zur Vollkommenheit des Menschen. München: Goldmann.
Eberhard, K. (1987): Einführung in die Erkenntnis- und Wissenschaftstheorie. Stuttgart: Kohlhammer.
Fachlexikon der sozialen Arbeit (1993). Frankfurt/M.: Deutscher Verein für öffentliche und private Försorge.
Fiedler, F. u.a. (1980): Dialektischer und historischer Materialismus. Lehrbuch für das marxistisch-leninistische Grundlagenstudium. Berlin: Dietz.
Fischer, H. R.; Schmidt, S. J. (Hrsg.) (2000): Wirklichkeit und Welterzeugung. In memoriam Nelson Goodman. Heidelberg: Carl-Auer-Systeme.
Foerster, H. v. (1985): Das Konstruieren einer Wirklichkeit. In: Watzlawick, P. (Hrsg.): Die erfundene Wirklichkeit: Wie wissen wir, was wir zu wissen glauben?. München: Piper: S. 39-60.
Foerster, H. v. (1988): Abbau und Aufbau. In: Simon, F. B. (Hrsg.): Lebende Systeme: Wirklichkeitskonstruktionen in der systemischen Therapie. Heidelberg: Springer: S. 19-33.
Foerster, H. v. (1994): Es gibt keine Wahrheit – nur Verantwortung. In: ‚Psychologie heute'. Heft 3. Jg. 21: S. 64-69.
Fröhlich, W. D. (1993): Wörterbuch zur Psychologie. München: dtv.
Fuchs, P. (2007): Das Maß aller Dinge. Eine Abhandlung zur Metaphysik des Menschen. Weilerswist: Velbrück.
Gergen, K. J., (1990): Die Konstruktion des Selbst im Zeitalter Postmoderne. In: ‚Psychologische Rundschau'. 41. S. 191-199
Gergen, K. J. (1994): Sinn ist nur als Ergebnis von Beziehungen denkbar. In: ‚Psychologie heute'. Heft 10. Jg. 21: S. 34-38.
Glasersfeld, E. v. (1985): Einführung in den radikalen Konstruktivismus. In: Watzlawick, P.: Die erfundene Wirklichkeit: Wie wissen wir, was wir zu wissen glauben?. München: Piper: S. 16-38.
Hampe-Grosser, A. (2006): Systemisches Case Management mit Multiproblemfamilien. In: Kleve, H. u.a. (Hrsg.): Systemisches Case Management. Falleinschätzung und Hilfeplanung in der Sozialen Arbeit. Heidelberg: Carl-Auer-Systeme, S. 126-181.
Heiner, M. (Hrsg.) (1994): Selbstevaluation als Qualifizierung in der sozialen Arbeit: Fallstudien aus der Praxis. Freiburg im Breisgau: Lambertus.
Hesse, H. (1986): Der Steppenwolf. Berlin/Weimar: Aufbau.

Hollstein-Brinkmann, H. (1993): Soziale Arbeit und Systemtheorien. Freiburg im Breisgau: Lambertus.

Hosemann, W.; Geiling, W. (2005): Einführung in die systemische Soziale Arbeit. Freiburg/Br.: Lambertus.

IBS (Institut für Beratung und Supervision Aachen) (1995): Fortbildung: Supervision. Aachen: IBS.

Jackson, D. D. (1967): Der Mythos der Normalität. In: Watzlawick, P, Weakland, J. H. (Hrsg.): Interaktion: Menschliche Probleme und Familientherapie. München 1990: Piper: S. 225-233.

Jensen, S. (1999): Erkenntnis – Konstruktivismus – Systemtheorie. Einführung in die Philosophie der konstruktivistischen Wissenschaft. Opladen/Wiesbaden: Westdeutscher Verlag.

Kant, I. (1783): Prolegomena zu einer jeden künftigen Metaphysik, die als Wissenschaft wird auftreten können. Hamburg: Meiner (1993).

Kersting, H. J. (1991): Intervention: Die Störung unbrauchbarer Wirklichkeiten. In: ders., Bardmann Th. M. u.a.: Irritation als Plan: Konstruktivistische Einredungen. Aachen: IBS: S. 108-133.

Kersting, H. J. (1992): Kommunikationssystem Supervision: Unterwegs zu einer konstruktivistischen Beratung. Aachen: Kersting-IBS.

Kersting, H. J. (1995): Kontrollsupervision für SupervisorInnen – Methoden der Balintgruppenarbeit konstruktivistisch betrachtet. in ‚Supervision'. Heft 27. S. 37-48

Kersting, H. J. (2002): Zirkelzeichen. Supervision als konstruktivistische Beratung. Aachen: Kersting-IBS.

Kersting, H. J., Neumann-Wirsig, H. (Hrsg.) (1992): Supervision: Konstruktion von Wirklichkeiten. Aachen. Kersting-IBS.

Kersting, H. J., Vogel, H.-C., Nebel, G., Bürger, B. (1995): Systemische Interventionen in der Supervision von Arbeitssystemen (Teamsupervision). In: ‚Supervision'. Heft 28. S. 59-74.

Kleve, H. (1999/2007): Postmoderne Sozialarbeit. Ein systemtheoretisch-konstruktivistischer Beitrag zur Sozialarbeitswissenschaft. Wiesbaden: VS.

Kleve, H. (2000): Die Sozialarbeit ohne Eigenschaften. Fragemente einer postmodernen Professions- und Wissenschaftstheorie Sozialer Arbeit. Freiburg/Br.: Lambertus.

Kleve, H. (2003): Sozialarbeitswissenschaft, Systemtheorie und Postmoderne. Grundlegungen und Anwendungen eines Theorie- und Methodenprojekts. Freiburg/Br.: Lambertus.

Kleve, H. (2004): Sozialraumorientierung – systemische Begründungen für ein klassisches und innovatives Konzept Sozialer Arbeit, in: Sozialmagazin, Heft 3, S. 12-22.

Kleve, H. (2005a): Der systemtheoretische Konstruktivismus: Eine postmoderne Bezugstheorie Sozialer Arbeit, in: Hollstein-Brinkmann, Heino; Staub-Bernasconi, Silvia (Hrsg.): Systemtheorien im Vergleich. Was leisten Systemtheorien für die Soziale Arbeit? Versuch eines Dialogs. Wiesbaden: VS, S. 63-92.

Kleve, H. (2005b): Kooperation in der Elternarbeit. Jenseits von Abgabe- und Kampfmuster, in: Soziale Arbeit, Heft 12, S. 463-468.

Kleve, H. (2007): Ambivalenz, System und Erfolg. Provokationen postmoderner Sozialarbeit. Heidelberg: Carl-Auer-Systeme.

Kleve, H. (2008): Vom Einschließen des Ausgeschlossenen. Systemische Aufstellungsarbeit und ihr Nutzen für die Theorieentwicklung Sozialer Arbeit. In: Sozialmagazin, Heft 3/22008, S. 43-53.

Kleve, H.; Koch, G.; Müller, M. (Hrsg.) (2003): Differenz und Soziale Arbeit. Sensibilität im Umgang mit dem Unterschiedlichen. Berlin/Milow/Strasburg: Schibri.

Kleve, H.; Haye, B.; Hampe-Grosser, A.; Müller, M. (2006/2009): Systemisches Case Management. Falleinschätzung und Hilfeplanung in der Sozialen Arbeit mit Einzelnen und Familien. Heidelberg: Carl-Auer-Systeme.

Kraus, B. (2002): Konstruktivismus, Kommunikation und Soziale Arbeit. Radikalkonstruktivistische Betrachtungen zu den Bedingungen des sozialpädagogischen Interaktionsverhältnisses. Heidelberg: Carl-Auer-Systeme.

Kuhn, T. (1976): Die Struktur wissenschaftlicher Revolutionen. Frankfurt/M.: Suhrkamp.

Lampert, Ch. (1992): Meine Wirklichkeit systemischer Supervision. In: Kersting, H. J., Neumann-Wirsig, H.: Konstruktion von Wirklichkeiten. Aachen: Kersting-IBS.

Lexikon zur Soziologie (1988). Opladen: Westdeutscher Verlag.

Lindner, R. (2004): unbestimmt bestimmt. Soziale Beratung als Praxis des Nichtwissens. Heidelberg: Carl-Auer-Systeme.

Linke, J. (1994): Systemisch-konstruktivistische Konzepte in der Supervision. Berlin: BIF (Berliner Institut für Familientherapie).

Ludewig, K. (1993): Systemische Therapie: Grundlagen klinischer Theorie und Praxis. Stuttgart: Klett-Cotta.

Luhmann, N. (1984): Soziale Systeme: Grundriß einer allgemeinen Theorie. Frankfurt/ M: Suhrkamp.

Luhmann, N. (1986a): Ökologische Kommunikation: Kann die moderne Gesellschaft sich auf ökologische Gefährdungen einstellen?. Opladen: Westdeutscher Verlag.

Luhmann, N. (1986b): Systeme verstehen Systeme. In: ders., Schorr, K. E. (Hrsg.): Zwischen Intransparenz und Verstehen: Fragen an die Pädagogik. Frankfurt/M.: Suhrkamp: S. 72-117.

Luhmann, N. (1987): Archimedes und wir. Interviews, hrsg. von Baecker, D., Stanitzek, G.. Berlin: Merve.

Luhmann, N. (1988a): Was ist Kommunikation?. In: Simon, F. B. (Hrsg.): Lebende Systeme: Wirklichkeitskonstruktionen in der systemischen Therapie. Heidelberg: Springer: S. 11-18.

Luhmann, N. (1988b): Selbstreferentielle Systeme. In: Simon, F. B. (Hrsg.): ‚Lebende Systeme: Wirklichkeitskonstruktionen in der systemischen Therapie. Heidelberg: Springer: S 47-53.

Luhmann, N. (1988c): Therapeutische Systeme – Fragen an Niklas Luhmann. In: Simon, F. B. (Hrsg.): Lebende Systeme: Wirklichkeitskonstruktionen in der systemischen Therapie. Heidelberg: Springer: S. 124-138.

Luhmann, N. (1990a): Die Wissenschaft der Gesellschaft. Frankfurt/M.: Suhrkamp.

Luhmann, N. (1990b): Soziologische Aufklärung 5: Konstruktivistische Perspektiven. Opladen: Westdeutscher Verlag.

Luhmann, N. (1992): Die operative Geschlossenheit psychischer und sozialer Systeme. In: Fischer, H. R., Retzer, A., Schweitzer, J. (Hrsg.): Das Ende der großen Entwürfe. Frankfurt/M.: Suhrkamp: S. 117-131.

Luhmann, N. (1995): Soziologische Aufklärung 6: Die Soziologie und der Mensch. Opladen: Westdeutscher Verlag.

Lüssi, P. (1992): Systemische Sozialarbeit: Praktisches Lehrbuch der Sozialberatung. Bern: Haupt.

Lyotard, J.-F. (1979): Das postmoderne Wissen. Ein Bericht. Wien: Passagen (1994).

Marx, K. (1859): Zur Kritik der politischen Ökonomie. Vorwort. In: Marx, K., Engels, F.: Ausgwählte Werke in sechs Bänden. Band II. Berlin: Dietz (1987).

Maturana, H. R., Varela, F. J. (1987a): Der Baum der Erkenntnis: Die biologischen Wurzeln des menschlichen Erkennens. München: Scherz (Goldmann TB).

Maturana, H. R. (1987b): Kognition. In: Schmidt, S. J. (Hrsg.): Der Diskurs des Radikalen Konstruktivismus. Frankfurt/M.: Suhrkamp: S. 89-118.

Miller, T. (2001): Systemtheorie und Soziale Arbeit. Entwurf einer Handlungstheorie. Stuttgart: Lucius & Lucius (2. Auflage).

Müller, M., Halder, A. (1958): Herders kleines philosophisches Wörterbuch. Freiburg im Breisgau: Herder.

Neumann-Wirsig, H. (1992): Supervision – systemisch betrachtet. In: Kersting, H. J., dies.: Supervision: Konstruktion von Wirklichkeiten. Aachen: Kersting-IBS: S. 10-21.

Nietzsche, F. (1886): Die fröhliche Wissenschaft ('la gaya scienza'). Leipzig: Reclam (1990).

Nowak, J. (1988): Soziale Probleme und soziale Bewegungen. Weinheim/Basel: Beltz.

Pfeifer-Schaupp, H.-U. (1994): Selbstbeobachtung von Beobachtern: zirkuläre Fragen als Instrument der Selbstbeobachtung in der psychosozialen Beratung. In: Heiner, M. (Hrsg.): Selbstevaluation als Qualifizierung in der sozialen Arbeit: Fallstudien aus der Praxis. Freiburg im Breisgau: Lambertus: S. 192- 210.

Pfeifer-Schaupp, H.-U. (1995): Jenseits der Familientherapie: Systemische Konzepte in der Sozialen Arbeit. Freiburg im Breisgau: Lambertus.

Puch, H.-J. (1994): Organisation im Sozialbereich: Eine Einführung für soziale Berufe. Freiburg im Breisgau: Lambertus.

Rogers, C. (1942): Die nichtdirektive Beratung. Frankfurt/M.: Fischer (1985).

Rosenhan, D. L. (1985): Gesund in kranker Umgebung. In: Watzlawick, P. (Hrsg.): Die erfundene Wirklichkeit. Wie wissen wir, was wir zu wissen glauben?. München: Piper: S. 111-128.

Roth, G. (1987): Autopoiese und Kognition: Die Theorie H.R. Maturanas und die Notwendigkeit ihrer Weiterentwicklung. In: Schmidt, S. J. (Hrsg.): Der Diskurs des Radikalen Konstruktivismus. Frankfurt/M.: Suhrkamp: S. 256-286.

Rusch, G. (1986): Verstehen Verstehen – Ein Versuch aus konstruktivistischer Sicht. In: Luhmann, N., Schorr, K. E. (Hrsg.): Zwischen Intransparenz und Verstehen: Fragen an die Pädagogik. Frankfurt/M.: Suhrkamp: S. 40-71.

Rusch, G.; Schmidt, S. J. (Hrsg.) (1992): Konstruktivismus: Geschichte und Anwendung. DELFIN 1992. Frankfurt/M.: Suhrkamp.

Rusch, G.; Schmidt, S. J. (Hrsg.) (1994): Konstruktivismus und Sozialtheorie. DELFIN 1993. Frankfurt/M.: Suhrkamp.

Rusch, G.; Schmidt, S. J. (Hrsg.) 1994a): Piaget und der Radikale Konstruktivismus. DELFIN 1994. Frankfurt/M.: Suhrkamp.

Rusch, G.; Schmidt, S. J. (Hrsg.) (2000): Konstruktivismus in Psychiatrie und Psychologie. DELFIN 1998/99. Frankfurt/M.: Suhrkamp.

Satir, V. (1975): Selbstwert und Kommunikation: Familientherapie für Berater und zur Selbsthilfe. München: Pfeiffer.

Schiepek, G. (1987): Das Konzept der systemischen Diagnostik. In: ders. (Hrsg.): Systeme erkennen Systeme: individuelle, soziale und methodologische Bedingungen systemischer Diagnostik. München/Weinheim: PVU.

Schmidt, S. J. (1987): Der Radikale Konstruktivismus: Ein neues Paradigma im interdisziplinären Diskurs. In: ders. (Hrsg.): Der Diskurs des Radikalen Konstruktivismus. Frankfurt/M.: Suhrkamp: S. 11-88.

Schmidt, S. J. (1992): Radikaler Konstruktivismus: Forschungsperspektiven für die 90er Jahre. In: ders. (Hrsg.): Kognition und Gesellschaft: Der Diskurs des Radikalen Konstruktivismus 2. Frankfurt/M.: Suhrkamp: S. 7-23.

Schmidt, S. J. (1994): Kognitive Autonomie und soziale Orientierung. Konstruktivistische Bemerkungen zum Zusammenhang von Kognition, Kommunikation, Medien und Kultur. Frankfurt/M.: Suhrkamp.

Schmidt, S. J. (1998): Die Zähmung des Blicks. Konstruktivismus – Empirie – Wissenschaft. Frankfurt/M.: Suhrkamp.

Seliger, R. (2008): Einführung in die Großgruppen-Methoden. Heidelberg: Carl-Auer-Systeme.

Simon, F. B. (Hrsg.) (1988): Lebende Systeme: Wirklichkeitskonstruktionen in der systemischen Therapie. Heidelberg/Berlin: Springer.

Simon, F. B. (1993): Unterschiede, die Unterschiede machen: Klinische Epistemologie: Grundlagen einer systemischen Psychiatrie und Psychosomatik. Frankfurt/M: Suhrkamp.

Simon, F. B. (2006): Einführung in Systemtheorie und Konstruktivismus. Heidelberg: Carl-Auer-Systeme.

Simon, F. B., Stierlin, H. (1984): Die Sprache der Familientherapie: Ein Vokabular. Stuttgart: Klett-Cotta.

Sparrer, I. (2004): Wunder, Lösung und System. Lösungsfokussierte Systemische Strukturaufstellungen für Therapie und Organisationsberatung. Heidelberg: Carl-Auer-Systeme.

Spiegel, H. v. (1994): Selbstevaluation als Mittel beruflicher Qualifizierung. In: Heiner, M. (Hrsg.): Selbstevaluation als Qualifizierung in der sozialen Arbeit: Fallstudien aus der Praxis. Freiburg im Breisgau: Lambertus: S. 11-55.

Stierlin, H., 1995: Wir müssen lernen Konflikte auszuhalten. In: 'Psychologie heute'. Heft 4. Jg. 22: S. 35-41

Treml, A. (1994): Die Systemtheorie – Folgenloses Sprachspiel oder erfolgversprechendes Paradigma? In: Huschke-Rhein, R. (Hrsg.): Systemisch-ökologische Pädagogik. Köln: Rhein: S. 150-157.

Varela, F. J. (1985): Der kreative Zirkel: Skizzen zur Naturgeschichte der Rückbezüglichkeit. In: Watzlawick, P. (Hrsg.).: Die erfundene Wirklichkeit. Wie wissen wir, was wir zu wissen glauben?. München: Piper: S. 294-309.

Varela, F. J. (1987): Autonomie und Autopoiese. In: Schmidt, S. J. (Hrsg.): Der Diskurs des Radikalen Konstruktivismus. Frankfurt/M: Suhrkamp: S. 119-132.

Varela; F. J. u.a. (1991): Der Mittlere Weg der Erkenntnis. Der Brückenschlag zwischen wissenschaftlicher Theorie und menschlicher Erfahrung. Bern/München/Wien: Scherz.

Varga von Kibéd, Matthias, Sparrer, Insa (2005): Ganz im Gegenteil. Tetralemmaarbeit und andere Grundformen Systemischer Strukturaufstellungen – für Querdenker und solche, die es werden wollen. Heidelberg: Carl-Auer-Systeme.

Vogd, W. (1996): Radikaler Konstruktivismus und Theravada-Buddhismus. Ein systematischer Vergleich in Erkenntnistheorie und Ethik. Ulm: Universität Ulm, Abteilung Anthropologie.

Vogel, H.-C., Bürger, B., Nebel, G., Kersting, H. J. (1994): Werkbuch für Organisationsberater: Texte und Übungen. Aachen: Kersting-IBS.

Watts, A. W. (1990): Weisheit des ungesicherten Lebens. München: Barth.

Watts, A. W. (1985): Dies ist ES: Über Zen und spirituelle Erfahrung. Hamburg: Rowohlt.

Watzlawick, P., Beavin, J. H., Jackson, D. D. (1969): Menschliche Kommunikation: Formen Störungen, Paradoxien. Bern: Huber.

Watzlawick, P., Weakland, J. H., Fisch, R. (1974): Lösungen: Zur Theorie und Praxis menschlichen Wandels. Bern: Huber.

Watzlawick, P. (1977): Die Möglichkeit des Andersseins: Zur Technik der therapeutischen Kommunikation. Bern: Huber.

Watzlawick, P. (1978): Wie wirklich ist die Wirklichkeit? Wahn – Täuschung – Verstehen. München: Piper.

Watzlawick, P. (Hrsg.) (1985a): Die erfundene Wirklichkeit: Wie wissen wir, was wir zu wissen glauben?. München: Piper.

Watzlawick, P. (1985b): Selbsterfüllende Prophezeiungen. In: ders. (Hrsg.): Die erfundene Wirklichkeit. Wie wissen wir, was wir zu wissen glauben?. München: Piper: S. 91-110.

Watzlawick, P. (1988): Anleitung zum Unglücklichsein. München: Piper.

Watzlawick, P. (1992): Münchhausens Zopf oder Psychotherapie und ‚Wirklichkeit'. München: Piper.

Watzlawick, P. (1995): Vom Unsinn des Sinns oder vom Sinn des Unsinns. München: Piper.

Weiss, T., Haertel-Weiss, G. (1991): Familientherapie ohne Familie: Kurztherapie mit Einzelpatienten. München: Piper.

Welsch, W. (1987): Unsere postmoderne Moderne. Berlin: Akademie Verlag (1993).

Welsch, W. (1992): Topoi der Postmoderne. In: Fischer, H. R., Retzer, A., Schweitzer, J. (Hrsg.): Das Ende der großen Entwürfe. Frankfurt/M.: Suhrkamp: S. 35-55.

Werder, L. v. (1991): Ganzheitliche Ansätze in der Sozialarbeit. Berlin: Fachhochschule für Sozialarbeit und Sozialpädagogik.

Willke, H. (1993): Systemtheorie: Eine Einführung in die Grundprobleme der Theorie sozialer Systeme. Stuttgart/Jena: Fischer.

Wiesner, M., Willutzki, U. (1992): Sozial-konstruktivistische Wege in der Psychotherapie. In: Schmidt, S. J. (Hrsg.): Kognition und Gesellschaft: Der Diskurs des Radikalen Konstruktivismus 2. Frankfurt/M.: Suhrkamp: S. 337-379.

Wirth, J.V. (2005): Helfen in der Moderne und Postmoderne. Fragmente einer Topographie des Helfens. Heidelberg: Carl-Auer-Systeme.

Wittgenstein, L. (1921): Tractatus logico-philosophicus: Logisch-philosophische Abhandlung. Frankfurt/M.: Suhrkamp (1963).

Woltmann, B. (1991): Planen, Autopoiese und Sozialpädagogik – Ausführungen zu einer Epistemologie didaktischer Wirklichkeitskonstruktionen. In: Bardmann, Th. M., u.a.: Irritation als Plan. Konstruktivistische Einredungen. Aachen: Kersting-IBS: S. 64-107.

Woltmann-Zingsheim, B.; Vogel. H.-Ch. (1997): Ein Glossar. In: Nebel, G.; Woltmann-Zingsheim, B. (Hrsg.): Werkbuch für das Arbeiten mit Gruppen. Aachen: Kersting-IBS: S. 373-389.